始于一页，抵达世界

发明自由

Daniel Hannan

How We
Invented Freedom
&
Why It Matters

〔英〕 丹尼尔·汉南——著

徐爽——译

九州出版社
JIUZHOUPRESS

目 录

致谢

当选公职没几年，我就意识到我再无可能成为全职历史学者了，因这其间充满了太多刻不容缓的挑战。

这本书要感谢那些和我作出了不同选择的人，他们面对的不是刻不容缓的挑战，而是至为重要的问题。

我的感谢，首先要献给格雷厄姆·斯图尔特博士，英国最优秀的当代史学家，他为本书提供了珍贵的建议和修改意见；还要献给詹姆斯·汉南博士，他对本书书稿作了大量修订；再要献给我的导师杰里米·卡托，在他拿到这本书的书稿之后，我很难再称他为"前导师"，尽管他最后一次正式指导我在牛津大学的研究已过去二十多年了。

同样不能忘记那些教会我如何看待过去的人：理查德·斯佩特、尼尔·汉密尔顿、迈克·普勒斯特、佩里格林·霍登、理查德·威金森、罗伯特·贝达德和诺曼·斯通。

此外，指引我的还有一些职业历史学家和作家，他们的思想展现在本书中，正如太阳的光辉投射在岩洞石壁上。他们是詹姆斯·贝内特、休·布罗根、詹姆斯·卡博尔、琳达·科莱、迪内·杜泽、尼尔·弗格森、约翰·方特、大卫·哈克特·费舍尔、劳伦斯·詹姆斯、罗格·金博尔、艾伦·迈迪克特、艾伦·麦克法兰、约翰·苏利文、凯文·菲利普、安德鲁·罗伯茨、罗格·斯克鲁顿、马修·斯帕丁、克劳迪奥·贝利兹。

最后，感谢萨拉。

引子

盎格鲁圈的奇迹

没有什么词比"文明"一词的使用更不严谨了。它究竟指什么？它是指一个建立在民权观念之上的社会。在这样的社会，暴力、武备、军阀统治、骚乱与独裁，让位于制定法律的议会，以及可以长久维护法律的公正的独立法庭。这才是"文明"——在此沃土上才会源源生出自由、舒适和文化。当文明统治国家，芸芸众生得享阔大安定之生活。我们珍惜过去的传统，前贤的遗赠正是人人安居乐业的财富。

—— 温斯顿·丘吉尔，1938

自由，与生俱来、不可移易之权利，人的荣誉与尊严，公众的伟大与荣耀，普世的个人幸福。在英国普通法，这人类艺术不朽杰作中，自由得到了最精妙而成功的体现。

——约翰·亚当斯，1763

我四岁那年，家里的农场闯进了一伙暴徒。农场还有个后门，一条小路通向山里。妈妈牵着我逃出来，对我说："我们来玩游戏吧！要想回来，一定得悄悄地……"

我爹很沉着，他要对农场里的伙计们负责。他说，绝不会让一伙城里来的混混把他从自己的土地上赶走。

我记得他当时正害着一种热带地区的白人特有的周期性传染病。他穿着睡袍，坐在那儿，用瘦得跟纸片一样的手给左轮手枪上膛。

这就是胡安·贝拉斯科（Juan Velasco）将军治下的秘鲁。他发动了1968年政变，把这个国家搞得一团糟。直到最近，秘鲁才从混乱中恢复过来。在那场政变中，贝拉斯科对重要工业推行国有化，颁布了一系列土地改革法令，把所有农场都分给了他的军中好友。

不过，每当政府对民众豪取强夺，总会有反抗者站出来，拿起他们的法律武器。这跟西班牙第二共和国或者阿连德（Allende）治下的智利如出一辙，见风使舵的警方自然不愿意保护个人财产。

我爹自然知道当局靠不住，他和两个农场保卫朝那伙正在前门放火想冲进来的混蛋开了枪，赶跑了他们。危险终于过去了。

不过，不是所有人都这么走运。全国到处都有土地被抢占或没收以及矿井和渔船被强征的事发生。外方投资纷纷撤离，跨国公司召回了他们的员工，我出生时颇具规模的盎格鲁－秘鲁社区全都消失了。

直到多年以后，我才震惊地发现，其实当时没有人在乎这一切。在南美，人们默默地接受了财产安全无保障、法律成为一纸空文、民选政府遥遥无期的现状。你拥有的随时可能被抢走，有时甚至连一个像样的理由都不需要。政权迭换赛走马，宪法频修如变脸。

但与此同时，南美人和移居海外的人一样，从不认为这样的事情会在讲英语的国家发生。待到我长大后去英国读书，临假期再回秘鲁，我才开始逐渐意识到两国间的巨大反差。

毕竟，秘鲁名义上也是西方国家。它属于基督教文明体，其建立者视自己为启蒙运动的追随者，坚守理性、科学、民主和民权。

然而，秘鲁和其他拉美国家一样，总体上从未达到过像北美那样理所当然就存在的法治社会的高度。南北两块几乎同时被殖民的新大陆，活脱脱像一组对照实验。北美由英国人拓殖，他们带去了对财产权、个人自由和代议制政府的信仰。南美由伊比利亚人殖民，他们则复制了来自西班牙本土的大庄园和半封建社会。尽管在自然资源上比她的南部邻居更为贫乏，北美洲却成了全世界最理想的生活地区，吸引着成千上万怀揣自由梦想的人。与此相反，南美洲仍旧保持着近乎原始的，如哲学巨擘托马斯·霍布斯所描述的民选政府前的黑暗状态。合法统治从未来自原始的物理性暴力之外，无论这权力采取的是动员群众还是控制武力的方式。

在这截然分殊下，要否认两种不同文化间的区别简直不可思议。不过可别误解我。我是忠实的西班牙迷。我热爱西班牙文学、历史、戏剧和音乐。我在每个拉丁美洲国家，以及西班牙17个自治区中的16个都过得很开心。不用说，我喜爱西班牙文化。只是，待在那里越久，我就越难相信"英语世界"和"西班牙语世界"会共属一个相同的西方文明。

说到底，什么是"西方文明"？在开头的题引中，丘吉尔的言下之意究竟是什么？他所说的话中，包含了三个不可缺少的要素。

第一，法治原则。现代政府无权制定规则，规则存在于更高的维度，并且由独立的仲裁机构进行解释。换句话说，法律不是政府控制国家的工具，而是保证任何个体寻求救济的运行机制。

第二，个人自由。说任何想说的话的自由，和同气相求者举行集会的自由，不受阻碍地做买卖的自由，自主处置个人资产的自由，选择工作和雇主的自由，雇佣及解雇人员的自由。

第三，代议制政府。不经立法者同意，不能颁布法律，也不得征收税赋；而这些立法者应当是由民众选出并且向民众负责的人。

现在，读者不妨自问（就想想这过去一百年间吧）有多少习惯上被贴上"西方国家"标签的国家坚持了上述原则？又有多少国家到今天仍然坚定地遵循这些原则？

1999年，我当选欧洲议会议员以后，这个问题就一直在脑海中萦绕不去。欧盟建立的前提是，28个成员国属于同一个文明共同体。理论上，尽管各国文化会有差异，但所有成员都签字承诺共享西方的自由民主价值观。

但现实并非如此。法治原则、民主政府、个人自由——构成西方文明的这三个原则，在欧洲各国中的地位是不一样的。当欧盟成员国采取集体行动时，这三个原则随时都会被置于各国的政治需要之下。

布鲁塞尔的精英们只要觉得碍事，就把法治原则扔一边去了。我举一个最近的例子：欧元区的救市行为明显就是违法的。《欧盟宪法条约》第 125 条明确规定："联盟不得对成员国的中央政府、地区和其他公共机关，由公共法律管理的其他机构，以及公共事业部门提供担保。"这一条款不仅只是一条技术性规定，它是以德国同意停止流通马克为前提的。所以，安格拉·默克尔说："在这个条约下，我们不能做任何救市行为。"

但是，当大家发现，如果没有现金注入欧元就将不保之后，条约的条条款款立刻被抛在了一边。时任法国财长、现在的国际货币基金组织总裁克里斯蒂娜·拉加德（Christine Lagarde）为他们所做的一切加油打气，说："我们违反了所有规定，因为我们要团结起来，采取行动拯救欧元区。《里斯本条约》是很明确，但它不能救市！"

在英国人看来，这场行动不伦不类。规则已经用律师们可以使用的再清楚不过的语言明确制定出来了，但当它碍事儿的时候，条款就被"蒸发"了。当英国媒体这样报道此事件时，招来的却是诸如"岛国心态""盎格鲁－撒克逊式的死脑筋"一类冷嘲热讽。正如欧洲议会一名葡萄牙议员对我说的那样，其他人都认为，"实际效果比立法更重要"。

民主，也是一样。它被视为实现目的的手段，虽人人心向往之，却点到为止。《欧盟宪法条约》，后来叫《里斯本条约》，在各国全民公投中不断遭到否决：2005 年，55% 的法国人和 62% 的荷兰人否决了它；2008 年，53% 的爱尔兰人又投了反对票。欧洲的回应则是置之不理，继续推行条约，并且抱怨英语国家不懂欧洲。

至于个人应当尽可能自由而不受国家的强迫这个想法，则被认为是彻头彻尾的盎格鲁圈的固执己见。欧盟不断将权力伸向新的领域：立法决定我们可以购买哪种维生素，银行需持有多少保证金，我们何时上下班，草药疗法该怎么规范……每当此时，我就问"到底有啥特殊问题需要制定新规定来解决？"而得到的回答总是"以前的老欧洲不管啊！"似乎凡事缺乏规制就等于反自然，虽然那可能恰恰是事情本该有的自然状态。在欧洲大陆，"尚未规制"和"非法"这两个词的含义比在使用英语立法的地区更为接近。

这些以英语为第一语言的地方，在欧洲被统称为"盎格鲁－撒克逊世界"。这一称号并非基于种族，而是依据文化。当法国人说"les anglo-saxons"或者西班牙人说"los anglosajones"时，他们指的不是塞尔迪克、奥斯温和艾塞斯坦[1]的后裔，而是说英语并认同小政府的人，无论他们身处旧金山、斯莱戈（Sligo）或者新加坡。

在欧洲大陆的许多评论者看来，美国、英国、澳大利亚和其他英语国家的人构成了一个"盎格鲁－撒克逊"文明体，他们最大的特点是都信奉自由市场。对一些美国读者来说，这点可能有些意外。我个人感觉，美国朋友们倾向于把联合王国和其他欧洲地方视为一体，而强调其自身历史的例外之处。不过，正如我们看到，很少有其他国家的人这么看美国。19世纪30年代早期，托克维尔访问美国。他常被引为美国例外论的见证人。不过，在《论美国的民主》第一页，他指出，该书的主题之一，即英语国家为新大陆带去了他们独特的政治文化观念，并在新大陆生根发芽，这一过程完全不同于法国和西班牙的美洲殖民地。他写道："美国人是自治的英国人。"这句话常被引用，但肯定没有广泛传播。

过去一百年的国际冲突中，这片自由大陆三度捍卫了自己的价值观。在两次世界大战和后来的冷战中，将个人置于国家权力之上的国家战胜了与此相反的国家。在这三次冲突中，有多少国家一直坚定地站在自由一方？这份名单很短，但其中包括了绝大多数以英语为第一语言的民主国家。

1　均为盎格鲁－撒克逊人的祖先（本书所有脚注均为译者所加）。

读者可能会有异议：这样站队会不会只是简单粗暴地按民族和语言加以分类？！因为联合王国身陷战火，世界上所有说英语的国家自然同情他们的母国。这诚然是部分解释。1939年9月3日英国宣战几个小时后，新西兰工党总理迈克尔·约瑟夫·萨瓦奇（Michael Joseph Savage）在病床上说，"怀着对过往的感激和对未来的信心，我们毫无畏惧地和不列颠站在一起。她走向哪里，我们跟向哪里；她站在何处，我们站在何处"。每当我想起这个情景，总会禁不住热泪盈眶。但这不是全部解释。读者可以看看二战纪念碑在欧洲本土以外的分布，算一算志愿者的数量。第二次世界大战中，新西兰总共动员21.5万人，南非41万，澳大利亚99.5万，加拿大106万，印度240万，其中绝大部分人都是自愿入伍的。

是什么力量召唤着这些年轻人跨过半个地球，就像一战中召唤他们的父辈一样，去为一个他们可能从未亲眼见过的国家而战？仅仅是血缘和语言上的联系？！这两次世界大战难道仅仅是一场种族冲突、放大版本的南斯拉夫分裂或者胡图族对图西族的屠杀（Hutu-Tutsi massacres）？！

这一切既不取决于政府动员士兵上战场，也不取决于人们立刻响应了征召。士兵们很少沉溺于感情用事。但在他们的日记和通信中，我们会发现，他们有一种坚定的斗志，即他们正在为捍卫一种优于敌人的生活方式而战。在两次世界大战中，他们都相信，他们是在"为自由而战"，正如那个时代的口号一样。

1915 年，激进报纸《西印度》（*West Indian*）是这样写的：
"大部分西印度人是奴隶的后代，今天，他们正与母国的兄弟们
并肩为人类自由而战。"同年，军士长官海勒姆·辛格（Hirram
Singh）在法国北部湿冷的战壕中写信给他的印度家人，信中说：
"我们必须荣耀那给过我们盐的人，我们的政治制度优良而高尚。"

还有一位毛利人首领，他在 1918 年回忆起在德国殖民地的
族人时说："我们了解萨摩亚人（Samoan），他们是我们的亲戚。
我们了解在德国的东非和西非人，我们也知道赫雷罗人（Herero）
是怎么灭绝的。这已经够了。七十八年以来，我们不是在受英国人
的统治，而是将他们的治理融入我们自己的统治中。经验告诉我
们，英国政权正是建立在自由、平等和公正的永恒原则之上。"

我们通常会认为，今天的普世价值早晚有一天能获得最终胜
利。然而，没有什么东西是非赢不可的。如果第二次世界大战的
结局有所不同，自由很可能会被逐回北美大陆。如果冷战采取的
是不同的方式，那么两大阵营有可能同归于尽。实打实地说，西
方的胜利正是"英语民族"取得的一系列的军事成功。

当然，这样说话实在缺乏外交技巧，所以，作家和政治家们
更乐于使用"西方"一词而不是"盎格鲁圈"。然而，"西方"究
竟指的是什么？在第二次世界大战中，这个名称是指与纳粹德国
作战的国家。在冷战持续的漫长岁月中，"西方"则指北约（NATO）
成员国和他们在其他大洲的盟友。

随着柏林墙的倒塌，"西方"的含义迅疾又被刷新。塞缪尔·亨

廷顿在 1992 年一次演讲及后来的论著中，把世界划分为宽泛的文化圈。他将自己的观点总结为"文明的冲突"，并且预言（就目前来看，不甚准确）各文化圈之间而非文化圈内部的冲突将会越来越激烈。亨廷顿找到的西方，起源于基督教的拉丁一支与希腊一支的分裂，而这一宗教分裂发生于 1054 年。按照亨廷顿的划分，"西方"是由那些在文化上属于天主教或新教而非东正教的欧洲国家，以及美国、加拿大、澳大利亚和新西兰等国组成的。

这样的界定与西方的军事框架紧密关联。当然，就前述国家的现状看，这个大框架也处于不断变动中。现属于北约集团的一些国家就在依然鲜活的记忆中，要么隶属于希特勒，要么听命于斯大林，或者兼从两者。事实上，在英语为母语的世界之外，数一数那些历史上持续拥有代议制政府和法治下自由的国家，这个数字少到可怜，扒着指头算也不过就是瑞士、荷兰以及北欧诸国。

就像马克·斯泰恩（Mark Steyn）一贯地话粗理儿不糙，他说："大陆欧洲为世界贡献了精美的油画、悦耳的交响乐、法国红酒、意大利女演员以及就算不是但也足以使我们迷上多元文化的种种事物。但当我们审视这一段以忠于自由民主为特征的'政治化的西方'概念形成的过程时，不难发现，这段历史看上去更像单质文化的和政治集权（即使可能实行了民主政体）的，而不是像美国那样由各州拥有一个共同的主权政府。葡萄牙、西班牙和希腊的所有政治领导人的童年都是在专制中度过的，雅克·希拉克和安格拉·默克尔也是如此。我们忘了，和平的宪法改革在这个世界上何其之少，而发生在盎格鲁圈以外的更是寥寥无几。"

意识形态的边界推进得远比国境线要快得多。欧洲国家全面拥抱西方价值的浪潮，第一波发生于1945年后，第二波则在1989年。在此语境下使用"西方价值"一词，其实是相当客气了。我们真正的意思是说，这些国家已经接受了盎格鲁－美利坚政治制度的基本特征。

选举议会、人身保护令、契约自由、法律面前人人平等、开放的市场、出版自由、改变宗教信仰的自由、陪审制……以上种种，无论如何也不能说是一个先进社会生而就有的组成部分，它们是借助英语发展出的政治意识形态的独特产物。这种意识形态，连同这种语言，传播得如此广泛，以至于我们常常忘记了，它们的源头实际独一无二。

举个服装的例子作类比。赫伯特·乔治·威尔斯[1]曾经断言英国人是世界各国中少数没有国服的人。这一点他可是说错了。西装加领带就是英国国服，但现在已经完全看不出任何"英国性"了，它们在全球各地司空见惯。绝大多数国家的男士在正式场合中都穿得像英国人，而在其他时间则套上美式牛仔裤。

当然，还是不乏防守阵地的。偶尔你能看到巴伐利亚男人穿

1　赫伯特·乔治·威尔斯（Herbert George Wells，1866—1946），英国著名小说家、政治家、社会学家、历史学家和新闻记者。他创作的科幻小说对该领域影响深远，如"时间旅行""外星人入侵""反乌托邦"等都是20世纪科幻小说的主流话题。

着他们的皮短裤，女士身着紧腰宽裙。有些阿拉伯人至今仍将自己裹在长袍头巾里。但总的来说，盎格鲁圈失去了它独特的外表特征。这一切全拜工业革命所赐；当然，身先士卒的，就是纺织面料的革命。整个 20 世纪，英语民族的国家以他们的形象为全世界织布，而在这一过程中，他们似乎忘了全球服装其实正是他们自己的服装。

当我们提起某个国家时，往往会不由自主地把注意力集中于该国最另类的亮点，而不是那些成功输出的特产。比如，若问最有名的英国餐，人们往往会说"牛肉腰子派"，而非"三明治"。而说到英国国球，答案则是板球而非足球。谈及价值观时亦不例外。说起如何定义英国政治制度的特征，外国人也罢，不列颠人也罢，几乎会异口同声地说起君主制，上院，议会程序中用到的法槌、马鬃假发以及其他象征性服饰。同样，要是把这个问题换成问美国的政治特征，答案可能是竞选活动的天价经费、别有用心的企业捐款以及阴险的攻击性广告。其实，最后两个例子都未能真正抓住两国的最大特征，那就是，法律制定者要对每个人负责，政府换届是和平普选的结果。

法律之治比我们认为的更少，压制和集权则更为普遍。人生来是好胜的动物，只要环境允许，总不免专断与任性。从政治上看，一个中世纪的欧洲君主和一个现代的非洲政府独裁者没什么两样。人们一旦有权制定规则，怎会不按自己的好恶来操纵规则？！他们会服从本能的驱使，制定出可使其后代保持优势特权的制度。垄断权力、身份继承、统治阶层制度性的特供资源，这些规则一度遍及全球，而今仍然普遍。真正的问题不是自由民主能否赢在终点，而是它如何才能在起点开跑。

我们至今仍受着那个划时代事件的后续影响。欧亚大陆西端一隅湿冷岛国上的居民，偶然地确立起政府必须服从法律、舍此别无他途的观念。法律之治确保了财产及合同的安全，反过来催生了工业化和现代资本主义。在人类历史上，第一次形成了总体上奖励生产而不是支持掠夺的制度。事实证明，这一制度具有高度适应性。它为讲英语者所携带，一路漂洋过海，或者借助殖民统治者的强制推行，或者经由忠诚的拓殖者自愿履践，在费城古老的议会大厅中，最终以精妙的方式结晶为美国宪法。

这个榜样如此成功，以至当今世界各国无一例外几乎都想复制此例，至少想克隆出其外壳。就算是无耻的独裁政权，现如今也一样有了所谓的国会。战战兢兢的代表们正云集于所谓的政党组织中扎堆开会，仰承总裁的意志。甚至连最肮脏的专制政权也有了自己的最高法院，起码从纸面上看，它不再是权力的工具。但是真正有意义的政治自由——在代议制民主政体中的法治之下的自由——依然还只是一个不多见的现象。一厢情愿地认为这一制度会比英语民族的霸权更长寿，实在是个错误。

这本书要讲的就是自由的故事，或者说，是盎格鲁圈的故事。我知道这样说很可能会给一些读者造成优越感极强、必胜主义，甚至是种族主义的印象。然而，通过这些故事，我想要表达的绝非这些。首先，盎格鲁圈与其说是一个民族概念，不如说是一个文化概念，而这正是她影响力的最大来源。维多利亚时代的作家们尽力想证明英语民族在人种上的优越，他们的证据在当时就有争议，而今更难立足。居住在墨尔本的希腊夫妇的孩子比他在米蒂利尼岛上的堂兄更富有也更自由，原因无关种族，只关乎政治制度。

问题部分出在术语本身的含混上。盎格鲁圈是最近发明的一个新词儿，它的首次使用是在尼尔·斯蒂芬森[1]1995 年出版的科幻小说《钻石时代》中。这个词很好地描述了讲英语国家组成的自由的共同体，很快在我们的政治文化词汇表中传播开来。《牛津英语词典》是这样解释盎格鲁圈的："以英语为主要本地语言的国家组成的集团。"但是，美国作家詹姆斯·贝内特（James C. Bennett）的定义更加准确，从而使这个词流行起来：

> 要成为盎格鲁圈的成员，需要遵循那些构成英语文化核心的基本习俗和价值观，它们包括个人自由、法律之治、注重合同与契约、自由是政治及文化价值的第一追求。组成盎格鲁圈的国家分享着共同的历史记忆：《大宪章》，英国和美国《权利法案》，陪审制、无罪推定以及"一人之家即他的城堡"等普通法原则。

1　尼尔·斯蒂芬森（Neal Stephenson，1959—）美国著名小说家，因推理小说而闻名全美，《雪崩》为其成名作。

　　那么，盎格鲁圈包括哪些国家呢？符合所有定义的是以下五个核心国家：澳大利亚、加拿大、新西兰、英国和美国（按英文首字母排序）。绝大多数定义也将爱尔兰（它独特的地理环境将在后文讨论）算进来。此外，新加坡和前英国殖民地的群岛，比如百慕大群岛、福克兰群岛（Falkland Islands）等，也被大多数定义列入这个圈子。有一些定义中的盎格鲁圈还包括加勒比海岸的民主国家和南非。

　　如果把"大象"——即印度（这个形象一度相当流行）——也计入在内的话，那么，"大象"将占到盎格鲁圈人口的三分之二。本书稍后也将单独讨论印度问题。

　　将自由的传播与盎格鲁圈兴起的过程视为一体，这一观点一度毫无争议。宗教改革后，很多讲英语者将他们文明的优越视为天意所助。他们的文明就是要建一个新以色列，一个被上帝选中、受命要给世界带来自由的国家。《统治吧，不列颠尼亚！》[1]不愧为赞美英国自由的颂歌："当不列颠在世界之初，由造物主安置于蔚蓝大海之上的时候……"这首歌我们齐声高唱过太多次，以至于很少停下来仔细聆听。同样的信念，以一种更强烈的形式，激励了第一批北美人。

　　宗教激情与日俱损，但对天职的信守依然笃定。英美历史学

1　《统治吧，不列颠尼亚！》是英国海军军歌，这首歌曲后来成为英帝国对外扩张
　　形象的象征，也被定为英国第二国歌。

家找到了他们的先辈在走向现代化和伟大之路上的串串脚印：普通法的形成、《大宪章》《大谏章》[1]、1689 年英国《权利法案》、《美国宪法》、技术革命、废除奴隶制。

20 世纪以降，鼓吹英美历史的爱国主义观渐趋过时，马克思主义、反殖民主义、多元文化主义开始流行，编年史学登上舞台。那些为盎格鲁－美利坚政治里程碑大唱赞歌的历史学家成了众矢之的，他们被斥为文化傲慢主义者，关起门来给自己道喜。最倒霉的是，他们过时了，被扫进了历史的垃圾堆。

据说，他们的错误在于，他们在历史事件中发现了规律，而事件本身的参与者却没看出有什么意义。充满爱国情怀的历史学家们与好辩的批评家们总是倾向于将重大历史危机视为通向人类文明高峰的台阶，而在他们自己的生命中已经出现了这样的黄金时代。

1931 年，剑桥教授赫伯特·巴特菲尔德[2]出版了《辉格党式的历史解释》（*The Whig Interpretation of History*），这大概是迄

1　Grand Remonstrance，又译为《大抗议书》，在 1641 年 11 月 22 日由英国议会下议院通过，同年 12 月 1 日向英王查尔斯一世提出。文件主要反映了资产阶级和新贵族的要求，表达了对于英王暴政的不满，并提出一系列改革要求。其发表被认为是英国内战爆发的原因之一。

2　赫伯特·巴特菲尔德（Herbert Butterfield，1900—1979），英国历史学家，剑桥大学现代史教授，20 世纪"剑桥学派"代表人物。其早年所著《辉格党式的历史解释》和《现代科学的起源》两书是其获得隆誉的代表，他的史学观点主要强调了对一个历史学者道德判断的种种限制，"如果历史能有任何作用，那它只是在提醒我们，我们的所有判断都不过是时间和环境的产物"。

今为止历史编纂学领域影响最大的一本专著。他在书中指出，辉格党人在探讨过去时，犯了目的论的错误。也就是说，他们认为所有运动都指向了一个既定的目的。事实上，那些重大事件的演员们的动机往往与当代观众为他们叫好的理由截然不同。持目的论的作者们把历史写成了一幕将历史人物区分为好人和坏人的讽刺剧。好人就是那些支持辉格党和自由政策（如扩大选举权、普及公民权等）的人；而坏人当然是阻碍这一进步进程的家伙。就像巴特菲尔德所说的，"以今人的眼光来审视过去，正是一切错误之源，必然会陷入历史的诡辩。这也是我们说'非历史的'的要害所在"。

巴特菲尔德的批评一语中的，他的书彻底地改变了英国历史的书写方式。举例而言，历史学者终于开始意识到，王权的反对者在他们自己眼中，往往不是进步人士而是保守派，捍卫他们所信奉的古代宪法、反对现代化了的司法。

然而，辉格党式的历史解释并不因其缺陷而减损它的正确性。辉格党历史学家们高度评价的重大事件——《大宪章》运动、宗教改革、《权利请愿书》、费城制宪会议，即使在当代人眼里，其伟大意义也不减丝毫。并且，如果说，在史学家们的观点与其后代观点基本一致的基础上，给历史人物贴上"好人坏人"的标签，是一种时代错误的话，那么，要想写出有意义的历史而又不带任何价值判断，同样是不可能的。

辉格党历史学者们窥见了重要的真相。现代的研究成果基本上印证了他们的观点：宪法保障的自由早在诺曼底时代之前的英格兰就已扎下了根。他们视（英国）例外论为自然而然的事，而大多数 20 世纪的史学家们因为担心会背上"优越论者"或者"种族主义者"的罪名而对此噤声不言，事实却已证明了这一观点。顺着辉格党历史学者的眼光，甚至还能辨识出英语民族内长期存在的两大派系：一派忠于例外论所坚持的价值观，另一派则紧盯着盎格鲁圈以外的世界更趋向于集权的模式。要是给这两派分别贴上"辉格党"和"托利党"的标签，毫无疑问，又该被嘲笑为时间错乱了；但其实，这种干脆利落的做法也颇能说明问题。

说起来，这样的归类并非辉格党历史学者的发明创造，他们所记录的那些历史事件中的关键人物对此早有体认。托马斯·杰斐逊以他鲜明的党派风格作出了解释：

> 辉格党和托利党的区别，深藏于人的本性。人往往是弱则怠，富愈贪，因此难免将维护安全与获得保障寄托在强大的执行部门身上。而人若健康，坚定，正直，对自己的体质和品格充满自信，那么，他会将大部分权力握在自己手中，除非为政府正当的、必须的要求，才愿意舍弃部分。这样的区别始终潜藏在辉格党和托利党中。

对杰斐逊和他的追随者而言，一个辉格党人不仅仅追求男子汉气概、独立自主、共和精神，他还具有与英国古老事业紧密相连的独特身份。1775 年间发行的一本广为流传的小册子，把爱国者的行为定义为遵守"从 1688 年光荣革命之前到当时的辉格党人的原则"。

这些原则究竟有哪些？小册子简单明了地开列出了清单：制定法律的人必须直接从选票箱中产生并对之负责；行政部门受立法机关制约；没有公众同意且法律授权，不得征税；人人免于任意处罚，个人财产不得充公；决策的制定必须尽可能为受此影响的民众考虑；权力必须分散；没有人，甚至包括国王，可以凌驾于法律之上；财产安全受保障；争议必须由独立的地方法官裁决；保护言论、宗教、集会自由。

不论在英国还是美国，支持上述原则的人有理由把自己叫作"爱国者"。他们发现的问题，后代们浑然不觉：为他们所珍视的自由，很大程度上被限制在英语世界的范围内，而本国国内的反对者们则一心想把政制拉入更趋于专制的国外模式中去。

反对派们节节胜利，这正是我们这个时代的悲剧。英语民族在形成并且输出了人类有史以来最为成功的政府制度后，却在他们自己的成就面前变得畏首畏尾。

不列颠的智识精英将盎格鲁圈的价值视为融入欧洲政治一体化的绊脚石。他们的澳大利亚盟友则认为盎格鲁价值是本国返回亚洲政策的离心力。在美国，尤其是本届政府看来，盎格鲁圈意识形态只不过是那些欧洲男性"白死人"留下的遗产，是殖民主义者一场不愿醒来的宿醉。在每一个讲英语的国家，多元文化格局使得学校不敢再教导小孩他们是单一政治遗产的继承人。

到如今，绝大多数盎格鲁圈国家正在逐步抛弃"辉格党在光荣革命之前的原则"：法律的出台已经无需国会通过，只要采取行政命令的方式即可办到；征税也可不经民众同意，银行救市即可暗度陈仓；本地、省和国家层级的权力换届现在只在首都便完成了；过去由竞选产生的代表被行政常设机构取而代之；政府开支高到先前的民众会认为早就足以引发叛乱的程度。如果我们想知道为什么盎格鲁圈的势力正在衰落，实在无需看更多。

黑格尔写道，密涅瓦的猫头鹰只在薄暮降临时悄然起飞。当太阳在盎格鲁国家联盟之上升起，我们终于意识到我们失掉的是什么。让英语民族崛起的，不是他们的基因有什么神奇特质，不是因为他们的土地丰沃多产，也不是他们的军事技术优势，而是他们的政治和法律制度。

不管人们是否愿意承认，人类的福祉有赖于这些制度的存在和成功。作为一个松散的国家联盟，盎格鲁圈应当在本世纪继续发挥它亲和的推动力。如果没有这一推动力，未来看上去无疑会更加灰暗和寒冷。

第一章

同一种语言，同样的圣歌，同样的观念

> 要么自由，要么死。我们说着莎士比亚说的语言，守着
> 弥尔顿守着的信仰与道德。
>
> ——威廉·华兹华斯[1]，1807

> 在美洲，由英国开拓的殖民地和西班牙拓殖的地区之间，
> 实力差距不可以道里计。但我们没理由相信，西班牙人在 16
> 世纪初有任何一方面是输于英国人的。唯一可确信的是，北
> 方的文明与繁荣很大程度上是新教改革结出的道德之果，而
> 欧洲南部国家的衰落则主要归因于天主教的复兴。
>
> ——麦考莱勋爵（Lord Macaulay），1840

---

1 威廉·华兹华斯（William Wordsworth, 1770—1850），英国诗人，与柯尔律治、
骚塞同被称为"湖畔派"诗人。华兹华斯的诗以描写自然风光、田园景色、乡民
村姑闻名，文笔朴素清新，自然流畅，开创了新鲜活泼的浪漫主义诗风，其中长
诗《序曲》是代表作。

伟大的时刻

这也许是他总统生涯中最漫长的一段路。二十年来，富兰克林·罗斯福一直在美国公众面前尽力掩盖他的脊髓灰质炎：照片上，他总是站得笔直，不需要任何扶助；要不，他就坐在椅子上。然而，这一次，总统受邀登临英国皇家舰艇"威尔士亲王号"与温斯顿·丘吉尔会面，他坚持自己走上去。助手们试图说服罗斯福放弃这个举动：万一甲板突然颠簸，总统摔倒了，这是何等狼狈？但是总统决意出席。罗斯福拄着拐杖，一侧由他儿子搀扶，另一侧是一位海军军官。他缓慢地走上"威尔士亲王号"，那里，英国首相丘吉尔正等着他。此时，军乐队奏起了《星条旗永不落》。

时间是 1941 年 8 月 10 日。这一天见证了两大英语强国的历史性会晤。地点在加拿大纽芬兰岛的普蕾森莎湾（Placentia Bay）。丘吉尔对加拿大的评价，一如他对自己的评价："它是统一的盎格鲁圈的活的化身。"几个月后，他在渥太华对加拿大首相说："加拿大在大英帝国中占有独特的位置，因为它与不列颠有着牢不可破的联系，同时又与美国保持着长期友谊和亲密关系。"

罗斯福在美国是否维持中立问题上一度举棋不定。建国者们定下了中立原则，20 世纪 30 年代通过的一系列法案更是强化了这一原则。但即使美国没有参战，罗斯福也一直在支持盎格鲁世界的兄弟国家。

罗斯福告诉他的国民，美国必须"成为民主制度的兵工厂"。他向英国提供了大量武器和军需物资，用以交换军事基地九十九年租借期。此举至少让胜利的天平倾向了英国。他发布指令，允许皇家海军使用美国军事设施，开启了两国空军正式合作的先例。其后，他以更令人信服的方式为英国政府提供了最可靠的支持，那就是众所周知的《租借法案》。

大西洋两岸对于这段历史过往从不陌生。尽管托利党人还在抱怨美国在帝国的地盘内建立政权，大多数不列颠人都接受了英语民族圈的利益格局现已永久地改变了这一事实。其后的历史发展也证明了这一点。在 2001 年打击塔利班的军事行动中，执行任务的美国飞机起起落落，他们的军事基地就建在英属印度洋领域内。可是两国人连眉头都没皱一下，这样的合作实在是太正常不过。想当年支持《租借法案》的美国人不也是一样么？他们不也一心希望英吉利在战争中获胜么？

当然，就某种程度而言，英美的交情正是一个自由民主国家对另一个民主国家的同情。德国和它的卫星国结成了法西斯独裁集团；丹麦、挪威、法国、比利时和荷兰曾有过自由国会，但那时全都处于纳粹的占领之下。然而，英美两国政治的相似性还有更深层的基础，这个更深层的联系正是丘吉尔要竭力阐明的。

这是一个星期日的上午，罗斯福乘坐的"奥古斯塔号"与"威尔士亲王号"正列队举行宗教仪式。丘吉尔希望"每一个细节都能做到尽善尽美"。祈祷文和赞美诗事先精心挑选过。牧师念诵起詹姆斯国王钦定版《圣经》中《约书亚记》第一章的经文："我怎样与摩西同在，也必照样与你同在。我必不撇下你，也不丢弃你。你当刚强勇敢。"在场人闻之无不对彼此的国家肃然起敬。礼拜仪式对于英美两国的海军军人来说，都是如此熟悉亲切，借用丘吉尔私人秘书的比喻，"就像一场婚礼仪式"。

　　首相本人也为之振奋，他说，"大家使用同一种语言，齐唱同一首颂歌，而且拥有几乎同样的观念！"他补充道，"经历过那场仪式的每一个人将永远不会忘记那个阳光灿烂的早晨，以及在那个早晨拥挤在后甲板上的景象：讲坛上飘扬着英美两国国旗，每一句话都撞击着在场人的内心。这真是一个伟大的时刻！"

　　战争以其独有的方式使得同宗同源的两个民族忘掉了他们过去的恩怨。自从 1895 年克利夫兰政府介入委内瑞拉与英属圭亚那领土争端后[1]，英美两国就再没红过脸。事实上，19 世纪 20 年代后，可能爆发战争的阴影烟消云散，两国交好，晴空万里。美国借助门罗主义，得以在其势力范围内屏蔽掉来自欧洲国家的所有干预。而这一外交政策的推行，正是靠了英国皇家海军的支持；对此，两国政府心知肚明。

　　英国在 1898 年美西战争中巧妙地帮助了美国。而在布尔战

1　1895 年，时任美国总统的格罗弗·克利夫兰（Grover Cleveland）向国会提出特别咨文，要求英国将委内瑞拉与英属圭亚那的纠纷交由美国仲裁，由此造成了英美关系紧张。

争中，尽管国内爱尔兰裔选民提出抗议，麦克兰和罗斯福总统还是回报了英国。两国在第一次世界大战期间终于结成同盟。德国凯泽政府认为"盎格鲁－撒克逊人"总是捆绑在一起的，因此怂恿墨西哥入侵它的北邻，从而刺激美国参战。

其实，无论丘吉尔还是罗斯福都没有意识到，希特勒也有同样的判断，否则，不可能有其他理由来解释他为什么在珍珠港事件后宣布对美作战。盎格鲁国家圈的民众，可能非常看重他们的内部差异；但对于圈外人而言，则完全不那么敏感。

丘吉尔的母亲是美国人，他花了三年时间写出皇皇巨著《英语民族国家史》，其第四卷因为战争而中断，直到1950年才出版。这位美国人的儿子比其他任何人都更清楚，大西洋联盟的建立不仅仅是暂时的利益结合，它的根基来源于一种共同的认同感。

产生这种认同感的三个关键元素在纽芬兰岛的那个周日上午表露无遗，这就是丘吉尔所说的三件法宝：同一种语言，同一首圣歌，以及几乎相同的观念。

让我们挨个看看这三件法宝。

同一种语言

语言是民族性的公分母。当然，肯定还有别的特征。民族很多时候是基于历史、地理或宗教而形成的自我认知。然而，语言一定是较之其他特征更易识别的要素，因为它是人们互相理解的

前提条件。正如被封为"盎格鲁帝国先驱"的鲁雅德·吉普林[1]所写，

> 站在门口的陌生人，
>
> 他或许真诚又友善，
>
> 但他不和我说话——
>
> 我便不懂他的想法。
>
> 我只能看见脸、眼和嘴，
>
> 看不到藏在后面的心。

英语民族在过去大部分时间里，都已星散于不同国家了。以一个基本完整的语言群组成一个统一的政治体，在历史上只出现过两次。第一次是在克伦威尔统治时期，依靠武力强制推行，时间从 1653 年到 1660 年。第二次存在于 1707 年到 1776 年，比一个人的寿命还短。这一政治体的破裂并没有使它的子民在一夜之间变成陌路人。后来的总统约翰·亚当斯，当时作为新生的美利坚共和国第一任大使，在拜见国王乔治三世时，说过的那番感人至深的话差点让以前的敌人掉下泪来：

1　鲁雅德·吉普林（Rudyard Kipling，1865—1936），英国小说家、诗人，于 1907 年获得诺贝尔文学奖，是英国第一个诺贝尔文学奖获得者。他生于印度孟买，7 岁回英国受教育，17 岁大学毕业后从事报刊编辑和文学创作活动，曾到印度、中国、日本和美国等地游历，素有"帝国诗人"之称。

　　如果我能有助于如今隔海相望、生活在两个不同政府下的人们恢复信任和好感，或者再乐观一点，重拾那些古老的美德与善念，那么，这必将是我一生最大的幸福。无论如何，我们两国人说着同样的语言，信奉同一个上帝，有着相同的血缘。

　　共同的语言创造出了人类关系中心领神会的玩笑、细腻的差异和微妙的默契。而这一切，又反过来增进了同胞之情。在布尔战争[1]中，一个前拉夫骑兵从南非写信给他的老长官西奥多·罗斯福（那时他已是美国副总统了），信中写道："亲爱的泰迪，我到这儿来，本打算加入布尔人的，因为他们告诉我这是共和国对抗独裁君主的战争。可是我来了以后发现，布尔人讲荷兰语，而英国人说英语，所以……我就参加英国军队了。"

　　语言创造了跨越国界的同仇敌忾之情。1982 年马岛战争[2]发生的时候，恰逢西班牙世界杯足球赛。西班牙球迷在每一场英国队的比赛中都高喊"阿根廷！阿根廷！"而美国人则刚好相反，

1　历史上共有两次布尔战争，第一次发生在 1880—1881 年，第二次发生在 1899—1902 年。布尔人主要是最早来到南非殖民地的荷兰人后裔，也包括部分葡萄牙、法国殖民者后裔。19 世纪晚期，南非先后发现了钻石矿和金矿。英国人和布尔人为争夺采矿权爆发了布尔战争。到 1902 年战争结束，英国以全胜告终，1910 年南非联邦成立，成为英帝国的自治领。

2　马尔维纳斯群岛战争，简称马岛战争，或福克兰群岛战争，是 1982 年 4 月到 6 月间，英国和阿根廷为争夺马岛（阿根廷称"马尔维纳斯群岛"）的主权而爆发的战争。最终，英国赢得了胜利并重新占领马岛。

他们毫不犹豫地站在了英国一边：国会迅速通过动议强烈谴责阿根廷，要求阿根廷立即撤军。这一决议只有一位议员投了反对票，就是那个永远说"不"的杰西·赫尔姆斯先生。[1]

1995 年，西班牙卷入与加拿大的渔业纠纷。英国各个城镇，尤其是渔村社区，到处挂起了加拿大的枫叶旗。尽管欧盟在这场风波中一致倒向西班牙，德国甚至向该海域派出了海军舰船；然而，两个盎格鲁成员国——爱尔兰和英国，还是力挺加拿大。

上述两个事例，语言战胜了地缘。人们不是根据他们在欧洲或者美洲，在欧盟或者北美组织，在旧世界或者新世界来选择站边的。在很大程度上，人们甚至不是根据争端本身的是非曲直来作决定。事实上，说起来很平淡，他们不过是支持说同一种语言的老乡，反对那些他们听不懂的人而已。

现在我正用来写书的这种语言文字，它的独特之处可能出乎意料。英语并不仅仅在下述意义上影响它的使用者：读同样的书，看同样的电视节目，唱同样的歌，它似乎携带着形成某种世界观的遗传物质。

相信任何一个会多种语言的人都有过这样的体验：当你从用一种语言转为用另一种语言思考时，视角就会随之作出微妙调

1　杰西·亚历山大·赫尔姆斯（Jesse Alexander Helms，1921—2008），美国参议员。他在 1942 年至 1970 年期间，是民主党党员；1970 年后，转为共和党党员。赫尔姆斯担任过 5 届参议员，是美国极右翼典型代表，以政治观点保守、言论极端而出名，被称为"一辈子投反对票"的"No 先生"。

整。不同语言文字之间并不是逐一对应的，有一些意思在翻译中可能不知不觉地被改变了。即使某个句子被一字不落地转换过来，其隐含的意义也可能发生变化。

举一个例子。"民主"这个词在几乎每一种语言中都有相同的字面含义，即一套由多数投票来做决定的机制。但在英语中，这个词的弦外之音实在太美妙，以至于它现在成了一个万能的词儿。比如，人们在说"私立学校不是民主的"，实际上，就是想表达"我不赞成私校"的意思。但在俄语或别的什么语言中，"民主"这个词儿就没那么多丰富的联想了，它仅仅是指几种相互竞争的社会管理理论中的一种。

英语作为世界性语言与借助英语来理解、表达的思想观念之间，存在着天然的亲缘关系。语言学家罗伯特·克莱本（Robert Claiborne）曾说："语言（英语）与哲学可不是毫不相关。盎格鲁－撒克逊人对不受限制的权力根深蒂固的不信任，无论从语言中还是在生活中，都可反映出来。"曾经担任过联合国教科文组织和平中心负责人、现印度曼尼帕尔大学（Manipal University）国际关系与地缘政治系主任的马达夫·纳拉帕特（Madhav Das Nalapat）也表达过类似的看法，他说，"英语教育的普及有效地阻止了极端主义的扩散"。

他说得对吗？过去 60 年间民主制度与自由贸易的胜利与英语作为世界第一语言之间有联系吗？

英语是从帝国扩张的前沿阵地奇迹般脱颖而出的。英语绝不是伴随移民和征服一路得以传播的第一种语言：阿拉姆语（Aramaic）、希腊语、拉丁语、波斯语、阿拉伯语、俄语、荷兰语、法语和西班牙语都是帝国语言。但是，想想去殖民化之后的情形？能够幸存下来的语种只有那些被众多人口当作本土语言来使用的语言。印度尼西亚青年人现在说英语多过荷兰语。西班牙语在中南美洲国家一向地位巩固，但几乎也快被集体驱逐出菲律宾了。优雅的法语如今只有在老一辈儿叙利亚人和越南人口中才能听到。实际上，"脱法入英"正是一个不可被忽视的政治维度。举例而言，卢旺达实行种族屠杀的政权被推翻后，新政府下令学校不再使用法语，全面教授英语。这一政策的推行，明确地释放出新政府决心实现自由的信号。

1492 年，英语还是蛮荒海岛上使用的方言。西班牙学者安东尼奥·德·内夫里哈[1] 觐见伊丽莎白女王时，使用的就是精妙的西班牙语。在这次会晤前数周，克里斯托弗·哥伦布开始了他的航行；数月后，他带回的消息改变了世界。然而，内夫里哈对西班牙正走在帝国扩张的大道上深信不疑。在献给帝国的致辞中，这位学者总结了一句在任何时代都足以振聋发聩的话："我非常肯定，语言是王权之友。"

---

1 安东尼奥·德·内夫里哈（Antonio de Nebrija，1442—1522），文艺复兴时期西班牙学者。他曾在萨拉曼卡大学和博洛尼亚大学学习，一生大部分时间讲授古典文学，成为西班牙著名的人文主义学者。他于 1492 年出版了首部卡斯蒂利亚西班牙语语法著作，是西班牙语语法的创始人之一。

这句话抛出了一个线索，可以部分解释西班牙在新大陆的殖民地为什么走上了与英帝国殖民地不同的道路。拓殖时期的讲英语者并没有意识要去规范他们所使用的语言，那个时候人们所讲的英语听上去很像是现在盎格鲁－撒克逊口音和诺曼底－法兰西口音的混合体。后来，投向哪国语言就投向了哪国政府。

讲英语的美洲人当时是散居的自由主义者，他们既不采用教会制度也不实行贵族统治，而是组织起他们的本地自治政府。但讲西班牙语的美洲人从一开始就组建了由王室和耶稣会联合统治的政权。在 1787 年后，政权由王室单独执掌，耶稣会因被控"图谋建立国中国"而遭到镇压。顺便说一句，在任何独裁制度下，权力总是充满了妒意。

对于西班牙殖民者而言，控制语言和控制墨西哥或者秘鲁的政府一样，都是统治棋盘上的一步棋。而这样的控制，无论是语言的还是政治的，都阻碍了社会正常发展。在这种中央集权的思维模式下，西属美洲从来没能实现它的全部抱负。这就是为什么南美人总在流向美国而不是相反；这也是为什么西班牙语覆盖的人口和领土虽然大大占优，而且是对入门者来说最主流的欧洲语言，但它从来没有成为重要的国际化交流媒介。

再看看相反的例子吧。伴随英语的全球化进程，一系列盎格鲁习俗和制度也开始普及，从两院制国会到童子军，从股票交易所到高尔夫球，从陪审团制到赛马。要我举出盎格鲁圈成功输出的例子，几乎可以填满本书的整个后面部分；但相形之下，西班牙文化的输出，就有限多了。无论如何，在新大陆发现之初，西班牙无疑是世界强国之一。然而，就像智利史学家克劳迪奥·贝利兹[1]指出的那样：

> 要找到获得世界普遍承认的西班牙来源的文化特征及产物，不是件容易的事儿。这些特征中，有些确实很伟大，比如天主教改革及其制度、教义的遗产。但是，即便加上那些典型的西班牙人物原型（唐璜、堂吉诃德），耶稣会社，谐趣的段子和自由的文风，美利奴羊和现代改良后的波斯吉他，这份西班牙特征的清单也急速瘦身了，只剩下很难推广的斗牛和响板。

贝利兹对这个巨大反差有一个简单的解释。他认为，以英语为母语的文化有很强的适应性，而西班牙语为母语的文化则很僵化。早在公元前 7 世纪，古希腊诗人阿尔齐洛克斯就写下过这样的诗句："狐狸观天下事，刺猬以一事观天下。"对贝利兹

1　克劳迪奥·贝利兹（Claudio Véliz,1930—），智利著名历史学家、社会学家和作家。贝利兹是一位亲盎格鲁人士。在名著《中世纪狐狸的世界》一书中，他指出，西班牙的反改革传统及文化是阻碍拉美国家社会变革和经济发展的壁垒，而"英国化"的北美则正好相反。他认为殖民主义历史学派的观点过度强调殖民的政治动机，缺乏对大不列颠文明扩散至次大陆的客观评价。

来说，盎格鲁圈正像这样的狐狸，而西班牙圈则是刺猬无疑。以英语为母语的文化是非中心化和个人主义的。历史上其他帝国由盛转衰，其文化影响力亦随之而消退，唯有像狐狸一样灵活善变、滴水不漏的盎格鲁圈和它的语言在文明的潮涨潮落中生存下来。

英语现在是几乎所有国际组织的官方语言，比如东南亚国家联盟、北约、世界银行、世界货币基金组织、亚太经合组织、石油输出国组织等。甚至那些成员国都不是以英语为母语的组织也经常使用英语，比如欧洲自由贸易协会。

我自己供职的欧洲议会，虽说过去在各种正式场合给予24种语言以平等地位，但一直是法语垄断的最后堡垒。从20世纪90年代中期开始，尤其是2004年允许东欧国家加入以后，英语日益成为非正式的通用语言。那些没有掌握英语的欧洲议会议员们明显就吃大亏了。在配有同声传译的全体大会和分会上，他们表现尚佳，但走廊里的会谈，他们就很难有份了，而这里往往才是交易达成的地方。

多语工作环境使我越来越体会到，英语天生就擅长表达经验的、实证的、平易近人的想法。我常常只在一只耳朵上罩着耳机，一边听原声一边翻译，以此来提高自己的语言能力。我发现，很多时候，某个政治家或者官员用他们自己的语言发表的演说非常有力量，但是，当其被转译为英语后，就常变得抽象难懂，甚至毫无意义了。

　　澳大利亚哲学家大卫·斯托福[1]也注意到同样的现象。在他那篇著名的论文《我们的思想出了什么错？》（*What Is Wrong with Our Thoughts?*）中，哲学家考察了一系列遭到灾难性误传的学术思想。他之所以能发现这些问题，不是靠拆穿马克思主义、弗洛伊德主义的弱点，只是因为读到了西方经典中那些更受尊重的作家们的作品：普罗提诺（Plotinus）、黑格尔和福柯。他摘引了他们的译文，解释道，"没办法，我在这里只能求助于译文。普罗提诺、黑格尔或者福柯的思想，一旦用英文表达出来，就变得面目全非了。我认为这种情况在我们的语言中普遍存在"。

　　斯托福所言，恐有失片面。现在很多英文论文写得莫名其妙，很明显，作者以为思想的深刻复杂与表达的含糊晦涩是一回事。但是，当涉及如何组织社会的问题时，这些作者往往会求助于赞成集权制的欧洲思想家，这一点恰恰证明了斯托福的观点。

　　世界上最受喜爱的语言也打动不了这位彻底地坚持抽象化思考的作家。卡尔·马克思谈论起莎士比亚，就跟他评论经济学一样无情。不妨摘一段他在看完《雅典的泰门》（*Timon of Athens*）后写下的观感：

1　大卫·斯托福（David Charles Stove,1927—1994），澳大利亚哲学家，他的哲学著作包括对大卫·休谟怀疑论的批评，以及对卡尔·波普尔和托马斯·库恩的非理性主义的批评。在1986年出版的《归纳的合理性》一书中，他对归纳问题作出了正面回应。斯托福对唯心主义论和社会生物学也持批判态度，称后者为"奉基因为上帝的新宗教"。

自从金钱成为价值的最现实和最活跃的代言人后，它就迷惑和颠覆了所有事物。整个世界被钱弄颠倒了，金钱改变了自然和人的品性。如果金钱成为连结我和人类生活的纽带，我和社会的纽带，我和自然和人类的纽带，那么，它不就是所有纽带的纽带吗？它岂不是能连结也可以打散所有联系，因此，不也就成了分裂和异化的最普遍的代理人？！

哪位英语母语者会这么写？！除非当他经年累月训练自己模仿黑格尔、马克思、德里达，或者萨特们的风格。

英语的稳定性和实用性与它发展和变迁的进程息息相关。讲英语者认为，他们所使用的语言，跟他们所适用的法律和政治制度一样，与其说是国家的产物，不如说是民族的产物。就像普通法的形成，一个案例接着一个案例，如珊瑚礁一样缓慢长成，没有一个所谓的中央最高权威。英语语言的演进，也是如此。

邻国成立了学会和学院，负责规范他们的语言文字该怎么说怎么写。他们中最优秀的公民被认为应按照规范严谨的拼字法、句法及语法来说话。法兰西学院由枢机主教黎塞留（Cardinal Richelieu）于 1635 年成立，西班牙皇家学院由菲利普五世创建于 1714 年。到今天为止，仍然很难有什么荣誉可以比提名为学院院士更高。然而，按照创建之初的使命，学院的任务就是规范和划定标准的语言的发展。

英语通常就没有这样的限制。如果非得有这么一个纯正词汇表的标杆的话，那么，在美国，此非《梅里厄姆韦氏词典》[1]莫属；在英国，则当称《牛津英语词典》[2]。这两部词典都是个人成就的硕果。

英语灵活多变、能屈能伸甚至"如饥似渴"。其词汇量是法语的两倍多，西班牙语的三倍。英语词汇数量庞大，部分得益于这样的现实原因：英语本身是从多语言社会中生长起来的，绝大部分人口说旧式英语，上流阶层说诺曼－法语，他们的书面语则是拉丁文。久而久之，很多英语词汇发展出盎格鲁－撒克逊、法语和拉丁语三种词源的形式，比如"升"（rise,mount,ascend），"问"（ask,question,interrogate），"时间"（time,age,era），"善"（goodness,virtue,probity）等词，都有若干不同词源的表达。

但是，更重要的原因还在于英语从不自我设限，因而很容易吸收任何有用的东西。历史上最有名的英语词典是由塞缪尔·约

1　《梅里厄姆韦氏词典》（*Merriam-Webster Dictionaries*），即《韦氏国际英语词典》。1828 年，诺亚·韦伯斯特自行出版《美国英语词典》，该书成为继英国《约翰逊词典》后的经典辞书。韦氏去世后，梅里厄姆兄弟购买了该词典的版权，以梅里厄姆·韦伯斯特公司的名义出版《梅里厄姆韦氏词典》。后词典改名为《韦氏国际英语词典》，意即通用于英语国，并不断推出新版。

2　《牛津英语词典》（*Oxford English Dictionary*），被视为最全面和权威的英语词典，由牛津大学出版社出版。第一版前后花了 71 年编写，在实际编辑的 49 年间（1879 年至 1928 年），先后有四名主编担任词典编撰的主持工作。1933 年，词典首次正式以《牛津英语词典》的名义发行。随着英语语言的发展，《牛津英语词典》已经出到第三版，并衍生出电子版和其他若干词典。

翰逊[1]在 1755 年编辑出版的《约翰逊词典》，堪称一颗特立独行的伟大心灵耗时三年的划时代成就。第一部法语词典刊于 1694 年，集结了 40 位编辑 40 年的心血。慢性胃病患者约翰逊博士曾对此调侃道："让我来计算一下：四十乘四十，等于一千六百。三比一千六，正是一个英国人对一个法国人的比例。"他的演员朋友大卫·加里克闻此随即写了首打油诗以示唱和：

> 约翰逊啊，民族英雄！
> 你已击败了 40 个法国人，纵使加倍亦不堪！

单说英语词汇的数量，就足以保证作者准确无误地、毫不含糊地表达自己的思想。如果他选择福柯或者葛兰西的风格，那仅仅是因为他试图有意含糊其辞。

乔治·奥威尔，于古今宇内皆可称最优秀的散文体作家，深深地懂得词汇的匮乏正是真相与自由的潜在大敌。在《1984》中，

1　塞缪尔·约翰逊（Samuel Johnson，1709—1784），常称为约翰逊博士，诗人、散文家、传记家。其耗时九年独力编定的《约翰逊词典》，对英语的发展作出了重大贡献。自 1755 年出版以来，《约翰逊词典》一直是英语的词义标准和使用法则，被评论家称为"英语史和英国文化史上的划时代成就"。直到一百五十年后，《牛津英语词典》出版，英语才有了新的标准。《约翰逊词典》影响了整个英语世界的语言发展，特别是在美国。1775 年，美国革命爆发后，国父们撰文表达政治理念时，都将《约翰逊词典》奉为行文圭臬。托马斯·杰弗逊更把这本词典当作格言集来用，因为词典例句皆出自名家之手。其后，当美国法院的法官们审理宪法案例时，常要借助《约翰逊词典》的解释，以便探讨国父们制定宪法时的原初用意。

他借发明"新语"的语言学家赛姆斯（Symes）之口，解释了如何通过减少词汇来阻止独立思想：

> 你想，我们的主要工作是发明新词语。……我们正在消灭老词儿——几十个，几百个地消灭，每天在消灭！我们把语言削减到只剩下骨架。你没有瞧见新语的总体目标就是要缩小思想的范围吗？最后我们要使得大家在实际上不可能犯任何思想罪，因为将来没有词汇可以表达。

相反地，一种词汇量不断扩充、不受束缚的语言可以用来说出任何想法。如果现存的词汇无法传达有用的观念，那就创造一个出来，比如"盎格鲁圈"这样的词。

英语和盎格鲁圈独特的政治制度之间存在着直接联系，这种观点只是一厢情愿的臆想吗？我可不这样认为。大部分自由主义的专有词汇都来源于英语。安德鲁·罗伯茨（Andrew Roberts）圈出了早期英语创造出的"新词"，如"良心自由"（1580）、"公民自由"（1644）、"表达自由"（1769）。这些词与政治制度之间，有多少仅仅是说说而已？又有多少具有实际的因果联系？很难说清。实际上，表达自由自 1695 年起就在英国法中存在了，这是有文献记载第一次使用"良心自由"的一百年之后，也是"新闻自由"出现的一个世纪以前。无论如何，这几者之间毫无疑问存在着关联。

想想历史上为民主制度辩护的著名言论。1863 年 11 月 19 日，宾夕法尼亚葛底斯堡国家公墓前，罹患天花而虚弱不堪的亚伯拉罕·林肯总统发表了一个仅仅两分多钟的简短演讲。在演讲的结尾，总统呼吁："我们要使国家在上帝福佑下重生自由，要使这个民有、民治、民享的政府永世长存。"

这段文字自发表以后不断被引用，成了代议制政府最强有力的辩护。实际上，它们也常被用来引证美国例外论。但是，这段文字并非林肯原创，总统的大部分听众应该能马上意识到这段话的出处，只是今人多半对此不熟悉而已。它们来自可能是最早的英文版《圣经》前言："这部大书正是为了一个民有、民治、民享的政府。"身为神学家的作者约翰·威克里夫（John Wycliffe），被誉为"宗教改革的晨星"。这段话第一次出现是在 1384 年，委实让人震惊。

在那个时代，任何别的语言都没有如此明确地表达过这样的概念。数个世纪以来，英语既是自由的运输队，又是自由的保护人。1941 年 8 月，两大巨头同坐在"威尔士亲王号"军舰的甲板上，为两个民族因为同说一种语言而取得诸多共识而感到欣慰。事实上，这种语言持续发挥这样的作用，必将为人类谋取更大的福祉。

同一首圣歌

约翰·威克里夫，这位林肯名言的原创者，不愧为英国中世纪教会史上最引人注目的人物。他是著名的哲学家、狂热的叛教者和顽梗不化的异端分子，确立了若干新教教义和礼制。威克里夫认为教会腐化敛财，背离神的心意。他反对卖赎罪票，批评圣餐化体论[1]，主张人人可因信称义。他倡议教士应被允许结婚，应在世俗法庭面前如其他人一样受审，否定教皇在英格兰的权威，呼吁英国应受制于自己的国王而非教廷。

然而，最重要的，同时也是大异于他所处的时代的，是威克里夫相信《圣经》的权威高于教会。他认为人们应该自己去阅读并理解《圣经》，而不是依赖牧师和教长的翻译。在其有生之年的最后那段时间，威克里夫致力将《圣经》从拉丁文译为英文。罗马教廷对其"声名狼藉的异端邪说"深恶痛绝，在他死后四十四年，将他的骸骨挖出，焚灰弃河。

在威克里夫的观念中，"民有、民治和民享的政府"是一个兼具政治、宗教和教育内涵的概念。如果人人得以自由地形成他们的宗教观念，那么，在面对世俗事务时也能更好地独立与自治。

1　圣餐化体论，基督教教义的一种，认为神父有权主持圣餐，其中的酒与饼会直接化为基督的血与身体。

宗教自由与世俗自由的结合，最终成为盎格鲁圈的核心信条，也成为盎格鲁圈民族身份认定的关键标志。英语国家民族的历史被理解为是这些价值在反抗压迫的斗争中取得的幸运的胜利——当然，如果缺乏理性，胜利同样不可赢得。从最初一开始，自由的支持者们，不论教俗，都无一例外遭到当时封建秩序的既得利益者们的压制。

1381 年，来自社会最贫困的阶层为反抗奴役，爆发了大起义。在随之而来的镇压中，威克里夫的门徒被称为"罗拉德派"（Lollardy），和起义者一同遭到了围捕。

直到一个半世纪以后，新教正式传入英格兰为止，罗拉德派一直在广大的底层信众中秘密传教，顽强求生。他们分赴一个又一个家庭传播教义。作为一个以《圣经》为基础的教派，罗拉德派受制于缺少印刷机的处境——而这正是在 16 世纪 30 年代抵达英格兰的欧陆教改者们得以充分享受的好处。正如研究英国宗教改革的权威狄更斯（A.G.Dickens）所言："罗拉德派创造了一个地下党，最终迎来了解放者。直到解放的曙光最终降临，和其他所有地下抵抗组织一样，罗拉德派也不得不服从于拥有更精良和现代装备的正规武装力量。"

很难说英国新教得益于欧陆教义的多，还是本土罗拉德派的多。早期的权威们习惯于基本不加区分地用"路德宗"和"罗拉德派"来指新教徒。滕斯托尔主教在 1528 年写给托马斯·摩尔（Thomas More）的一封信中，提醒要警惕那些来自德国和低地国家的异教分子："我们早就发现了这伙邪恶之徒，他们企图将我们的国家带入威克里夫古老、可恶的异端邪说和它的养女路德的邪说中。"在英国，罗拉德主义最为盛行的地区，大致说来，也就是英格兰东南部。这里后来成了新教主义的腹地。绝大多数新英格兰殖民者正是来自这个富饶的地区。

新教成为识别盎格鲁圈民族身份的关键，是将英格兰、威尔士和苏格兰统一成一个联合王国的主要黏合剂。而爱尔兰境内大部分地区至今依然保留天主教信仰的事实，亦可解释为什么联合王国的边界止于今天的版图。

新教也把大不列颠人和他们隔海相望的亲戚连结在一起。直到 1773 年，本杰明·富兰克林还在和他的同胞们一起祈祷他们与英国的联系不要被割断，以免教皇统治下的欧洲均势再次被打破，"千万不要忘记：这个新教国家是我们的母国。尽管最近她对我们不太友好，但值得我们去保卫，她在欧洲版图上的地位以及她的安全，一定程度上依赖于我们与她的联系。"

我正在讨论的这个话题也许不那么让人愉快。在盎格鲁圈，新教与民族身份的捆绑，导致了偏执、暴力以及罗马天主教徒公民权利的丧失。16 到 19 世纪期间，用在天主教徒身上最多的两个贬义词就是"怪人"和"教皇制信奉者"，它们分别强调了天主教徒的异国特性和独特的个人信仰。即使到今天，你还能在英语世界的各个角落——贝尔法斯特，格拉斯哥，利物浦，甚至多伦多——听到这两个词经久不散的回音。

　　从我本人来说，一方面我汲取了北爱尔兰天主教教义的精髓，另一方面我也接受苏格兰的长老宗教义。我可能会比其他人对于宗派主义更多一份警觉，对于宗派主义始终不抱好感 。但是，如果不理解盎格鲁圈居民在近代早期的观念，就不可能刻画出真正的盎格鲁圈，正如历史学家查尔斯·瑞彻森（Charles Ritcheson）所说：“除了民族性本身，基督教，尤其是新教，构成了英美人生活的最大共性。”

　　在大不列颠、北爱尔兰、北美，以及后来的澳大利亚、南非和新西兰，新教作为言论自由、良心自由和民主议会的保护者，其具有的政治意义超过了宗教意义。这样的观念并非哪个辉格党精英的偏见，而是一种坚定的、深入人心的信念。这种信念不断被来自欧洲的宗教迫害的消息所激活，被对西班牙宗教裁判所的恐惧所滋养，被法国胡格诺教徒、弗莱芒新教徒和散布于盎格鲁圈的其他逃难者的故事所鼓舞。

　　在 17、18 世纪的英国，福克斯所著的《殉道史》[1]是继《圣经》之后，最为家喻户晓的一本书。它记载了英国新教徒所遭受的残酷迫害，尤其是在玛丽一世掌权六年间的事迹。即便是最

1　1563 年，《殉教史》问世。该书记述了西方历史上 1 到 16 世纪基督徒为信仰而殉难的事迹，着重叙述了从 14 世纪英国宗教改革的先锋威克里夫时代到玛丽一世统治期间，英国新教信徒或亲新教人士所受的各种患难与逼迫。该书对于英国语言与文化的影响仅次于《圣经》，与加尔文的《基督教要义》以及班扬的《天路历程》并称为基督教史上最有影响力的三部经典。

穷的人也会买一些历书，那上面除标出播种和收割的日子以外，还列着这个国家历史上被认为最重要的纪念日，比如：1534 年，英格兰从罗马教廷分离出来；1588 年，英格兰击败西班牙无敌舰队；1641 年，爱尔兰叛乱；1688 年，新教徒威廉即位，赶走了天主教徒詹姆斯二世；1714 年，汉诺威王朝开始了在英国的统治。在这些年份中，有一个日期具有双重神圣性：11 月 5 日。1605 年 11 月 5 日，黑火药阴谋被粉碎；而八十四年后的这一天，荷兰执政威廉亲王进入英国。

反对天主教的偏见并不是出于某一教义，它和一个人是否相信化体论或者是否会为逝者的灵魂祷告没什么关系。正和大多数偏见一样，这样的偏见毋宁说来自那种受迫害感。

1570 年，教皇庇护五世（Pope Pius V）颁布《开除教籍诏书》（*Regnans in Excelsis*），发动了对信奉新教的伊丽莎白女王的攻势，正式革除了伊丽莎白女王的教籍，并赦免了那些效忠于女王的英国信众。他的继任者们无一人废止过这一诏书。

那样的回忆，那样的威胁，对英格兰（后是大不列颠）的外交政策造成了难以磨灭的影响。在接下来的两个半世纪中，英国一直处于与同时代的天主教势力对抗的半战争状态：最初是西班牙，随后是法国，偶尔同时面对两个敌国。如果那个年代的普遍焦虑可以用地图的形式来表示的话，那么，它一定会化身为一支从欧洲大陆延伸至爱尔兰的大大的箭，而两支小小的箭则顺着爱尔兰延伸至大不列颠天主教居民最集中的区域：苏格兰高地和兰开斯特。

今天的人抱着后见之明，可以很轻松地说这些忧虑是毫无根据的。我们都知道大不列颠在它同邻国的战争中赢得了最后的胜利。但是这个结果对于当时代的人来说并非显而易见，他们感觉正在进行着一场生死攸关的较量，就像1679年艾塞克斯伯爵（Earl of Essex）在枢密院所说的，"对于天主教的忧虑，常使我不由自主地想到我的孩子正在史密斯菲尔德遭受火刑的场面"。

英国史专家肯尼恩（J.P.Kenyon）在他的专著中，对英国17世纪的社会氛围和冷战时期作了有趣的比较。他写书的时候，正值冷战高峰。正如那些西方共产主义者，即使他们中最爱国的，也会被看作某外国势力的潜在代理人；也如同民主社会主义者整体受到的普遍怀疑，17世纪讲英语的天主教徒总是被当作第五纵队队员，甚至高圣公会的某些仪式和活动也因为看上去太过"天主教化"而得不到信任。

回头来看，我们可以说这些疑虑几乎就是无中生有。即使最带偏见的辉格党新教徒史学家也乐于做这样的判断。这批学者中最有声望的麦考莱勋爵曾说，假使在那个年代发生了法国或者西班牙入侵，天主教乡绅们也会和他们的新教徒邻居一样，充满爱国热情，给他们的老枪套上皮套，飞驰于国王麾下，给外敌迎头痛击。但乡绅们的邻居哪有这等后见之明？再说，他们也不愿冒这样的风险。

　　如果肯尼恩的写作是在今天，那么，他可能要用来作比较的，就不是冷战，而是在西方世界中的伊斯兰教了。就像近代早期的讲英语的天主教徒一样，穆斯林也常常成为政治阐发多过宗教内涵的偏见的靶子。非穆斯林人对于朝觐的怨言，不会比过去的新教徒抱怨忏悔仪式少。根据最近的研究，大多数针对穆斯林的敌意有着和反天主教情结一样的根源，也就是担心信徒们不忠于他们的国家。约翰·洛克就是这样，他主张宽容所有的基督教派，但罗马天主教除外，因为"事实上，那些信奉罗马天主教的人只会吃里扒外"。

　　英国天主教徒通过展现他们的爱国热诚、为国王祷告以及在教堂前竖起国旗等举动，最终消除了对他们的种种偏见。19世纪末期，长长的天主教徒阵亡者名单有力地驳斥了针对他们个人忠诚度的指控。用那个时代的流行语来讲，天主教徒"证明了他们的忠诚"。盎格鲁圈的穆斯林或许也将经历类似的过程，他们最终会明白：即使最缺乏依据的责难，也需用耐心与风度来消解。

　　在这两起事例中，执意坚持成见的人总能挖空心思地找到证据。的确有对外战争；的确也有对敌人的同情——就算比通常认为的要少得多。就好像在任何时代任何国家，总会有那么一些持少数宗教信仰的人散布极端煽动性言论。在有的事例中，阴谋确实存在。

黑火药阴谋[1]就是 17 世纪的 9·11 事件，它发生在苏格兰国王詹姆斯六世以英格兰国王詹姆斯一世身份即位后不久。一伙天主教亡命之徒，为了荣耀他们的宗教信仰，计划在议会开会期间炸死国王和议员，继而发动一场大反攻。策划者盖伊·福克斯（Guy Fawkes）是一个宗教极端分子，阴谋败露后被捕。他就像 4 个世纪以后那个加入海外战争的圣战组织成员穆罕默德·阿塔[2]。直到今天，福克斯的名字仍在全国各地被人提起。

研究英国重要民俗的外国人类学家发现，很少有哪个公共庆典像盖伊·福克斯之夜这么盛大。每年，在阴谋者被捕的纪念日，代表盖伊·福克斯的假人（偶尔连同教皇的一起）都要被烧掉。这是英国人无法忘记的日子。

> 记住，记住，11 月 5 日
>
> 火药，叛乱和阴谋；
>
> 我们想不出让火药和背叛
>
> 被世人遗忘的理由。

1　黑火药阴谋发生于 1605 年，是一群亡命的英格兰乡下天主教极端分子试图炸掉英国国会大厦，并杀害参加国会开幕典礼的英国国王詹姆斯一世一次未遂的计划。为庆祝阴谋败露，当时的英国国会通过了一条法案，纪念这次事件。此后，每年 11 月 5 日，英国人以大篝火之夜（即焰火之夜或盖伊·福克斯之夜，Guy Fawkes Night）来庆祝阴谋被粉碎，英联邦国家（如新西兰）的英国移民后裔都会在这一天以篝火或烟火来庆祝。

2　穆罕默德·阿塔，9·11 事件中 19 名劫机者的领袖，操纵美国航空 11 号班机于 2001 年 9 月 11 日第一个撞向纽约世贸中心北楼。

　　　　盖伊·福克斯，盖伊·福克斯，他的意图即为

　　　　推翻国王和议会。

　　　　藏着的 60 桶火药，

　　　　要把可怜的老英格兰颠覆。

　　几乎每个英格兰村落，焰火和篝火都是这一天的标志。来自世界各地的观光客常常会被这热闹的场面搞得迷惑不解，甚至心生反感。英吉利不是一个典型的宗教型民族，定期去教堂的人本就是少数，而他们也常会站出来强调宽容与大同精神。然而，盖伊·福克斯之夜看上去活像一个全民大众反天主教的狂欢节，这种情况在别的地方实在少见。

　　唯一的解释是，参与者几乎没有意识到其中的宗教寓意。在今天，盖伊·福克斯之夜纯粹变成了一个焰火嘉年华，它为这个素来保守的民族提供了一个难得的和陌生人一起愉快聊天的机会。某种程度上，人们知道的是这个节日的政治内涵，他们相信他们是在庆祝议会民主的幸存——要是火药阴谋真的得逞，那议会可就被炸飞了。至于宗派层面的意义，则全然淡忘。现在英国的天主教徒也和他们的邻居一起，高高兴兴地欢庆这个节日。

　　美国独立前，十三个殖民地，尤其是波士顿，都会隆重纪念这一天。及至 1775 年，为与加拿大修好，乔治·华盛顿下令废止这一传统。此后，美国就没有庆祝过这个节日了。政令如下：

　　总督得知，为了遵守那个荒谬可笑的习俗，还要设计一个供焚烧用的教皇人偶。他实在掩饰不住自己的惊讶了！难道真有官兵如此缺乏常识，以至于在此危急关头对这种不合时宜的做法完全视而不见？这正是需要我们精诚团结的时刻，需要我们和加拿大人民同仇敌忾的时刻，我们应当考虑的是如何与我们的兄弟为了共同的事业并肩作战。

　　盖伊·福克斯之夜成了全盎格鲁圈拥有共同经历的迷人象征，只有美国部分地区例外。庆典中的宗教内涵消失了，但新教的政治文化意义保存了下来。今天，教堂不再是人们生活的中心，宗教文化变成了一套泛盎格鲁圈价值，为讲英语的印度人、犹太人、无神论者及其他人共同分享。过去那种由宗教宽容与政治多元、新教与议会民主、宗教自由与世俗自由联合创造出来的内在联系，如今虽不再生长，但它所创造出来的价值依旧顽强地存活。魂魄已散，但是机器仍在嗡嗡低鸣。

　　盎格鲁圈的新教身份也不宜过度夸大。在普通大众眼中，这种身份认同具有的族群和政治色彩多过宗教教义色彩。丹尼尔·笛福，《鲁滨逊漂流记》的作者，曾说"十万乡亲愿为反对罗马天主教奋战到死，可他们连天主教是人是马都还没搞清"。

　　如今，想要在不经常上教堂的人身上找到那种广泛存在的新教身份意识，就只有去北爱尔兰了。今天这种意识被视为是这一地区的强烈特征，可事实上它一度盛行于盎格鲁核心地区。

但是，如果认为宗教热忱的丧失意味着仅剩下沙文主义，那就大错特错了。沙文主义当然是有的。但除此以外，一种与时共进的信念始终鲜活，那就是，英语民族的宗教是政治自由的保护者。1679 年，亨利·卡博尔爵士（Sir Henry Capel）在下议院说："罗马天主教强化了常备军和专制权力的观念，早先的西班牙政府、现在的法国政府都是这种教皇制根基的支持者。一旦天主教的特权丧失以后，专制政府和权力也必会走到终结的那天。没了天主教，专制统治只是妄想。"

当代人把英国、瑞士和荷兰共和国的议会宪制政体与法国、西班牙的君主专制政体作了一番对比，看到了其与宗教的关联。虽然这种分析本身也多多少少受到他们自己的宗教信仰的影响，但也不是全无根据。他们发现：人人应读《圣经》这一观念结出了法治的、民主的硕果。那些致力宗教改革的人，力主废除主教，要求通过集会选举教职；在政治上，他们也自然地倾向代议制而非等级制。他们的宗教信仰自然地渗入了政治观念中。这些团体，包括英格兰清教徒，苏格兰及北爱长老会，威尔士的卫理公会及非国教徒，以及新大陆上所有的同教派兄弟们，自始至终坚定地支持辉格党精神，只是他们的名字在不同地方时有不同而已。

大体上讲，这些团体在 17 世纪力挺国会反对国王，在 19 世纪为了扩大选举权而战。它们在北美会聚了大量信众，比如新英格兰的英国清教徒，弗吉尼亚和宾夕法尼亚的苏格兰–爱尔兰长老会会众。这些人正是美国革命的中流砥柱。

如果说英国因为其拥有世界上占绝对优势的新教力量而成为天佑之国的话，那么，早期的美国，这个自由的避难所，则更是这样看待自身的。那些最初移民（1620年前）的清教徒们不仅对天主教深恶痛绝，对高圣公会疾恶如仇，而且怀有强烈的使命感。

从一开始起，盎格鲁势力扩展到新世界就被看成天命使然。正如肯尼思·安德鲁斯[1]所说：

> 一路支持弗朗西斯·德雷克（Francis Drake）狂热的、高唱圣歌的冒险"事业"的，正是这种军事上的清教主义和侵略性的民族主义的混合体。这种情绪不仅仅是他和他的海盗朋友们的专利。这种情绪由宗教情感所激发，成为民族主义的重要组成部分，极大地推动了那个时代的海外扩张运动。

理查德·哈克卢特[2]是第一位号召拓殖美洲的宣传家。他在

---

[1] 肯尼思·安德鲁斯（Kenneth R. Andrews, 1916—2005），哈佛商学院教授，企业战略管理理论设计学派的代表人物，SWOT分析法的创始人。

[2] 理查德·哈克卢特（Richard Hakluyt, 约1552—1616），英国地理学家，于1548至1600年出版了三大卷航海录，主张开发北美洲，建立殖民地以推进海外贸易，改善国民生活。哈克卢特所写的《论西部种植》（1584）着力阐述了此种殖民计划的政治和经济利益，建议政府给予财政资助，促成了伊丽莎白时期的扩张主义思想和行动。

1584 年写下了《论西部种植》（*Discourse of Western Planting*）一书，提出将人口移民至大西洋彼岸广大富饶的沃土将极大地促进英格兰的繁荣，为那些"不务正业的精壮汉子们"创造大量工作机会，并且，最重要的是，可以拯救更多新教徒的灵魂。几乎像一个预言家，哈克卢特预见到北美将会成为不仅仅是讲英语者，而且是"来自世界各地"为"寻找上帝真言而奔走"的流亡者的家园。

　　为使迫害和流放的悲剧不再重演，他们建立的社会不能给败坏欧洲教会的迷信、愚昧、市侩以任何容身之地。最早移民新英格兰的拓殖者约翰·温斯洛普 [1] 就以他著名的布道辞留名青史："不要忘记，我们应该是一座山巅之城，所有人的眼睛都在看着我们。"直到今天，美国人依然还在引用这段话，其中最著名的一次就是约翰·肯尼迪在 1961 年发表的就职演说。然而，温斯洛普的布道辞中还有一段话，写在"山巅之城"之前，更清晰地表明了基督徒领袖移民的动机：

　　　　　为了这一事业，我们和上帝定下契约。我们已得到授
　　　　权。上帝令我们自己定出须尊奉的条款。我们已告白所有
　　　　顾虑，明了所有目的。我们祈求祂的垂青与福佑。如果上

1　约翰·温斯洛普（John Winthrop，1588—1649），在 1629 年率领一批清教徒前往新大陆并成立马萨诸塞湾殖民地，于 1630 年被选为殖民地总督。他于 1631 年到 1648 年之间共 12 次被选为总督，以布道辞《山上的城》而闻名。

帝乐于倾听我们的声音，引我们平安抵达向往的乐土，则可见他批准这份契约，为授权加封，并期待我们信守其中包含的每一条款。

契约在新教徒的世界观中至关重要，里程碑式地反映出了整个盎格鲁圈法律与政治的发展。在 17 世纪，苏格兰长老会宣誓反对斯图亚特王朝推崇的"天主教化"形式时，就称自己是"圣约者"。他们与英格兰清教议员在 1643 年签署《神圣盟约》(Solemn League and Covenant)。1774 年，这份盟约的名字又被波士顿激进派原样照用。1912 年，50 万北爱尔兰新教徒签署《阿尔斯特盟约》(Ulster Covenant)，宣布拒绝效忠都柏林。1955 年，3 万讲英语的南非人签署《纳塔尔公约》(Natal Covenant)，反对实行种族歧视，宣誓效忠女王和英联邦，堪称彰显盎格鲁圈价值凝聚力的小插曲。

然而，美国早期的契约观是最深入骨髓的。在此观念影响下，他们一直认定自己及其后代都与上帝有个约定。这样的约定同时也就意味着驱逐了天主教，扩展开来，甚至英国圣公会和美国圣公会的教义及活动都被认为与天主教走得太近。

不难理解，美国历史学者历来都乐于强调建国史中的宗教因素。美国宪法珍视宗教宽容，这是建国时期最为重要的理念。同样不难理解，后来的美国人也喜欢强调宗教宽容，而不去纠结反对乔治三世的马萨诸塞宗教会议的宗派问题。

因为我们这一代人本身对宪法问题颇有兴趣，我接下来想转向美国革命的宪法意义。我们对此的传统解释是"无代表不纳税"。事实上也的确如此。但这仅仅是历史的冰山一角。对很多北美人来说，革命也是对远渡大洋的首批殖民者带来的宗教价值的一次确认。人们开始意识到，这种宗教自由的思想遗产正是革命前的殖民地最激进的观念，而这种观念本身是危险的。18世纪60年代，围绕殖民地英国教会作用的争吵渐渐变味，很多美国人转而更热衷于为纳税和贸易的问题而争吵。

在1758年荣任坎特伯雷大主教的托马斯·塞克（Thomas Secker），生来就是异议者，在改宗后又变得过度狂热，一心想把殖民地变成圣公会的地盘。塞克主张向马萨诸塞的剑桥（新英格兰公理宗的首府）派出圣公会教士团。他还竭力吁请枢密院废除《马萨诸塞法案》（Massachusetts Act），这一法案允许清教使团在印第安人中传教。当然，最触怒殖民地神经的，还是他试图指定北美主教。

最后这个方案引发了强烈的反对声浪，以至于很快被伦敦当局否决掉了。掌权者颇识时务地判断出，殖民地人民看重其不尊奉英国国教的新教徒或者清教徒身份，远胜于其无代表权的选民身份。

流亡清教徒背井离乡的最初记忆，正是在《独立宣言》中唤起的惨痛苦难："我们也曾提醒过他们（我们的英国兄弟），我们移民并定居在这里时的状况。"每一个美国人都明白这句话包含的意思。他们所建立的是一个新教国家。这群男人和女人们建立了这个国家，正是为了逃离母国教会改革半途而废留下的种种繁文缛节和等级制。

对于历史学家来说，很难精确地指出当时的非小册子作家阶层讨论得最多的是哪些议题。但我们若翻看当时的请愿书、新闻报纸，便能觉察出一种态度。当时遭到 13 个殖民地几乎一致反对的，就是英国 1774 年颁布的《魁北克法案》（Quebec Act）。这一法案承认了加拿大天主教会的传统权利。在大多数殖民地人看来，这无异于国王向伊甸园放出了一条毒蛇。他们来到新大陆，就是为了远离天主教的统治；现在，母国政府又在他们的天堂重新制造出一个教皇。《独立宣言》中也曾愤怒地提到了这一法案："在一个邻近地区，废除英国法律的自由制度，在那里建立专横政府，并扩大它的疆界，企图使之迅即成为一个样板和得心应手的工具，以便向这里的各殖民地推行同样的专制统治。"

乔治三世当然清楚冲突的症结所在。在他最后的日子里，国王哀叹失去殖民地是"我的长老会战争"。

当然，每一个国家都珍视它的建国历史。承认宗教自由，无论是作为美国《权利法案》的一项原则，还是作为美利坚合众国一以贯之的特征，都不是什么秘密。然而，我们也不能无视真相：美国革命，起码在部分意义上，是宗教偏狭阵痛的产物。这种阵痛最终产下了世界上第一个真正的世俗化国家，在这个国家中，所有宗教都应平等地竞争。这，近乎奇迹。

同样的观念

大概每个美国学童都听过保罗·列维尔（Paul Revere）夜骑报信的故事。这位波士顿银匠是众多勇敢的爱国英雄人物之一。在 1775 年 4 月的一天晚上，他骑马警告邻居们，托马斯·盖奇将军（General Thomas Gage）已经率军偷偷开拔，正在来袭本地军队的路上。其他报信骑兵的名字现在已经被忘记了。列维尔是本地知名商人、共济会会员，他对本地地形了如指掌，他的报信迅速引起了警觉。

穿过马萨诸塞东部密集的小社区，列维尔的马蹄当年踏过的地方：萨默维尔（Someville）、梅德福（Medford）、阿灵顿（Arlington）、莱克星顿（Lexington）、康科德（Concord），每年都会重新上演他的故事。无论你去到何处，美国人都会告诉你，列维尔高喊"英国人来了！"

事实上，当年的列维尔，怎么也不会说这样一句话。不妨想一想，对着一群本来就自认是英国人莫属的乡邻，大喊"英国人来了！"这是何等别扭的事儿！

实际上，保罗·列维尔高喊的是"正规军来了！"（或者按其他史料来源，那句话是"红衣军来了！"）在美国，也包括盎格鲁圈其他地区，民众对常备军普遍抱有根深蒂固的不信任，视他们为对内镇压的工具。

而这一点，也正是 1642 年英国内战爆发的导火索。内战的激烈冲突常被新英格兰的清教徒们想起——他们是英格兰圆头党人[1]的意识形态以及家族遗传的继承人。这场战争的起因当然涉及很多方面，但正是查理一世企图统率民兵[2]直接触发了战争。查理一世的政敌们控制了陆军，与王军作战，并取得了最终胜利——这就是为什么，联合王国至今只有"皇家海军"和"皇家空军"而没有"皇家陆军"的原因。

历史总在不断重演。保罗·列维尔在1775年4月19日夜打响的枪声，标志着第二次英国内战的开始——这是第一次内战在多年之后的延续。在那个时代，没有人认为这场冲突是两个独立国家之间的战争。

像现在的导游那样将莱克星顿和康科德战役称为英美两军之间的战争，这纯粹是个错误。它其实应当是乔治三世的支持者和反对者之间的战斗。当然，后来英美两国对此各持己见。

把列维尔或者无论别的什么人在1775年高喊的"英国人"当成是外国人——如果将这幅画面作为美国政治意识的背景，那么，确定这样的基调不仅忽视了当时美国人的所言所写，也完全没有注意到《独立宣言》的原文。我们已经提到过，这份文件中

1　圆头党人，英国1642—1652年内战期间的议会派分子。
2　中世纪的英国一直实行封建制，地方贵族势力强大。在军事上，英国采取民兵制，即由君主在战时号召国内领主，各领主在领地内临时征募民兵，然后组成军队的组织模式。国王与各地方武装并不直接发生关系，也没有什么编制固定的军事单位，自然就无所谓"皇家军"了。

说，在魁北克废除"英国法律的自由制度"是反对乔治三世的原因之一。签署者还直陈他们的苦难，"此时他正在运送大批外国雇佣兵来完成屠杀、破坏和肆虐的勾当"。这里的"外国雇佣兵"，本身就是说他们不是英国人。最终的证据是，倒霉的国王决定在德国黑森和其他地区征募军队来镇压在北美的英国人。在独立人士眼中，他们已经失去了不列颠国民的地位。

当然，革命一旦成功，便可像其他所有成功的革命一样，为自己正名：革命者追怀他们的事业，重新解释新近的历史，正仿佛美国自始就存在一样——它变成了一个反抗殖民统治的国家。

诗人朗费罗（Longfellow）在纪念列维尔的伤感的诗句中，流露的正是这样一种情绪：

> 听，孩子们！你们会听到，
> 保罗·列维尔夜半骑马来。
> 七五年，四月十九日，
> 现在活着的人几乎没有一个
> 能记得这个著名的日子和年份……

这些句子写成的时候，距离事件发生已经过去了近一个世纪。在这段时间里，美国不断地被描述为一个独立的国家，以至于很难想起当年的革命战争其实只是一场盎格鲁圈内战。这场内战与其说是美国反对英国，不如说是辉格党反对托利党。我们再来看看英国国内当时的民意。至少在法国介入之前，英国国内的看法和殖民地的看法几乎没有两样，大概有 30% 或者 35% 的民众站在托利党一边；区别在于，殖民地议会的选举基础更为广泛，因此较之改革前的英国下院更能代表民意。

稍后我们将进一步考察美国革命的更多细节。但是，到目前为止，我们当意识到：温斯顿·丘吉尔在说两国有着"同样的观念"时，他并不是对舰上的勇士们虚应故事。丘吉尔敏锐地意识到，英国在反对纳粹的战争中所捍卫的原则，恰恰也正是美国自开国以来坚守的信条。

他在《英语民族史》中写道："《独立宣言》很大程度上就是辉格党人反对后期斯图亚特王朝和 1688 年革命的重新申明。"实际上，仅从字面形式来看，请愿权、禁止维持常备军、普通法与陪审团制度的司法保护、持有武器的权利——所有这些，无一不是 1689 年革命成果的翻版。也就是说，1689 年英国《权利法案》的很多条款几乎被原封不动地复制了。举个例子，《权利法案》中关于刑事审判的规定是这样的："不应要求过多的保释金，亦不应强课过分之罚款，更不应滥施残酷非常之刑罚。"我们再来看看《美国宪法》的条文："禁止过高的罚款与过高的保释金，及禁止施予残酷且不寻常的惩罚。"这两条规定共同的源头都在《大宪章》，条文起草者们从不认为这是"发明"了什么新的权利，而只不过是对古老宪法的重新确认而已。

实际上，我们在英美两国的宪法文件中发现的共同点越多，再讨论它们之间是谁复制谁的问题就越没有意义了。这些文件都是世代传承的、由宪法加以确认的习惯权利的各自表述。而这样的习惯权利，过去是、现在依然是全体盎格鲁社会共同享有的财富。

如果保罗·列维尔戏剧性的高喊只是后世作者的演绎，那么，我们又该如何理解在北美人与伦敦的决裂之前早就开始使用的"爱国者"这个词的含义？

整个 18 世纪后半期，"爱国者"这个词在英国和在美国的含义是一模一样的。一个爱国者，就是一个坚定地捍卫自由和财产权的人，一个服从国家的整体利益，而不是正在走向没落的统治阶级利益的人。然而，在 1776 年以前，还没有美国这个国家。于是，美国人对于其殖民地的忠诚就被纳入到广义的对大英帝国的忠诚中来了。在这样的背景下，当某人自称是爱国者的时候，他到底指的是什么？

答案就是，他视自己为英国的爱国者。这意味着他为捍卫自古承之的自由而战，反对任何想要侵夺这一自由的人——专制君主和他的弄臣。他总是支持他所在的社区，而不是讨好当权者；他随时准备释放奴隶，放弃津贴和俸禄，他不愿为了那点尸禄再委屈自己去逢迎总督和殖民当局。

再戏谑一点，"爱国者"就是大西洋两岸的辉格党人给他们自己起的名字了。这样的自我命名，意在强调盎格鲁－美利坚帝国的独特政治遗产：普通法、《大宪章》、英国《权利法案》；而这也正是对他们的敌人所钟情的独裁、专制和外国代理人的无声指责。爱国者们声称，个人自由和抵制专制权力正是英语民族最显著的特征。在 1742 年"统治吧，布列颠尼亚！"的歌词中，就有这样一段：

> 世上再也没有比我们更神圣的民族了！
> 因而必须要打倒暴君，
> 使我们的国家繁荣且自由，
> 让别的国家只能向我们投来嫉妒与恐惧的目光！

当然，所有政治派别都少不了野心家和冒险者的份儿。有些自诩爱国者的人从来都将个人得失置于国家利益之前。约翰逊博士（Dr.Johnson）曾有一句大名鼎鼎同时也最易招致非议的言论评价他们："爱国主义是流氓无赖最后的藏身之处。"

记下这段酷评的传记作者詹姆斯·鲍斯威尔（James Boswell）随即替传主解释："不要忘了，他针对的并不是对祖国真正的、慷慨的热爱，而是在所有时代所有国家都存在的各种伪装的爱国主义，伪爱国主义现在成了个人私利的华丽的袍子。"托利党死忠约翰逊说这句话，是在嘲笑他所称的"辉格党走狗"；言下之意是，就算辉格党人口口声声言自由，论起贪赃枉法又和其他人有什么两样？！在那个时代，约翰逊口中的"爱国者"，成了对一个政治派系的命名——尽管这样的标签不乏贬义。

在北美，反对独立的人也是在这个意义上使用这个词的。他们是殖民地上的少数派，对自身的宪法地位并无不满。他们说，"爱国者"都是些投机分子，满口自由云云不过是为了掩盖自己的野心而已。他们还举证说，有些"爱国者"其实是为了躲避他们在伦敦的债主，其余的则是些强盗。然而，这些被他们斥为强盗的人仍在肆无忌惮地以各种平等论调鼓动群众，目的在于令辉格党人将殖民地上的托利党精英取而代之。

当时大洋两岸的人所使用的"爱国者"一词，并不是指那些视北美利益高于英格兰利益的人。直到很久以后，小说家和编剧们才开始假称这个词被赋予了新的含义。特定的"美国爱国主义"概念起于 1776 年。在那以前，爱国者的含义就是保卫英国政体中专有的自由，不惜对抗在内和在外的敌人。这样的含义，在大洋两岸，并无区别。

出生于弗吉尼亚的阿斯特夫人[1]，把美国独立战争称为"在北美的英国人为了英吉利理想反对德国皇帝"的战斗。把乔治三世说成是德国人，多少有点不公平。要知道，乔治三世不像早先的那两个乔治，他可是土生土长的英国人，生下来就说英语，动辄把"以英国人的名义"挂在嘴边。或许，在当时的背景下，我们可以体谅阿斯特夫人的这番仇外言论。她说这话时，纳粹德国空

---

[1] Nancy Witcher Astor（1879—1964），原为美国人，后随丈夫定居英国，并成为英国下议院第一位女议员。

军的炸弹正如雨点般投向伦敦上空，她在那个特殊年代有些夸大
其词也不难理解了。尽管如此，这番言论还是说到了某些要害，
18 世纪 70 年代的爱国者的确是在为英吉利理想而战，正如他们
的后代在阿斯特夫人那个年代所做的一样。

这些理想——自由选举、人身保护令、不受审查的媒体，以
及其他——现在已经得到了普遍承认（就算尚未普遍实现）。今
天，我们很容易看到，每个国家只要变得足够富裕、文明和安全，
都会朝自由民主政体发展。

但是，站在 1941 年 8 月来看世界，却要经历巨大的内心煎熬。
亿万民众处于极权政府的统治下。几乎整个欧亚大陆，从布列斯
特（Brest）、里斯本到首尔、符拉迪沃斯托克，都在这种或者那
种独裁之下——法西斯主义或者日本军国主义。自由、法治与民
主，几乎孤独地残存于盎格鲁圈。当丘吉尔说英美两国有着"几
乎同样的观念"时，他明白这些观念已经快没有立足之地了。它
们能够顽强求生，靠的正是英语民族的军事胜利。

同样，在 1941 年，你也无法自我安慰地说，宪法政府只是
暂时地被践踏在侵略者的军靴之下。在极少数国家，比如低地国
家，法国和斯堪的纳维亚，纳粹推翻了议会政体。这种情况在
20 世纪 30 年代相当少见。而那些不待入侵即自动转向独裁政权
的国家名单则长得多：奥地利、保加利亚、爱沙尼亚、希腊、匈
牙利、意大利、拉脱维亚、立陶宛、波兰、西班牙、罗马尼亚。
还有不少拉美国家也处在不同形式的独裁之下。

20 世纪 30 年代的人看不到民主的希望；相反，它正被一个又一个国家驱逐出境。法西斯主义者在谈到议会政权时，老的民主资本主义秩序被斥为"腐朽的"或者"衰落的"。

"资本主义垂而不死"，希特勒在 1934 年告诉意气风发的墨索里尼。法西斯视自由主义为自然秩序的颠覆，在这一秩序中，集体从来被认为比个人更重要。议会政制之下的个人自由被认为是一种暂时性的反常，是"有钱阶级"建立的霸权中的一道裂缝。

左派和右派的极权主义者使用一些新的、年轻的、革命的、代表新起点的形象，拉开与他们视为老秩序之间的距离。他们都认为，平民民主终结了，明天是属于他们的。

我们现在当然知道，纳粹所说的"衰亡的盎格鲁－撒克逊自由主义"并没有寿终正寝。相反，它在 20 世纪的意识形态战争中崛起，并成为全球最成功的体系。但是，在 1941 年，自由市场民主政体看上去还是那个样子：政治意识形态局限于盎格鲁圈内。大部分观察者断言：国家主义的意识形态能够提升军事力量、集体意识和自我牺牲，所以注定会打败盎格鲁－撒克逊式自由的布尔乔亚的价值观。

德国外交部长约阿希姆·冯·里宾特洛甫的私人秘书在晚年对这一断言彻底失败深感痛惜，他说，"我们纳粹从没说过我们是好的民主主义者。问题在于，英国人看起来像绵羊或者牧师，但当伪君子出现在他们面前时，他们变成了如此强悍的一群人"。隐藏在英国人的民主制度中的力量从何而来？这群被敌人嘲笑为垂死的、物质主义的、失去了所有对信仰或荣誉追求的人又是如何战胜他们所有的敌人的？盎格鲁圈的秘密到底在哪儿？

第二章

盎格鲁－撒克逊式自由

我想申明一点。后期的盎格鲁－撒克逊英格兰是一个民族国家，是一个拥有有效的中央政权、统一的组织架构、统一的民族语言、国家宗教和固定疆界（尽管北方边界还可能有变）的整体。最重要的是，它具有强烈的民族认同感。

——詹姆斯·卡博尔（James Campbell），2000

英国法的存在，不是为了控制个人，而是为了使个人得到自由。

——罗格·斯克鲁顿（Roger Scruton），2006

英国人是谁？

　　我们从来不知最早的英国人到底是什么人，也不知道他们为什么来到这里。或许，他们来到这片陆地是为了做生意，用自家林屋粗糙的出产交换罗马时代不列颠的精美制品。或许，他们是一批好运的士兵，按照古罗马军团传统，在服役二十年后梦想着稳定的退休金和土地的美好前景定居于此。当然，在那些最早的辰光，他们也可能就是一伙强盗——对于来自寒冷北疆的汉子们来说，抢掠从来都是一笔过活的好营生。

　　无论动机如何，他们带来了比日耳曼军事首领所能获得的战利品还要宝贵的东西。他们拥有一套与其他民族的习惯做法完全不同的事务管理方法，发展出一套个人与部落关系的观念，而这套观念成为英语文明为人类福祉所做的最大贡献，同时也是英语文明最伟大的出口产品。在潮湿的绿原上，有他们的新家。他们创造出了王室和政府的理论、财产与契约的理论、法律和赋税的理论，这些理论改变并最终提升了我们。

　　彼时，这样的观念一定显得非常可笑。不列颠岛不过是众多繁荣有序的罗马行省中的一员。横掠整个北海地区的条顿部落沦为遭人嘲笑和令人胆寒的"绿林豪客"，而更高的文明则视其为野蛮人。

　　但是，随着罗马的衰落，这些部落的力量日渐强大。起初，罗马军事长官沿着不列颠东海岸线建起了座座堡垒，以保卫富饶的平原免遭海上漂来的野蛮人的劫掠。但是，一旦保卫者的决心稍有松懈，劫掠就会变得更加频繁。遍及全欧的条顿部落，无论是作为反叛者的雇佣军，还是作为入侵者，正在全面颠覆罗马确立的秩序。公元 410 年，罗马军团被召回帝国首都，独剩下不列颠行省自求安宁。

岛上的基督教信众发现他们正受到三面攻击的威胁：西面是爱尔兰部族，盎格鲁－撒克逊人自东而来，皮克特人（Pict，他们在更早时被不列颠人和罗马人赶到苏格兰北部和东部定居）踞守北面。如果罗马－不列颠人（Romano-Briton）雇佣盎格鲁－撒克逊士兵的话，那么，他们几乎可以轻而易举地以一敌而御其余二虎。这是一种相当传统的考虑，尽管这种策略考虑要到很久以后才会形诸文字。

有一点可以确定，在整个 5 世纪，来自现在的德国、丹麦和低地国家的那批人作为英国人的先辈开始大量定居下来。他们来此的动机，也已显而易见。他们是奔着领土而来。移民者的数量现已无法统计，大约有 2 万到 20 万人口在 5—6 世纪期间，离开纷乱的森林，来到这片新大陆。他们携带的物品与在易北河沿岸的墓葬中发现的一样。此外，他们还带来了后人称为盎格鲁－撒克逊式自由的种子。

今天，生活在英格兰土地上的人们，他们的先辈们身上都发生过什么？过去的一切是灭绝了还是被吸收了？这个问题之所以重要，恰恰是因为它涉及盎格鲁圈价值是否从最开始起就是在多民族背景下形成的？！历史学界对此问题长期以来争议不休，直到最近十年间才取得了明确的共识。

　　人们一度相信这样的观点：盎格鲁－撒克逊人几乎全部取代了本土原住民。据说，幸存的不列吞人被赶到了威尔士、康沃尔、英格兰西北部和苏格兰西南部。当然，还有布列塔尼，在那里，盎格鲁－撒克逊人和不列吞人轮流为治。

　　支持这一说法的两个主要证据前面都已提及。第一是语言。不列颠岛西部使用的语言，早先是不列吞本地语言，后来是盎格鲁－撒克逊语。其中一个语支，被称为坎伯兰语（Cumbric），直到 11 世纪或 12 世纪的不列颠斯特拉思克莱德王国（British Kingdom of Strathclyde，主要位于现苏格兰西南部）仍在使用。另一个语支，是康沃尔人说的凯尔特语，直到 19 世纪才完全消失。大概有五分之一的威尔士人，今天还在说威尔士语。

　　这些古老的语种被语言学家们通称为不列吞语或者凯尔特语。然而，不列吞语在英语中似乎已难寻踪迹。如果说，如某些历史学家所说的，两种语言间还存在什么族群上的亲缘关系，那么，我们大概可以寄望在我们今天的谈话中，找出一些凯尔特来源的词汇。然而，事实上，这样的词几乎很难找到了。即便有极少数量的，比如峭壁（crag）、突岩（tor）、深谷（combe），也只有一些标示英国西北部独有地理特征的专有词汇。这些地区如今已经成为讲英语的天下，盎格鲁－撒克逊遗风已成绝响。

　　第二个证据是一部 6 世纪以来的英国史史书《不列颠的颠覆

与征服》(*De Excidio et Conquestu Britanniae*)，由威尔士修士吉尔达斯（Gildas）所著。

吉尔达斯记载了一场种族屠杀。他引用了一封不列吞人向罗马求援的信，信中叙述了不列吞人的处境："野蛮人把我们赶进海里，海浪又把我们推回野蛮人那里。两头都是死：要么淹死，要么断头。"然而，吉尔达斯写下这本书时，已是他所记载的事件发生一个世纪以后。他在书后加了一个年表，像那个年代的所有编年史家一样，吉尔达斯相信上帝眷顾或惩罚整个国家。既然耶和华发动亚述人反对以色列人，那么，吉尔达斯也支持异教入侵者声讨已经堕落的不列颠基督徒。这与他认为盎格鲁－撒克逊人是上帝之鞭，是一支无情的、势不可挡的力量一脉相承。

常识还提供给我们更加意味深长的画面。一部分不列吞人作为被征服的属臣，不仅留在了岛上，还与新来的征服者结成了同盟。我们知道，数世纪之后的威尔士和英吉利联盟也是如此。类似情形在欧洲本土不乏其例，日耳曼战争时期德国就与本地巨头联手而治。每当两民族之间存在显著的技术性差距时，人口迁移就会发生（不过，在前述例子中，不存在这样的差距）。

当然，这些语言学上的证据也不能说明：英语中不列吞词汇的消失就意味着其使用者也灭绝了。这和我的母国秘鲁的情况一样。在秘鲁，大约有40%的人口是本地原住民，20%是白人，剩下40%是混血。本地原住民中的一部分（大约占人口总数的15%）仍然说他们的本土语言克丘亚语（Quechua）和艾玛拉语

(Aymara)，其余部分，包括几乎所有的梅斯蒂索混血族群，都说西班牙语。秘鲁西班牙语比起当代伊比利亚人说的西班牙语还要纯正，它也包含极少量克丘亚词源的词汇，就像英语还保留部分不列吞词汇一样。

将来的历史学者，如果也只是依据语言学证据立论的话，很可能得出本土秘鲁人已经被屠杀或驱赶殆尽的结论。这样的结论肯定有问题。尽管这些人沿袭了征服者的生活习俗，以及更多的征服者的语言、法律、宗教和民族意识，但他们过去是、现在仍然是本土族裔的主体。我们不难想象，类似的情况同样发生在5到6世纪的英格兰。

甚至早在它可能成为DNA样本之前，历史学家们就已经开始讨论灭绝的问题了。那些地点名词显示出英吉利人的生活足迹甚至到了日耳曼腹地。举例而言，有几个英语市镇的名字中带有"eccles"的词干，这个词干来自拉丁词的"教堂"。在诺福克现在还有"海上教堂"（Eccles-on-Sea）的地方，显示出即使在英格兰最东边，也曾有大量的基督徒（当然也是罗马－英吉利人）会集在此举行敬拜活动。

此外，英语中还有一些双音词地名，也就是将不列吞词和盎格鲁－撒克逊词叠加在一起来表达相同的意思。比如，在白金汉郡，有两个相邻的村镇叫"布瑞尔"（Brill）和"切特伍德"（Chetwood）。"布瑞尔"的词根来自凯尔特语"白瑞格"（breg），意思是"高山"（hill）。而"切特伍德"一词，则来自凯尔特语

"切特"（cet），意思是"林地"（woodland）。于是，上述两个地理名词就成了"高山高山"和"树林树林"的双拼了。

从这两个词，或许可以推测出撒克逊入侵者对了解本地原住民大概没什么兴趣，以至于连本地词汇中最基本的"山"或者"树林"都不知道，还以为"布瑞格"和"切特"就是某座山或者一片树林的名字。不过，如果把这两个词视为两种独立的语言共存的地方出现的联合命名的产物，也未尝不可。比方说，你在比利时，看到某些路标，就能知道这个城镇曾经有截然不同的法语和荷兰语名字，像卑尔根（Mons/Bergen）等。又比方，法国和荷兰两国交界的边境地区保留了极少数相当独特的外来词，这些联合词语清晰地显示出两大语种的共存。

（《指环王》的粉丝们或许会发现"布瑞尔""切特伍德"这样的词相当眼熟。当霍比特人离开夏尔郡，他们投奔的第一站就是切特森林外、布瑞山下的布瑞镇。要知道，托尔金可是牛津大学的盎格鲁－撒克逊语教授，他对英语地名命名学当然颇有造诣。）

很长时间以来，物种学方面的研究毫无进展，甚至至今仍无定论。尽管越来越多的历史学者倾向于人种混合说，还是有些历史学家仍然坚持灭绝论的说法。过去十五年间，人口遗传学这一相对年轻的领域开始向我们展示越来越清晰的图景。

大量研究表明，现代英国人的祖先，不仅来自古撒克逊人，而且来自古凯尔特人。现代不列吞人的基因排序和他们石器时代的祖先有着惊人的相似性。1997 年，传来令人振奋的考古发现，在萨默塞特郡的切达地区出土的一具最早的英国人（被称为"切达人"，Cheddar）骨架，测定为公元前 7150 年；并且，这具"切达人"骨架的 DNA 与两位切达现住居民的 DNA 完全匹配。

2007 年，牛津遗传学教授布莱恩·赛克斯（Bryan Sykes）主持的一项研究对超过 6000 份样本进行检测后，宣布，"现在的英格兰南部人中，只有 10% 是撒克逊人或者丹麦人的后裔……英格兰北部，这个比例上升到 15%，东英格兰是 20%"。另一位遗传学家斯蒂芬·奥本海默（Stephen Oppenheimer）则认为80% 的英国人的 DNA 可上溯至公元前 4000 年左右的早期农民，其中大部分农民来自伊比利亚。

其他研究，尤其基于 Y 染色体（也就是只在男性遗传基因中携带的片段）的，显示出英国男人的遗传基因中有着明显的盎格鲁－撒克逊人成分融入。2002 年的一项重要研究成果发现，英格兰中部男性在生物遗传特征方面，与来自荷兰沿岸弗里斯（Frisia）的男性几乎无法分辨，但与威尔士人却存在明显不同。伦敦大学学院 2011 年的一个项目研究也得出了类似结论。他们发现，50% 的不列颠人携带的 Y 染色体片段与丹麦和德国北部的人几乎一样。

如何看待这些数据间存在的差异？部分解释是这个学科仍在发展中，各项研究所使用的方法也不尽相同。然而，有一个结论渐已浮现，那就是：Y 染色体调查（也就是父传子序列）显示出了强烈的日耳曼血缘延续，从中我们大可推导出盎格鲁－撒克逊男人们娶了当地人为妻——这在任何时代任何地区都是最常见的婚姻模式。我们也可由此证据合理地推定，当你自东向西横穿英国旅行，日耳曼祖先的血统逐渐稀释。

我们也可看到，虽然英国人的后代热衷于追寻他们的种族起源，但，上帝保佑，他们从未采用过欧洲大陆当代人的做法。在英国内战中，有一些议会的支持者乐于将他们自己视为真正的盎格鲁－撒克逊人，他们在为推翻衰落的、诺曼底后裔的专制制度而战。在他们心目中，法律、自由和代议制政府是他们作为盎格鲁－撒克逊人生而具有的权利的一部分，是塔西佗笔下远古的日耳曼部落会议的祖传家产。

圆头党人约翰·黑尔（John Hare）在 1640 年说："我们的先辈继承了日耳曼一支传下的血统，他们没有将自己混同于不列吞的原住民，而是把后者赶了出去。他们取得了绝对的土地所有权，因而得以保全他们的血缘、法律和语言不被破坏。"

类似论调在革命时期的美国爱国者中也能听到。托马斯·杰斐逊将美利坚人视为真正的盎格鲁－撒克逊人，称他们为新世界带来自由，并且使自由具有了比在旧世界更为纯粹的形式。（必须要申明一点，本杰明·富兰克林则持完全不同的观点，对日耳曼一系评价甚低。）

将自由视为一种传自先辈的习惯性权利，这一观念可以一路追溯到古日耳曼部落最早的森林集会。这样的自由观直到 20

世纪 30 年代，依然极大地激励着整个盎格鲁圈的作家们。其后，纳粹的疯狂举动使得种族理论声名狼藉，英吉利与日耳曼的血缘联系说也随之失宠。

从各种遗传学证据可以看到：即使不是毫无依据，这些理论也有颇多夸大之处。英国人从来不是一个完整的日耳曼种族。最早的盎格鲁－撒克逊人，起码在某种程度上，与古不列吞人相融合。他们的后代后来又与丹麦人、诺曼底人、弗莱芒人、胡格诺教徒、犹太人、克什米尔人、孟加拉人、牙买加人相互融合。在新世界，他们更吸收了来自各个大洲和群岛的人群。心智的交流，胜过了床笫之欢，最终铺就了关于组织社会的思想体系的坚实道路。

盎格鲁圈的多种族特性不是现代才有的现象。丹尼尔·笛福[1]在 1703 年发表的《真正的英国人》(*The True-Born Englishman*)，其嘲讽语气就刺激得没几个国家能消受得起：

> 始于全人类的杂交体，
> 这就是英国人。
> 激烈的强迫，愤怒的欲望，生下了
> 涂脂抹粉的不列吞人，或者是苏格兰人？
> 是谁的种，就学谁的样儿，

1　Daniel Defoe（1660—1731），英国作家、记者，代表作《鲁宾逊漂流记》。

给小母牛上轭，犁罗马的地。

一开始，就是一半这一半那的混血种，

也不知是谁的名字，哪国人，说什么语言，祖上名声如何。

新的混合体快快地诞生，

撒克逊人和丹麦人的后代。

就像理查德·道金斯[1]所说，盎格鲁－撒克逊价值成为一种遗传基因，即使缺乏任何生物学介质，依然顽强地传承下来。它解释了为什么百慕大不是海地，新加坡不是印度尼西亚。

这些价值在最早的盎格鲁－撒克逊移民中，在黑暗年代，在暴力与失控中，就已种下。三个相互关联的观念，注定要改变人类：第一，个人自治的观念，包含在契约与财产权中；第二，集体决定须由代表作出，代表须向选出他们的共同体负责；第三，法律不仅仅是统治者意志的具化，它作为传自先辈的习惯性权利，约束国王一如约束最卑贱的臣民。

盎格鲁－撒克逊价值在过去三个世纪以来改变了我们，使得数以亿计的人得享前所未有的生活水准。今天，这些价值传布之广，以至于我们视其为人类进步的成就。想象它们自最初提出至今，其间经历了多少变革，还真得好好花一番功夫去考查。

1　Richard Dawkins，英国演化生物学家、行为学家和科普作家，牛津大学教授，代表作《自私的基因》（*The Selfish Gene*）。

从"贤人会议"到水门事件

当比尔·克林顿眯起他性感的眼睛,对电视节目采访者说"我跟那女人没有发生过性关系"时,他正在一个由早先英国人发明的程序中艰难求生。这套程序使得一国中即使权力最大的人也不得随意改变规则。

弹劾被用于对抗那些王国中的头号人物:从1376年拉蒂默勋爵(Lord Latimer)因贪腐和勾结法国受弹劾,到1806年梅尔维尔勋爵(Lord Melville)因挪用公共基金被弹劾(后虽被判无罪,但也遭到了实质性惩罚)。

共和党人在国会中发起的纠问克林顿总统的程序,并非碰巧和中世纪英国使用的程序相类似,而是就是这套程序。英国人把这套程序带到马萨诸塞和弗吉尼亚,被早期殖民地宪章奉为圭臬,其后又写进了《美国宪法》第一条。

弹劾是一种例外救济措施,它的极少使用正反映出它的分量。英国议会往往在数十年甚至上百年间都没有弹劾案,例外集中于1640年到1642年的动荡时期。议会在经历了长达十一年的解散之后,被查理一世国王重新召集。在这"十一年专制"期间,议员们积累了太多对政府的不满,决意寻求司法救助。在英国历史上,大约有四分之一的弹劾案件都发生在那两年间。议会领袖们想通过复活古代反对专制统治者的做法来实现诉求,他们发起了弹劾查理一世大臣的程序。

议员们的怀旧情结为盎格鲁－撒克逊主义增添了一抹罗曼蒂克色彩，但这也没什么错。通过会议决定革除违反法律的官员，甚至是国王，这样的观念实际上在诺曼时代前便已有之。如我们所见，盎格鲁－撒克逊大会（也就是"贤人会议"），有时会以君主滥用职权为由拒绝其提出的要求。

等一等，让我们来回顾一下令人震惊的事实。早在一千多年前，英格兰就已确立了统治者须到选举产生的大会前受审的先例。也就是说，法律不仅仅是统治者的命令，也不仅是对《圣经》的权威解释，而毋宁说是一套属于王国中每一个自由民的天赋之权。规则不是出自政府，而是立于政府之上，约束国王一如其约束最贫穷的自由民。如果君主不遵行王国内的古代法律和惯例，他就可能遭到罢黜。

英语民族至今仍然常常提到"国家的法律"（但这其实很特殊了）。国家的法律不是国王之法，不是上帝之法，而是人们在这个国家中固有的一套权利和义务，世代相续，逐渐生长，成为每一代新人拥有的宝贵遗产的一部分。

当然，国家的法律是以国家为前提的。国家不仅仅只意味着单一政府之下的领土，还是得到其所属的全体自由人承认的共同体。如果主权者自身必须遵守法律，那么，就必然还有一个更高的合法性来源。这个合法性存在于国家的固有规则的观念中，用英国人在反对试图毁掉这些规则的约翰王、查理王和乔治三世时所使用的一个习语来说，即"不朽的法律与惯例"。

英格兰法律演进的历史，以及由此传遍盎格鲁圈的自由的历史，便是英国成长为共同体，即民族国家的历史。

第一个民族国家

想要在民族国家之外，去发现正义、自由或者是代议制政府，几乎是不可能的任务。我们看到，全世界范围内的移民几乎都是从专制国家阵营流向基本上拥有单一民族的国家。民族国家的兴起是18世纪至今西方成功的关键要素。然而，足以令人震惊的是，英格兰在数世纪前就已经完成了这一过程。有了英格兰的民族统一，及由此产生的国民契约意识，令人惊叹的进步接踵而来。

历史学家倾向于认为民族国家的形成是一个早期现代现象。在欧洲大部分地区，民族国家的形成与民主事业不可分割。

在18、19世纪，当激进分子开始鼓动民有、民治和民享的政府理念时，他们立刻发现"人民是什么"这个问题冒出来了。换句话说，民主进程将在什么单元内展开？

事实上，他们提供的答案也是唯一可能的答案。人人都认同政府是从他们手中产生的时候，代议制政府运作得最好。民主需要"人民"，一个可以表明"我们"身份的计量单位，就像1942年夏尔·戴高乐在伦敦向已沦陷的巴黎发表广播讲话中所说的那样，"民主和民族主权是一回事"。

大部分民主主义者同时也是民族主义者，他们都赞同按照被统治的人民的愿望来配置政府部门。直到19世纪，欧洲大部分地区看上去还像一幅各家王朝通过征服、联姻、偶然事件以及极偶尔回应当地民众的意愿而打造的拼图。民主主义者希望用获得共同身份的民族统一体来替换掉这些专制国家。

他们认为，多民族国家从来不适合搞民主。因为缺乏民族意识，人民无法形成对国家的忠诚感。一旦有一定数量的国民不愿意归属全体人民，就必然会引发压制措施，民主与自由将两败俱伤。

事实也是如此。欧洲的大多数多民族大国，比如哈布斯堡、罗曼诺夫和奥托曼王朝，实行的都是专制统治。一旦治下的民众获得了选举权，他们多半会要求民族独立。

当然，也不是说，所有的民族国家都是民主的。事实上远非如此。我的意思仅仅是，国家与民族疆界的重合能够创造出有利于代议制政府产生的环境。

历史学家和政治学家对于这些出现在19世纪欧洲的论调相当熟悉。但是，也许担心这种论调可能导致政治失序，他们从未想过将此运用于诺曼征服前的英格兰。

然而，盎格鲁—撒克逊英格兰的议会，以及类似的单一民族国家，比如丹麦和冰岛的议会比欧洲大陆的代议制政府早了几个世纪。这一显著的领先很大部分要归功于英格兰出现了公认的单一民族国家。

直到 1861 年,当加里波第[1]把一个统一的意大利半岛(现在需减去罗马和威尼斯)交给维克多·伊曼纽尔二世国王[2]时,意大利人才涌起民族自豪感。德国则须等到 1871 年,王侯功臣身着华服,在富丽堂皇的凡尔赛镜宫宣布威廉加冕为德意志第二帝国皇帝。及至 1918 年,很多欧洲国家依然处于这样那样的外国统治之下。

然而,无论依照何种定义,英国在 10 世纪时就已形成了完整独立的民族国家,将其他欧洲国家远远甩在身后。排在第二位的据说是丹麦,在 11 世纪到 13 世纪期间完成了统一。冰岛从 11 世纪开始殖民,后来同样因为一海之隔与它的邻居分治,成为另一个早期独立的排头兵。葡萄牙或许创造了另一项记录,有证据显示,他们的民族意识从 12 世纪即已形成。然而,大部分欧洲国家都出现在滑膛枪时代,而非战斧时代。

如何定义民族国家至关重要。及至 10 世纪,英格兰民众形成了一种明确的身份认同感。正如历史学者苏珊·雷诺兹(Susan Reynolds)所写:"英格兰王国的居民习惯于称自己为英国人,而不是盎格鲁－撒克逊人,并且称他们的王国为英格兰。这不是一个用连字符连接起来的王国,而是国民认为他们归属同一个民族国家。"

1　Giuseppe Garibaldi(1807—1882),意大利爱国者、军事家,献身于意大利统一运动。
2　Victor Emmanuel II(1820—1878),意大利统一后的第一个国王。

这样的身份认同维持了一个单一的政府，其合法性在政权所及的疆域内获得普遍认同，政令实施畅通无阻。按照现代标准，10世纪的英格兰富裕强大，发行统一货币；尽管也存在地区差异，仍然保有共同的司法系统。自669年起，英国确立了自己的国教，奉坎特伯雷大主教为最高主教，约克大主教为副手。

有一点千真万确，那就是，在任何民族国家，事情都不是那么轮廓分明的。盎格鲁－撒克逊人逐渐向西扩张，被征服的不列颠人先是被英国人叫做"陌生人"或者"外族人"，后来被称为"威尔士人"（"威尔士人"的原意就是"陌生人"或"外国人"）。这是一个民族融合的过程。英格兰的威尔士人最初作为臣服的部族，没有完全公民权，他们在法典中被列入一个单独的类别。而在这个国家的另一边，与丹麦入侵者后代的逐渐融合同时也在进行。北部边境变动不居，苏格兰王室周期性地承认他们南部邻居的宗主权。南部苏格兰中讲英语的人口在11世纪急速膨胀。

然而，每一个民族国家的边界都有某种程度的模糊。本章开头詹姆斯·卡博尔的话完全成立。英国人是一个民族：盎格鲁民族；8世纪早期，历史学者比德用他们自己的语言称呼自己为"盎格鲁族"（Angelcynn）或"安格鲁族"（Engelcynn）[1]。不惟如是，他们还将他们的民族视为一个国家——这一点远早于其他西

1　"Angelcynn"和"Engelcynn"皆为古英语词汇。

方国家，如果我们不把前罗马－以色列计算在内的话。

独特的发展创造出了早期英国的另外一些特性。不像大多数欧洲国家，英国没有实行半独立的世袭专制制度。法律由王室法庭在全国范围内加以实施，而不是通过各地行政官员在本地画地为牢（最北部地区存疑，那里证据尚不充分）。实权人物聚在全国议会中，而不是去统治半独立的公爵领地。只有发生战争时，才会动员军队。对常备军的不信任，是后期盎格鲁圈政治的强劲特征，这可以追溯到盎格鲁－撒克逊王国的民兵制。

英格兰的相对稳定带给其居民有长期保障的财产安全。因为国家的权威没有争议，政权也无颠覆之虞，百姓遇讼，乐于求诸法院，而不是私以武力相决。一套建立在先例而不是条文法基础上的独特的法律体系成长起来。英国的合同法及物权规则与大部分欧洲及亚洲国家有很多不同。我们将会看到，正是这套法律体系日后滋养了现代资本主义。

民族国家是保存自由的安全容器。公民对自身的身份意识，对国家权威的忠诚以及所激发出的爱国热诚，都有利于培育公民社会以及减弱对国家强制的需求。

英吉利特殊论的这些方方面面将会持续（事实上也确实做到了）强化英格兰同其他地区的融合，并最终促成了英伦群岛的形成。16世纪到18世纪期间，不列颠英语文明的独特元素——普通法、独立的法庭、议会、契约神圣等——被拓殖者和管理者带到海外。在前殖民地纷纷独立后，这些特征基本得到保留。既然

英格兰民族国家早期形成过程中还有这么多故事，那我们不妨就
来看一看。

英格兰的形成

早期日耳曼拓殖者来到英伦岛上，以家族或者部落为单位定
居下来。这反映出他们在欧洲大陆上复杂的来源，而这些单位最
终也形成了独具特色的王国。一千年后，英国历史学者将这些王
国称为"七国"。这个词语完好地保存到 20 世纪中期，甚至直到
今天，也还见得到。但是我们无法想象七个疆界分明的盎格鲁 –
撒克逊王国，因为边境线总在不断移动，一个政权可能吞并另一
政权。被征服的王国得以保存它的身份，而后，又重以古老的名
字出现。

在 6 世纪末期，一共有十二个王国；后来，兼并为七
个；直至 8 世纪末维京人入侵，七国合并为四国：诺森比亚
（Northumbria）、麦西亚（Mercia）、东安格利亚（East Anglia）
和韦塞克斯（Wessex）。

早在英格兰实现政治统一之前，就已经有了在整个英吉利民
族之上的"霸权"观念。这一观念在 7 世纪早期模糊出现，到 8
世纪早期变得相当确定，它指的是英吉利不确定的霸主。编年史
书给这一霸主地位一个头衔："不列颠瓦尔达"（bretwalda），这
个头衔几乎就是古英语词"不列颠统治者"（Brytenwalda）因抄

写错误而产生的变体。一个不列颠瓦尔达也就是一个可向英吉利其他君主宣布宗主权的最高统治者。

而这些英吉利君主彼此之间并没有将对方视为外国。他们热衷于攀亲认祖，展示长长的族谱，将他们的后代通过各支盎格鲁－撒克逊国王世系一路追溯到古英吉利神——都诺（Dunor）和沃坦（Wotan）。在皈依基督教后，他们又成功地搭上了更稀有的一系，从沃坦经诺亚（Noah）发展到亚当（Adam）。显示血缘的目的，部分在于强调他们庞大的家族——这是一个他们彼此都承认的家族，但不包括邻居爱尔兰、威尔士、法兰克和丹麦的部落首领。英国的概念还未形成之前，就已经存在一个英吉利民族的观念了："安格利"（Anglii）是其拉丁文的书面语，"盎格鲁民族"是本地化的说法（不管哪一种说法，都是通过语言来识别的）。相比而言，意大利和德国要等到一千多年后，通用语言和身份意识才会成为统一的政治体制的前奏。

在德国，普鲁士主导了统一进程。在意大利，皮埃蒙特（Piedmont）完成了统一。而在早于前两国一千多年前的英格兰，担此重任的是韦塞克斯。

韦塞克斯可谓后来居上。在数国中最早崛起的盎格鲁－撒克逊王国是诺森比亚。诺森比亚占据了今天英格兰的东北部地区，其势力在 7 世纪达到最高峰。麦西亚据守西米德兰地区，称霸于 8 世纪。直到前述两王国以及韦塞克斯均因维京人的掠夺而遭削弱后，他们的邻居才得以在南部称雄并最终统一了讲英语的民族。

　　8 到 9 世纪的激进派在定义一个民族的地位时，往往会采用语言这一标准，尽管他们承认语言并非永远都是唯一的判定标准。单一的民族为维持强烈的爱国主义热情，可能会使用好几种语言，比如瑞士就是这样的例子。相反，几个不同的民族也可能在同一个语言共同体内共存，比如都说塞尔维亚－克罗地亚语的若干民族。然而，语言是最通常的起点，因为它总是一个清晰的界碑。

　　民族国家依靠它的国民共同拥有且不能与其他族群分享的国民意识得以维系。大多数民族运动，不管是否鼓动起一个民族形成一个单一国家或者是从别的国家中独立出来，事实上总是借助于一个"外国身份"的反面教材形成的。对意大利人来说，奥地利人就是外国身份。对德国人而言，那就是法国人。

　　9 世纪的英吉利人也不例外。事实上，他们更有理由从包围他们的外国人中区分出他们自己，因为这些外国人正是那个年代令全欧洲闻风丧胆、恨之入骨的维京人。

　　在 8 世纪末期，来自斯堪的纳维亚的强盗们开始侵扰英格兰东海岸。793 年，维京人劫掠了林狄斯芬岛（Lindisfarne）的一座修道院，他们为自己如此好运地撞上了一种在修道院里堆满金银财宝的文明而叹讶不已；更令他们不解的是，修道院的保卫者们竟然会因为宗教信仰而放弃战斗。和更早前的盎格鲁人、撒克逊人一样，海盗迅速从打劫转成入侵，很快占据了英格兰东部和北部的大片土地。

我们不难推想，最初的英吉利拓殖者——盎格鲁人、撒克逊人和朱特人（Jute）——有着相似的血缘，讲属于同一语系的方言，遵循共同的风俗。但是三百年独立发展的历史把他们塑造成了与北海另一边的日耳曼民族不一样的人。盎格鲁－撒克逊人转向基督教，而丹麦人继续停留在异教中。两个民族使用相近的语言，但不再能够通过普通的对话彼此理解。简单地说，一种异质感使英吉利人清楚地意识到他们自己共同拥有的是什么。

北方人一点一点地征服了盎格鲁－撒克逊王国。他们吞并了东安格利亚，在诺森比亚建立了一个傀儡政权推行统治，蚕食掉一半麦西亚，留下另一半与韦塞克斯共治。

他们渐又开始觊觎韦塞克斯，但最终被唯一一位拥有"大帝"名号的阿尔弗雷德国王（King Alfred）击败。阿尔弗雷德是一个有信仰有思想的人，一心想把他的王国建成求知者心中的圣地，后来慢慢放弃了这个梦想。在他执政的早年间，阿尔弗雷德有一回为躲避丹麦人突袭的追击，败逃至萨默塞特郡的一处沼泽地。按照后来的编年史的记载，就在那一次，他烤糊了饼，养猪人的妻子没有认出他显赫的身份，叮嘱他一定要留神照看好烤饼。据说，愤怒的农妇竟然责骂他，国王也就不再因为惦记着对国家的责任而感到抱歉了。当然，这个故事是杜撰的。没有杜撰的那部分是，从那以后，阿尔弗雷德扭转了战局，击退了丹麦人的进攻。

英格兰的第二次征服不是一个一帆风顺的过程。阿尔弗雷德开疆拓土的成果由他的后辈所巩固。他的孙子阿塞尔斯坦（Athelstan）打造了领土大致相当于现代英格兰的王国，但是盎格鲁－撒克逊和丹麦国王之间的战争一直延续到诺曼征服时期。无论如何，英格兰作为一个民族国家的诞生在阿尔弗雷德战争时便已奠定了基础。《盎格鲁－撒克逊编年史》（*Anglo-Saxon Chronicle*）有载："876 年，所有自由的效忠于阿尔弗雷德的英国人（换言之，不在丹麦人统治下）都称阿尔弗雷德为他们的王。"

这不是英吉利民族的第一个证明。盎格鲁民族作为一个英吉利人种的概念，起码在 8 世纪甚至可能更早以前就已经存在了。有所不同的是，所有盎格鲁民族的人，因为他们共同的身份，都应承认一个单一的主权。

我们不应过度夸大我们的问题。维多利亚时代的历史学者往往带着目的论写作，认为英吉利国家的出现不可避免，并且将英吉利吸收丹麦人也视为这一不可阻挡的进程的一部分。但是，9 世纪到 10 世纪的英格兰同样也是一个更为松散的北欧共同体的一部分。在 1018 年到 1035 年间，英格兰的国王是丹麦国王克努特（Cnut），他同时还自称挪威和瑞典部分地区的统治者。事实上，如果我们把英吉利、丹麦和挪威的人口数量分开来各自统计，不难发现，如果不是征服者威廉将英吉利带出斯堪的纳维亚世界的话，英格兰很可能成为最强大的北欧国家。有一些证据可以证明这一点，比如，丹麦主教就承认坎特伯雷大主教的权威；再如，英吉利货币在 11 世纪的丹麦曾是通用的清偿货币。

不管怎么说，英国特色的观念和英吉利国家的观念从阿尔弗雷德时代开始就已经非常强势了，甚至强到吸收了入侵的丹麦征服者的后代。

阿尔弗雷德把维京人赶出韦塞克斯，持久和平协议使英格兰北部和东部大部分地区得以保持一套丹麦法律和政府体系，因此，这片地区被称为丹麦律法施行区。丹麦律法区以约克为首府，在并入英吉利王国之前大概存在了七十余年（当然，该地区的居民也不全是丹麦人，其中包括了不少盎格鲁－撒克逊人）。

在盎格鲁－丹麦混杂时期，我们的语言以一种有趣的方式发生着改变。尽管两种语言很大部分是不能互相兼容的，但是它们有共同的起源，说话者双方可以通过一种简化的洋泾浜英语相互理解。古英语和古挪威语有相似的基本词汇，但它们的前缀和后缀使得交流几乎不可能进行。只有略去不同的动词变体，不规则复数名词形式和名词的格，撒克逊人和丹麦人才得以容易地相互理解。

正是在这个时期，在丹麦律法区，英语开始大步朝它的现代形式演进。比起其他语言，英语从不故步自封。我们通过添加前后缀，而不是改变其形式的方式赋予词汇新的含义。在大多数英语动词中，只有第三人称单数是不同的（随便举个例子：我吃。你吃。我们吃。你们吃。他们吃。只有"他吃"是不同的）。古英语中的很多不规则名词复数形式在那个时期被剔除，代之以一种简单的规则，即大多数情况下，你只需加"s"就可以了。诸如此类的改变，以及通过合并维京单词使得英语词汇表发生的实质性扩展，都来自吸收丹麦人的语言。

语言上的融合带来了体貌与身份的融合。维京人的后代很快便开始效忠英吉利国王，以求诸后者保护他们免遭后来的北欧海盗侵扰。一个世纪以后，他们也讲英语，并自认是盎格鲁人。

原因不难理解。10 世纪正是早期英吉利国家的黄金时期：统一，富裕，依照法律施治，并且开始形成将自身与邻国区别开来的种种特质。这些后来发展出议会民主、司法独立与个人自由的种种特征彼时已经在子宫里孕育。现在，就让我们来看看这些特征中最重要的一项：依法施治。

国家之法

当历史学家埋首于盎格鲁－撒克逊人的书面记录，首先令他们震惊的是这是一个何等好法的民族！盎格鲁－撒克逊人的历史很大部分都是被成文化的法典占据的，有的采用了王室法令的形式，其余则是诸种对沿袭下来的习惯法的重申。

盎格鲁－撒克逊人初来时还是剽悍的蛮人，但是，在极短时间内，便形成了去法庭和平解决争议的习惯。这样的做法向我们显示了早期英国社会的同质性和有序性。

英格兰文化与语言的统一在一套通用的法律体系中得到体现。当政府的权威变弱或者受到挑战时，混乱便会加剧。从这个角度看，英格兰是欧洲最稳定和坚固的民族国家。在欧陆，领主司法是最普遍的，大贵族就是他们各自封地上的法律。但是英格兰，早在诺曼征服之前，就已不再实行封建制度了。和所有武士社会一样，英格兰也有自己的大领主，并且很多领主都领有大片封地；然而，这些封地在各个郡往往被分割为若干块。贵族从未能形成享有法律特权（举个欧洲最臭名昭著的例子，贵族就可以不纳税）的世袭阶层；他们和其他人一样，都是国家法律的臣民。

我们可以在形成这一局面的源头中，找到法律面前人人平等这一了不起的观念。詹姆斯·卡博尔引用了伊迪斯王后的一封信为例证。伊迪斯是忏悔者爱德华的嫡妇，她曾写信给萨默塞特郡的韦德摩尔百户法院，要求"给武杜曼一个公正的裁判，我把我的马都交托给他，他却拖欠我租金六年之久"。韦德摩尔法院最后怎么裁判，我们不得而知，但我们很难想象 11 世纪的地球上任何别的地方还会有类似案件，王国中的第一夫人竟然会为一桩私人事务向如此卑微的公共法庭提交请愿书。

"普通法"这一术语一直到 12 世纪中叶亨利二世统治时期才开始使用，但这一概念却是盎格鲁－撒克逊的。这一领域最优秀的历史学者帕特里克·沃莫尔德（Patrick Wormald）领衔的研究成果表明，诺曼人制定的法典化法律大致可上溯至威廉征服时期，普通法的原则与实践在全国范围内一体适用，其主要分支即百户法院。

如今，全世界有接近三分之一的人口生活在普通法系地区。

除英语以外，普通法堪称整合盎格鲁圈的主要统治者。它在绝大多数前不列颠领土上得到实施，爱尔兰也适用普通法，唯魁北克和苏格兰例外（这点够让人奇怪的）。它的变体，与和英吉利有共同祖先的近亲一起生长起来，在斯堪的纳维亚地区也能找到。

普通法与盛行于欧陆及其殖民地的罗马法的最大区别在哪里？简单地说：大陆法模式是演绎的。一部法律从大原则开始一路制定出来，然后是那些运用于具体案件的小原则。对于那些在罗马法或者拿破仑法系中成长起来的人来说，让他们震惊的是，普通法是恰恰相反的。它由一个案例接着一个案例逐渐累积而成，每一个判决就像一个起点指向下一个纠纷。"遵循先例"是所有律师都明白的原理：以前的判决结果作为先例，具有不可更改的效力。普通法就是这样经验的而非概念性的，它总是和来自真实案件的实际判决紧密关联在一起，并且始终关注这些判决结果是否因为案件情况不同而需要做出修正。

所以，普通法有时又被称作"法官造的法"；但是，正如哲学家罗杰·斯克鲁顿（Roger Scruton，他本人也曾做过出庭律师）指出的："普通法是法官所造的法，正如道德法是诡辩家所造的法。"让我们想象一下法律是如何逐步被重新发现的，这或许会很有帮助。正如一个好人不见得就是一个高明的哲学家，普通法承认：做正确的事也不意味着就解释得出为什么做对了的原理。我们通常知道正确的行动方式，但确实说不清其中的道理。法律争议也是如此。某个单独的案件很可能有一个明显公正的救济措施，一个符合每个人公正观念的解决方案，但是这个解决方案却不一定能干净利落地表达为一个普遍化原则。盎格鲁圈民族注重经验的特性使得他们不喜欢纯粹的理论推理，这一特性从一开始起就被熔铸进他们创造——或者毋宁说是发现——法律的方式中。法律不是某个抽象原则的具体化，毋宁说，原则通过现实的规则一步一步被淘洗出来。

"国家的法律"这一观念，意味着法律是所有人的财富，而非统治者的工具。这个观念在刑事司法体系中得到体现。法院是分散制的，各地都设有法院。比较重大的案件由郡一级法院审理，不那么重大的则由更小单元即百户法院处理。所有案件中最为重要的需提交国家一级的中央法院管辖，最终导致了高等法院在中世纪的诞生。高等法院的法官们在郡法院巡回审案，形成了"巡回区"。其中最高法院是盎格鲁－撒克逊贤人会议，也就是枢密院，负责审理具有全国影响力的案件。

在早期，重要的案件庭审开始引入由一些普通市民组成的陪审团。盎格鲁－撒克逊陪审团和今天我们在盎格鲁圈看到的陪审团很不一样，他们的作用是考察被告人的品格，并在证据基础上作出裁判。无论如何，是他们驯化了法律，强调法律为整个国家而存在，而不纯粹是政府治理的工具。托克维尔把普通法看作保卫盎格鲁－美利坚自由的坚实堡垒，他说"陪审团是人民主权原则最直接的应用"。

尽管像所有人类的制度一样，陪审团制也是有缺陷的，但它始终是盎格鲁自由的支柱。它确保事实问题和法律问题相区别，无罪推定不仅仅只是形式，案件起诉必需超越合理怀疑。同时，它还防止法律过度偏离大众普遍接受的常情，因为如果某一起犯罪可能导致不恰当的惩罚的话，陪审团会拒绝定罪。总之，它使得整个国家都在司法监管之下。参与陪审团服务过去是、现在依然是一项义务。由此，无论在理论上还是在实践中，法律都依赖于这个国家中的每一个家庭。是的，这就是国家的法律。

作为国家的而不是国王的法律，盎格鲁－撒克逊普通法有四大根本特征与当代大多数民法体系相区别。第一，它尤其强调私人所有权和自由契约。在很多欧洲国家，占有期限是国家决定的，财产权是不确定的——过去和现在都是这样。这种情形委实可笑。法律来自人民，而不是政府的发号施令。

直到现在，大部分欧洲国家的法律制度都限制个人对其财产的自由处置权。举例来说，某个人去世后，一部分房产通常会留给在世的家庭成员。英格兰在此方面的规定非常特殊。即使这个人死了，法律也更看重他的遗愿，而不是在世家庭成员们可理解的需求。这一特殊规定产生了诸多后果，它使得信托和市民社会的基础成为可能，并且在乡村地区创造出了一个个人主义的社会，而不是一个农民社会。

第二，普通法建立在"不禁止即合法"的观念上。想捣鼓什么新点子，无需得到政府许可。我们不妨再来看看不列颠和欧洲大陆的不同之处。对欧盟持怀疑态度的英国人很大程度就是反感这种他们认为的不必要的干预，但是，对欧盟官员来说，"没有规制"基本上就等同于"非法"。我几乎天天都能看到这种对比。我经常在欧洲议会上问："为什么我们需要一份新的草药指导目录？"看，答案马上就来了——"因为没有啊！"在英格兰，草药商自亨利三世统治时就已经实行行业自治了；而在大部分欧洲国家，这种情况从来没出现过。

第三，监督国家法律是每一个人的事。警察从来都是穿着制服的公民，而不是国家的代理人。他并不比其他任何人拥有更多法律上的权力，除非地方法官临时性地、非永久地授予给他。在英格兰大部分地区，法律官员直接对他们的社区负责——这种情况一度在全国也是如此。

2012 年 11 月，英格兰推行了——或者不如说恢复了——行政司法官员直接责任制，要求警察队伍向郡长负责。我也曾为推行这一政策鼓与呼，并且提议仿照美国的做法，将郡长称为"县治安官"。英国内政部（Home Office）在一份关于英国人如何丧失历史感的悲观评论中放弃了这一建议，理由是其核心小组认为这个头衔听上去"太美国化了"。事实上，治安法官一职和其他很多职位一样，都属于看似美国制造而实际根在英国的产物。

最后，也是最重要的，法律是国家的而非君主的这一事实，需要通过一个反映民意的裁判庭来加以确认。这个裁判庭初现于盎格鲁－撒克逊时期，复现于诺曼人入侵之后，在今天，则演变成国会。有些正式场合，它们还会自称为"国会法院"。

　　盎格鲁－撒克逊贤人会议起源于小一点的郡和百户法院，正如枢密院之于中央法院。这种级别较低的大会，尽管被认为是法院，也具备了很多议会特征。参加会议的人，不仅有大地产主和高级教士，还包括所有世袭地产保有者。除了解决法律纠纷，他们还经常确定本地税率。实际上，他们组成了本地议会。在这里，郡或百户区的事务得到公开解决。当英国成为统一国家之后，这样的特征通过贤人会议在全国一级得到复制；而贤人会议在诺曼统治时期，有了议会的名字，这个名字一直延用到今天。

　　议会最初并且如今也不时作为最高法院出现，这一点常常被忽略。英格兰历次宪法运动，从 1215 年宪章运动到 1688 年光荣革命，都演变为法律危机，并且最终都通过新的法律章程得以解决。现在我们就来看看议会的故事。

英吉利民族的贤人

　　两千年前，罗马史家塔西佗向他的同胞讲述了居住在帝国之外的蛮族人的一些轶事。他写道，日耳曼原始部落习惯于召开公开的部族大会来决定他们的事务。他们的首领从不独裁，总是依据众人的同意来施政。部落统治建立在"许可"之上，而非依赖"强制"。他们的人民不是臣民，可以平等而自由地参与自身事务的管理。

塔西佗的《日耳曼尼亚志》(*Germania*) 在 17 世纪到 18 世纪的盎格鲁圈广受欢迎，就像它在德意志、斯堪的纳维亚和法国一样风行。(孟德斯鸠频繁地引用这本书来证明法国人的祖先是法兰克人，而不是高卢人，因此他们也是日耳曼人的后裔。) 召开民众大会是条顿民族自史前时代就享有的与生俱来的权利，这一观念也自然地传递给了他们的后代，尤其是那些在他们的时代渴求民主政体的人。

就像绝大多数历史学家一样，塔西佗在写作时心里始终有一个时间表。他把日耳曼蛮族人奉为共和德性的模范，是想羞辱他那个时代的罗马同胞正忍受的权威统治和奴隶制。当然，这也使得塔西佗在英、美、德作家圈比在拉丁语国家更受欢迎，因为追随者们从天性和脾气上倾向于自由的特性与他更为投契。

进入 20 世纪，这样的观点开始变得有些过时，极端爱国主义分子、反政府主义者以及种族主义者认为它们已经和时代脱节。但是，没有人能够令人信服地证明塔西佗是错的。部落大会早已是日耳曼社会先民时期的共同特征了。在后来的史料中，它们被视为理所当然的处理事务的古老方式。随着部落大会结构和功能的演变，一些核心职能，诸如宣布国王的合法性、解决法律争议、确定税率等，逐步稳定地出现在很多罗马-日耳曼王国中。一般来说，这种现代议会的原型是依据一种共同的传统确立下来的，而非在某次革命后突然出现。

史料明确显示：早期英国国王通过他的人民会议来统治。比如，有这样的例子：7 世纪 20 年代，诺森比亚的埃德温（Edwin）在一次"贤人会议"后改变了宗教信仰；而在都铎王朝时期，国王会要求议会批准接受新教。我们还能读到，韦塞克斯王室在 7 世纪 90 年代通过主教和贵族咨议会来发布法律。我们也知道，这些咨议会（尤其是郡一级的），在确定税率时扮演了重要角色。早期的麦西亚史书也曾特别记录过一例本地"议会"通过的免除某项财政负担的决定。

当然，如果宣称这样的部落会议就是民主立法机关，无疑是荒谬的。但无论如何，随着盎格鲁－撒克逊王国的发展和巩固，我们能发现，这种"贤人会议"与后来的议会制的会议具有很多共同点：

第一，它是主权和统治合法性得以确认的论坛。举一个例子，这类会议是少数极庄重的场合之一：君主需着皇室服饰出席，后来发展为要求君主持权杖且佩戴其他王位徽标。这一传统在大不列颠一直延续到今天。

第二，它有权批准王国内最重要的决定，比方说国库收入、重大法律纠纷的解决。

第三，至少到 9 世纪，"贤人会议"一直常规性地召开，会期往往与重要的基督教节日重合，比如复活节、圣诞节和显圣节。（在很多盎格鲁圈国家，这些日期至今仍然限定了议会的会期表。）

第四，它把教会高层、世俗贵族及第二序列的土地所有者拉

到了一起。主教、郡长和大乡绅[1]在会上共聚一堂。这种古代的
代表构成在今天英国上院仍然依稀可见。上议院中有主教，也有
世袭贵族。这些世袭贵族议员在1998年议会改革达成的方案中，
保留了92名世袭议员席位。当然，这样的代表构成与后来的中
世纪代表大会非常相似，后者也具有无可否认的议会特征，就像
议会史权威 J.R.麦蒂考特（J.R.Maddicott）在评论10世纪的贤
人会议时所说："'伯爵'代替了'郡长'，'男爵'代替了'乡绅'，
我们现在和早期议会的面貌其实相差不大。"

我们可以从名称上看出这一机构的不断规范化。在历史记载
中，"贤人会议"（witan）变成了大写的"贤人会议"（Witan）。
9世纪80年代，阿尔弗雷德的咨议会被称为"盎格鲁伯爵的
贤人会议"，是"全英吉利的大会"。在后来的史书中（尽管为
数极少），我们能看到一些明显更为规范的名称："贤人会议"
（Witenagemot），"议会"——这是维多利亚时期的人们最喜欢
用的名字，那个时代的人们非常想建成有着最长世系的永久议
会。就像最常见到的情况，此后的历史学家也时常生出一种反感，
认为这样的议会谱系充满了自鸣得意和民族主义的骄矜。然而，
直到最近，人们才开始逐渐反思。

牛津大学中世纪史教授，同时也是盎格鲁－撒克逊晚期研究

1　盎格鲁—撒克逊时代的英格兰大乡绅，贵族阶层成员，级别在郡长之下，其身份
可世袭，以提供某些服役而获得国王或其他贵族的土地。

的权威人物詹姆斯·卡博尔说："代议制起源于黑暗时代及中世纪，这一观点没有时代错误，是完全可以得到论证的。"……"实际上，它可以被看作宪法性自由的历史在盎格鲁-撒克逊英格兰时期即有了极其重要的起点。"

J.R.麦蒂考特所写《英国议会的起源》（*Origins of the English Parliament*）堪称此一领域杰作。他在书中将贤人会议和其他欧洲议会进行比较，得出结论：无论在代表构成、税收的决定权，还是其存在方式上，贤人会议与其他会议都有着质的不同。他说："在西方世界其他地区，日耳曼式的立法传统到10世纪时已告终结。而这一传统在英格兰得以保存并发展，实在是罕见的特例。"贤人会议不仅是王室立法的伙伴，同时也是那些有可能制约国王的制定法的守护者。麦蒂考特说："在英国例外论这一点上，不存在任何疑议。"

英国例外论在11世纪早期威廉征服之前的王位斗争中，可以得到更加清楚的体现。

英国早期的王位继承部分是通过选举决定的，后来才有了"法定继承"和"天赋王权"的观念。在诺曼征服以前，加冕礼必须在贤人会议确定了王位继承人之后才能举行。比如说，阿尔弗雷德的儿子爱德华就是"被王国中的智者选为国王的"，伊德雷德（Eadred）也是在946年"由贤者选举"成为国王的。

国王与贤人会议之间的互动机制通过加冕宣誓被确立了下来。首次宣誓仪式是由973年埃德加国王在巴斯（Bath）举行的。宣誓的目的，当然在于加冕能够被所有在场的人理解，它很长时间一直作为英国独有的，而非在拉丁语国家中常见的仪式而存在。埃德加国王在那个场合中所立的誓言，与九百八十年后其后嗣伊丽莎白二世的加冕誓词惊人地相似："（我将）捍卫国家，谨守法律，保护教会，公正统治。"

其实，这就是"政府依约而治"理念的雏形。按照这一理念，统治者和被统治者均受某一特定协议的制约；如果统治者违背其他一方的契约，那这单交易就算结束了。契约在盎格鲁世界从来都是至关重要的，反映出了人民对于法律、商业、宗教和政治的理解。透过约翰·洛克的著作，契约最终成为盎格鲁圈政府理论的基石。国家的建立，正是我们的祖先在远古过去立下的"原始契约"的具体表达。——这里，洛克称之为"原始契约"。他的理论在美国宪法中得到了实质性体现，后来传遍整个自由世界。

然而，真正具有批判意义的变革，是契约必须要由一个代表组成的大会来执行的理念。很多欧洲中世纪国王都举行涂油宣誓仪式。涂油也好，宣誓也好，都是一种精神上的宗教激励。它是在一国最高主教的见证下，向上帝许下承诺。大主教主持整个仪式中最重要的部分，也就是在新登基的君主头顶敷油。现任女王伊丽莎白二世六十年前加冕时，很多英国人都去买电视，以便能收看这一盛况。直播中唯一没有播放的部分便是涂圣油。

真正的例外之处，不在君主的誓言，而是这样一个理念：君主是要受其国民代表的约束。国王不能成为他本人是否兑现了守法誓言的法官，这个任务交给了贤人会议来裁定。

　　1014 年发生的事情，近乎奇迹。当时的英格兰处在"史上最倒霉的国王"埃塞尔雷德二世（Æthelred）治下。埃塞尔雷德二世就是史家们所称的"无准备者"，这个绰号来自时人的错误拼写。"无准备"的原意是"糟糕的主意"，因为埃塞尔雷德二世在位期间恰逢英格兰遭受着丹麦人最频繁的侵袭，于是，国王便不断向入侵者支付赎金以换取和平。这笔钱最后当然通过沉重的赋税加诸人民头上。——这种情况在盎格鲁世界实在不多见。最糟糕的是，这笔贿赂（又被称为"丹麦金"）没起到作用。丹麦人接受了赎金，答应解甲归家；但仅仅等到下一个"狩猎季"，他们又卷土重来并且要求得更多。就像吉普林后来写下的：

> 说是拿钱可消灾；
> 可我们已是一而再，再而三。
> 一旦给了丹麦金，
> 你就永远别想摆脱丹麦人。

　　到了 1014 年，一系列灾难降临到英国人头上。丹麦人占领了伦敦，埃塞尔雷德弃位而逃，流亡诺曼底。接下来发生的事情，更是史无前例。贤人会议给了埃塞尔雷德一个复位的机会，前提是他同意他们提出的条件。其中一个重要条件就是不再课以重税；古老的法律——其第一次出现是以"远古的习惯"或"古代良法"的面目——必须受到尊奉；国王必须发誓将来接受贤人会议意见的指导。

这是一个非同寻常的进步，然而却奇怪地被人们忽视了。当我们回顾英语世界宪法自由的历史，尤其是在代议制政府高于君主制这一点上，历史学家们总会列举《大宪章》的签订、西蒙·蒙特福特的胜利[1]、英国内战、光荣革命，以及美国革命。然而，在这里，《大宪章》签订整整两个世纪以前，我们看到了1688年光荣革命的先声：国王即位是有条件的，法律大过国王。

当然，也有人会说，1014年的事件并不算典型。因为彼时王国危如累卵，国王又处于极度弱势的地位。然而，我们前面所提到的那些标志性事件不也同样如此吗？召回埃塞尔雷德的特殊意义，恰因它不是一个偶然事件，而是一种新宪法秩序的开始。

之所以得此结论，是因为就在埃塞尔雷德于两年后去世，英国王位被指定给丹麦国王克努特时，也附加了同样的条件。至于克努特，显然是求之不得，他承诺不再加税、惩罚王室及城镇官

1　1258年4月，以西蒙·蒙特福特（Simon de Montfort）为首的男爵，全副武装去见国王，要求后者放弃征税，进行政治改革，以更好地遵守《大宪章》的要求。1258年6月，亨利三世被迫召开了被称为"狂暴议会"的会议，会议上贵族们迫使亨利三世接受了《牛津条例》，规定由15名贵族参加的委员会与国王共同施政，国王采取的任何措施均得他们同意方能实施。而这15名大贵族和另外选出的12名大贵族组成"议会"，每年定期召开三次会议。未经会议同意，国王不得任意没收土地及分配土地，亦不得擅自决定对外战争。从此"议会"这个词就广泛出现在英国的社会生活中了。

员滥用职权，并且遵守国家法律。

在所有这一切中意义最为深远的，当属贤人会议逐渐实现了它的代议制功能；也就是说，贤人会议不仅是为它的成员（乡绅和郡长），而是为国家这个整体而存在。邀请埃塞尔雷德回来复位的是"全体贤人"，但他的承诺针对的却是"全体人民"。换言之，他是在通过议会向由议会代表的国家说话。

同样，当克努特在两年后被贤人会议附条件地授予王位后，他也采取了信守誓言的方式来接受这些条件。这一切用英语记载在一封信中。这封信或许是希望在郡法院宣读的，写信人写给"他的大主教和地区主教，索克尔伯爵以及所有伯爵，和他的全体人民，不管他们是要偿付 1200 还是 200 赔偿金，是教徒还是俗人，只要是英格兰的朋友就行"。后世所称的"实质性代表"的概念，在此已经可见一斑。

1035 年，克努特撒手人寰，贤人会议在牛津召开了全体会议，决定谁是下一个继承人。此时，再无可能将此类会议视为对王位争议的例外性解决方案，它们已成为惯例。

由此，1041 年，当忏悔者爱德华被从诺曼底召回准备继承王位时，他先在汉普郡海岸的赫斯特角（Hurst Head）与"全英格兰的大乡绅"会晤。会上，他得知，如果他发誓遵守克努特时期的法律，方可被推举为国王。在当时英国人心目中，克努特时期的法律已经变成了在王位赓续时要求后世遵守的"古代良法"。

不妨想一想这一进步的惊人之处。国王在索伦特海峡沙滩胜地参加会谈，会上开出了一套我们今天称得上是"宪法性约束"（而不是专断）的要求，即他必须服从为这个国家说话的机关所确定的法律。

按照当时欧洲的标准，英格兰已是相当繁荣的地区。但是，无论如何，对于全人类来说，那都是一段悲惨的时期。对有幸没有早夭的英格兰人来说，预期寿命只有 42 岁左右。一项对公元 400 年到 1000 年间 65 处墓葬的研究发现：没有人活过 45 岁。文学作品仅限于在数量极少的僧侣和抄写员间流传。医学落后得难以置信。绝大部分人口的生活都得靠每周七天的繁重劳动维持。不列颠岛总人口不超过 200 万。然而，我们也能辨识出作为现代宪制政体的某些特征：国王不得高于法律，相反，法律高于国王；法律不得被留给主权者或者教士的良心，而是掌握在自我定位是为整个国家说话的代议制机构的手里。

七个多世纪以后，在起草 1780 年马萨诸塞宪法的过程中，约翰·亚当斯给宪制政体下了一个最简洁准确的定义。他这样写道：共和国的权力必须被分开并保持平衡，"归根到底，它应该是一个法律的政府，而非人的政府"。

10 世纪的英格兰无可否认地踏上了追求宪政自由的道路。在这条路上到底发生过什么，我们也许永远无从得知。因为，就在 1066 年，它被粗暴地搜出了北欧世界，臣服于欧洲的封建制。哈罗德·葛温森（Harold Godwinson），这位英国贵族，软弱的王位继承人，仅得到贤人会议顾虑重重的支持。哈罗德被诺曼底的威廉赶跑，后者坚信自己才堪当位。这是对英格兰、贤人会议以及自由的致命打击。实际上，从某种意义上说，尤其是在相当部分权威人物看来，1066 年后的六百年历史都是在为翻转诺曼公爵登陆所做的长期不懈的努力。

第三章

重新发现英国

诺曼男爵临终遗言："我的儿！吾命休矣，你将继位。英格兰广袤土地的每一寸，都是威廉传下的家业，那是我们的先辈在黑斯廷斯和其他战场上浴血奋战，征服撒克逊得来的。在你就要开始统治以前，我想让你知道：撒克逊人可不像我们诺曼人。他们的举止可没那么斯文。但是，如果谈到公正和权利，那他们的态度就不能更严肃了！如果有个撒克逊人站在那，像站在犁沟里的公牛，阴沉着脸，两眼直直地盯着你，嘴里嘟囔着'这可不公平！'我的儿，这时候，你千万得离他远点。"

——鲁雅德·吉普林，1911

这些北方民族不明白：任何人若未经他本人的同意而要受其他人绝对意志的统治，皆会不惜诉诸武力，为荣誉而战；或者是司法官员按其一己之好、不征求其他人的意见就下判决，必然会招致专断不公之声讨。因此，但凡国王对他的主要封臣提出任何约定期限之外的服役，也不得不召集他们，以便得到他们的同意；或者在贵族内部出现任何争议时，必须经由他们共同讨论，按照他们的意见或者忠告作出决定。这些事关同意和忠告的活动，构成了古代贵族的主要政务，同时也预示了日后政府可能发生的所有重大事件。

——大卫·休谟，1778

诺曼杂种

1940 年 7 月 3 日，海军中将詹姆斯·萨默维尔（James Somerville）下达了他职业生涯中最悲壮的命令。德国占领了法国，并且要求后者按照军事协议将其地中海舰队交由德方指挥。英国当然不允许事态这样发展：意大利已经参战，站在希特勒一方；一旦他们控制了地中海，局势将万分危急。

丘吉尔指示一支庞大的英国海军在阿尔及利亚奥兰海军基地迎击法国舰队。法国舰队司令 M. 根索尔（Marcel-Bruno Gensoul）海军上将只有三个选项：驶往英国港口继续对德、意作战；撤离战区，驶往法属西印度群岛港口；再或者，自行凿沉。

三个选项都遭到了拒绝。闷热的一天即将过去，英军发出了最后通牒，收到的答复仍是回绝。萨默维尔中将遂命令舰队炮轰法军。这是自特拉法加（Trafalgar）海战后，英法海军唯一的一次敌对交火。炮轰持续了 10 分钟，巨大的水柱直冲天际，在滚滚黑烟中，战列舰"布列塔尼号"被击中，至少 1297 名法国人丧生，351 人受伤，这是法国海军在战时遭到的最大损失。英军方面没有伤亡。

萨默维尔终其一生厌恶这个他日后所称的"最违心和伤痛的决定"。他在沉默和煎熬中度过了那个夜晚，陪伴他的军官眼里噙满泪水。但是，萨默维尔不可能没有注意到，在下层甲板，弥漫着一种截然不同的气氛，船员兴高采烈地宣称，他们"从来没这么讨厌过那些法国崽子们"。

这是由来已久的社会裂痕的极端写照。英格兰（后来的大不列颠）上流阶层通常都是说法语的。然而，这只是一个小众趋势，一个使得他们在其后若干世纪被斥为没落和卖国的特征。

阶级分化可以上溯至诺曼征服，它将英格兰置于讲法语的贵族统治之下。英语成为议会、法庭、王室及教会的上层语言，要等到三个世纪之后。即使在诺曼征服一千年以后，也就是现在，某些议会程序依然保持了诺曼－法国传统，比如，女王批准议会的立法案，就要用到法语句子"女王惟愿其如此"。

而本土被剥夺了继承权的英国人，则将他们的怨愤发泄在讲法语的人身上。法国人留给大众的印象就像激进派所描绘的贵族的形象：矫情，狡黠，阴柔。

甚至直到今天，大多数英国人依然怀疑（不是没有理由的）他们的精英们总体上是"亲欧"（尤其"亲法"）的，媚外胜过爱自己的国家。精英们的"亲欧"绝不仅仅意味着他们只是更乐于接受欧盟的司法管辖，尽管人们通常相信问题如此简单。"亲欧"一词有着比这宽泛得多的内涵：势利，蔑视大众舆论，骨子里的政治特权等级的优越感。

我们的发现或许让你大感意外：过去九百年间没有哪一个时代缺少过这样的感觉。法国风格与没落上层的混搭，被每一代英格兰人（其后是大不列颠，再后是整个盎格鲁圈）制造出来。

攻击约翰·克里（John Kerry）和米特·罗姆尼（Mitt

Romney）会说法语，与当年讥讽约翰逊和贺加斯（Hogarth）的
"娘娘腔"可谓如出一辙。在那个时代，约翰逊和贺加斯之所以
被抹黑，是因为年轻时赴欧陆游学沾染上恶俗的外国习气，一味
推崇欧陆艺术家而不看重本土。"涂脂抹粉的脸，廉价俗艳的服
装，可劲的时尚范儿"，这就是 18 世纪苏格兰作家托拜厄斯·斯
莫利特（Tobias Smollett）对法兰西文明的总结。

反过来，18 世纪的爱国者们也与 17 世纪的议会主义者遥相
呼应，对斯图亚特王朝的亲法品味大加挞伐，明确宣称自己的责
任就是要"砸烂诺曼枷锁"。

让我们回到更遥远的历史，看看莎士比亚在《亨利五世》中
是如何对比粗鲁、勇敢、吵吵嚷嚷的英国士兵和训练有素的法国
骑士的。（"野种的诺曼人！诺曼人野种！"波旁公爵发现英国
人的优点不受待见，忍不住高叫起来。）

不妨再走远一点，看看乔叟是怎样嘲讽盎格鲁－诺曼贵族
的。他说，尽管这些人自命不凡，其实不过是法国人分裂出来的
特殊的、错误的一支。他在《坎特伯雷故事集》中是这样挪揄院
长嬷嬷的：

> 她的法语讲得高雅而流畅，
> 但是带有浓重的伦敦腔——
> 她是在斯特拉福学的法语，
> 地道的巴黎法语不会半句。

乔叟的作品是革命性的，不仅在于其内容的戏剧性，还在于其用英语写作这一事实。在作家生活的时代，绝大多数文学作品依然是针对上流社会的，因此都是用法文书写。英语不过是粗俗的下里巴人。只有在苏格兰，那里的法庭在诺曼征服时期使用的是英语，这种语言也才会成为被广泛使用的文学语言。

就像其身后的作家一样，乔叟毫不掩饰地赞美他的民族语言：

> 英语多么好！英语能够理解
> 在英格兰土生土长的一切。

然而，一个有99%的国民说英语的国家在诺曼征服整整三百二十年后才写出这一真相，多么奇特！

再往回走，我们来到了盎格鲁－撒克逊人作为一个融合了的族群并被一个说他国语言的外国阶层统治的年代。

最后一次直接反叛"征服者"威廉可以追溯至1071年，"觉醒者"赫里沃德和他的弟兄们在剑桥郡沼泽地被打败。但是，英吉利民族的反抗并没有随赫里沃德消失在沼泽地。

诺曼征服一个世纪后，我们看到有关"忏悔者"爱德华轶事的一桩预言应验了（爱德华的死引发了威廉的入侵）。据说有一棵绿树被砍倒，移到3英里之外的地方，但后来又奇迹般地接回根上，结出了果子。再后来，王国回到了英国人手中。有人把这个故事看作 1154 年亨利二世继位的一个寓言。亨利二世是苏格兰女王玛格丽特的外孙，而玛格丽特是爱德华之女。从外表上看，国王是一个法国人，但他无论如何都是忏悔者爱德华的后代，因此也是阿尔弗雷德的子嗣。按照乐观主义者的说法，他的统治代表古老王朝的复兴。绿树开枝散叶了。

也有人冷嘲热讽，说这个故事根本就是无稽之谈。砍倒的树怎么可能接回到根上？正如英国人收回他们自己的国家就自由了吗？！

随着时间的流逝，盎格鲁－撒克逊人的反抗退守到了语言阵地，并且打上了阶级斗争的烙印。本地贵族被杀死、放逐或没收土地，大多数讲英语者流离失所，贫困丧地。他们的民族斗争变成了对一个异国精英的反抗。

1381 年，雇农和工匠在伦敦进行了激烈的示威活动，历史学家将其称为"农民起义"。但在当时的英格兰，"农民"这个词是不存在的——因为如我们所看到的，当时根本就没有"农民"这回事。示威者要求恢复古老的秩序，他们的领袖，工匠瓦特·泰勒（Wat Tyler）提出要与国王直接谈判——查理二世当时年仅十四岁。年轻的君主同意骑至伦敦北面的史密斯菲尔德广场与愤怒的叛民谈判，此举令王公大臣们震骇不已。泰勒要求国王废除诺曼人引进的农奴制，不仅如此，根据当时的编年史家亨利·奈顿（Henry Knighton）记载，泰勒还要求"自由进出城做买卖的权利，在所有森林、公园、公地狩猎的权利，在所有河流湖泊打渔的权利；总之一句话，就是英吉利民族在诺曼征服中失去的那些权利"。

法国历史学家奥古斯汀·西耶里（Augustine Thierry）在1825 年所著的一本书中宣称，"1381 年大反叛是一系列撒克逊起义的最后篇章"。19 世纪的历史学者对于国民的民族身份意识是非常敏感的。事实上，一直到最近，学者们才慢慢转向从一个更宽容的民族视角来看待历史，所以才有了这样的例子：叶卡捷琳娜女皇曾打趣法国革命说，"高卢人正在把法兰克人赶出去"。这样的评价现在看来，当然是相当不合时宜的，因为它让后代人搞不清楚那个年代的重心所在。

英吉利身份在诺曼征服之后被强劲地保留了下来。这种身份意识，较之盎格鲁－诺曼身份，无疑要顽强得多，这也是为什么后者最终被前者所吸收的原因。从其形成之时起，英国的民族意识就被限定在后来历史学家所描述的这样一种信念中：自由和法律面前的平等是天赋的，而封建主义和农奴制则是异族的。

想象一下一个民族跨越千年的记忆，是不是觉得很不真实？或许我们不应该把盎格鲁－撒克逊的融合以及这种与"法国性"敌对的国民意识看作一种人为的发明？一定程度上是成立的。当然，不管有意无意，后世作家总是把历史剪裁进他们自己的叙事中，就像每一代人都会做的那样。但民间记忆也切实存在。传统就这样通过口和耳、笔和纸，通过家庭和学校，延续下来。

让我再以我的母国秘鲁做一面镜子。皮萨罗和他的追随者通过一次又一次打击最终征服了秘鲁，就像威廉和其侍从对英格兰的统治。事实上，皮萨罗的征服更为彻底，因为技术上的不对等更为悬殊。绝大多数秘鲁人失去了祖国，也失去了他们的宗教和语言，但是，秘鲁人的民族意识、他们拥有的集体记忆却是剥除不掉的。这样的记忆穿越了西班牙人征服的四个半世纪时间，在20世纪70和80年代的"光辉道路"[1]及其他恐怖组织的暴力活动中复活了。而就在西班牙人征服秘鲁的同时，威廉一世正和爱德华·柯克爵士、约翰·汉普登（John Hampden）闹得不可开交，后者竭力想把"诺曼枷锁"的观念普及化。

秘鲁是单一制国家，诺曼英格兰也是。全体公民名义上在法律面前一律平等，成人享有投票权，并且选举产生了两任本土总统。然而，从征服时期开始的种族分化至今持续、公开地存在，从一个人的面相便可以看出他的财富和社会地位基本不会出错——人们不需要历史书来告诉他们这是为什么。

这一切在英国历史上的相应时期也是如此：17世纪的政治权力很大程度依然集中在诺曼入侵者手中。即使在今天，黑斯廷斯之战已过去了接近一千年，从那些当年跟随威廉公爵渡过英吉利海峡的士兵们的姓氏中依然可以辨识出某些贵族色彩：贝列

1　"光辉道路"是秘鲁一个极左的反政府游击队组织，自称为秘鲁共产党，其目标是实行共产主义，以工农阶级取代中产阶级。"光辉道路"游击队成立于20世纪80年代初，以制造绑架、暗杀和恐怖袭击闻名于世。1992年随着其最高头领纷纷落网，该组织暴力活动有所减少，但仍时常对政府军发动袭击。

尔（Balliol）、巴斯克维尔（Baskerville）、达西（Darcy）、格兰维尔（Glanville）、莱西（Lacy）。一项对 1861 年到 2011 年间家族姓氏的研究表明：那些有诺曼姓氏的人通常要比其他人富有10% 左右。

萨默维尔中将旗舰上的船员们还在兴高采烈地欢庆，从没想到有什么不妥。他们一刻也没意识到，海军司令除了是称职的长官，还是什么人。谁又能想到呢（也许只有萨默维尔本人清楚吧）？长官的祖先，吉尔特·萨默维尔爵士（Sir Gaultier de Somerville），正是与征服者一起来到这里并得到了大片北部封地的贵族。不难想象，出身于这样显赫的家族，中将对于法国人的同情自然要比为他效命的那些人多得多。世界就是这样。

盾墙倒塌

下列人物都有什么共同之处？乔治·布什、巴拉克·奥巴马、比尔·盖茨、贾斯汀·汀布莱克、鲁伯特·艾弗雷特、玛吉·吉伦哈尔、乔治·华盛顿和威尔士亲王。答案是：他们全都是"征服者"威廉的后裔。大约 90% 的有英国血统的人和 60% 的美国人被认为带有生殖力旺盛的诺曼王朝的血统——当然，尽管他们的家族树根系都不算太久远。跟随公爵渡海而来的武士和商人数量虽少，但是，当他们在这片岛屿上播撒种子的同时，也将他们的意志施于被征服的土地。

对于本土人而言，诺曼征服是一个悲剧，就像所有最优秀的悲剧一样，它原本可以上演完全不同的一幕。

忏悔者爱德华，阿尔弗雷德家族最后一位君王，卒于1066年1月，没留下一男半子。侄孙埃德加·艾德林（Edgar the Ætheling）被认为太过年幼，无力当国。据说，爱德华曾指定其第二个侄子诺曼底公爵威廉为继承人。但另有人说，这一遗嘱后来在病榻前被推翻，取而代之的是爱德华的妹夫，根深叶茂的英国伯爵哈罗德·葛温森（Harold Godwinson）。而威廉的支持者则称，哈罗德在诺曼底遇到船难时，曾发誓效忠他们的公爵。

事实上，无论威廉还是哈罗德，从血统上都不具有问鼎王冠的资格。但是，维多利亚时代的历史学者们找出了无可反驳的合法性：威廉受教皇支持，而哈罗德是被英格兰贤人会议推举的。

哈罗德的加冕得到了王国中显要贵族的支持，由此促使威廉厉兵秣马，枕戈待旦。失地的贵族，非嫡长子们，有钱的士兵，以及其他有武装的人，从欧洲各地群集于威廉麾下。尽管威廉的嫡系部队是诺曼人，但来自弗兰德尔、布列塔尼和法兰西的骑士也为数不少，甚至意大利人因为抢掠及没收土地的诱惑，也前来投奔。

诺曼人在10世纪时征服了法国北部的维京人。从地理扩张来看，诺曼人占领了英格兰、苏格兰、爱尔兰、格陵兰岛、北美、俄罗斯、西西里以及小亚细亚部分地区。诺曼人直到晚近才开始使用法语，维京诗人们直到1028年还在不断用斯堪的纳维亚语传诵他们的英雄传奇。

诺曼民族尚武好战。他们的神威，部分来自勇气，部分依靠武装骑兵采用的当时最先进的战术。说"最先进"，可不是吹牛皮：一个诺曼骑兵团几乎就是一支势不可挡的力量，单凭这全副铠甲的人马就足以击溃守卫者的防线。诺曼人还知道怎么使用混编部队，以步兵、弓箭手和弩手支援骑士。

然而，尽管占尽上述优势，威廉的胜算也仅仅是个未定之数。哈罗德掌控着欧洲最稳固和强势的国家，而且随时能召集令人生畏的储备军（即民兵）。当他铁下心来准备迎击威廉的入侵时，当然有足够的理由自信。但哈罗德的手下就没那么轻松了。他们此前看到凶险的征兆：哈雷彗星在 1066 年穿越英格兰，为将要降临到头上的连串灾祸惶恐不安。他们是对的。

首先，哈罗德的弟弟托斯提戈（Tostig）得到挪威国王哈罗德·哈得尔达（Harald Hardrâda）的支持，已在北方登陆。英国君主不得不令他的军队往返奔袭，以御新敌。随后，一直在海峡待命、准备迎击诺曼人的舰队遭遇暴风雨，粮草损失殆尽，被迫返港补给。

就在这个时候，威廉渡过了海峡。在那时，敌军跨海登陆是每一个将领的噩梦（现在也是如此）。诺曼人的船上，载着重装骑兵。他们之擅长进攻，声名远扬。但是，1066 年 9 月 28 日，在这场战役中，威廉大军在苏塞克斯（Sussex）的佩文西湾（Pevensey）登陆后，竟没有遇到任何抵抗。因为此刻，英国海军在肯特（Kent）、陆军在约克郡（Yorkshire），正为他们击败托斯提戈和挪威人设宴庆功。

哈罗德率领疲惫不堪的军队回兵南下，在苏塞克斯黑斯廷斯镇（Hastings）附近的森勒克山（Senlac Hill）迎击威廉。甚至直到这一刻，国王本来还是有机会取胜的。对盎格鲁－撒克逊民兵来说，最有效的战术之一就是组成盾墙。哈罗德命令每一个士兵将风筝盾和紧邻的盾牌联结在一起，形成一道牢不可破的防线，同时再密布下利剑与战斧。面对如此强大的阵营，就算训练有素的战马也止步不前。但是，幸运之神还是站在了入侵者一方。当威廉军队的左翼，即布列塔尼分支开始溃退时，盎格鲁－撒克逊民兵打乱阵型，发起追击。盾墙解体，威廉看到了机会。哈罗德的两个弟弟，利弗温（Leofwine）和裘斯（Gyrthe），战死沙场。哈罗德本人，按照传说的记载，也被箭射中眼睛跌下马来。盎格鲁－撒克逊人群龙无首，溃不成军，四散逃窜。

葛温森三兄弟的死，使英国人失去了角逐王座的机会。威廉从苏塞克斯和肯特长驱直入，一路接受南部残余贵族和主教的投降。当他的大军逼近伦敦，那里的政权已经同意臣服他的统治——只要新王不捣毁这座城市。于是，1066年圣诞节，在威斯敏斯特大教堂，威廉顺理成章地加冕为威廉一世，正式成为英格兰国王。

诺曼征服对于英国人来说，是一场大灾难。本地贵族，或被夺爵驱遣，或被籍没财产。有些逃亡苏格兰，有些去了爱尔兰，也有部分流散欧洲。很多人加入了为拜占庭帝国效命的雇佣军，组成一支精兵，也就是我们后世所知的瓦兰吉卫队。有史料记载，这些流亡者在黑海海岸建立了他们的定居点，并称其为"新英格兰"。

与此同时，老英格兰被牢牢地攥在一只铁拳中。此前不多见的城堡已在全国各地兴建起来，相当一部分一直矗立到今天，宏大壮美，雉堞交错。它们的地理位置正彰显出冷酷的目的。因为修筑这些城堡不是为防御外敌，而是对内镇压。从垛口中飞出的利箭，撕开了这些新近崛起的庄园主和被击败的民族之间的裂缝。

威廉镇压了北部蛮族人愤怒的起义，将这片边陲变成了一片无人区。随后，他开始了一个绝对君主的统治。到底有多绝对呢？这可以从若干年后他主持编制的国家财产目录中看出。毫无疑问，在威廉心目中，英格兰现在已经是他的囊中之物，想怎么处置就怎么处置。按照盎格鲁编年史的记载："他要求财产清查必须彻底执行，哪怕隐瞒了一寸土地——即使漏记了也是耻辱，但他做如此要求似乎倒毫无羞耻可言——甚至一头公牛，一头奶牛，或者一头猪，逃脱了他的调查都不允许。"

调查成果汇成的大部头，就是我们所知的《末日审判书》[1]。

---

1 《末日审判书》(Domesday Book)，又称"最终税册"。威廉一世在征服英国后，下令进行全国土地情况调查，目的在于了解王田及国王直属封臣的地产情况，以便收取租税，加强财政管理，并确定封臣的封建义务。1086 年由国王指定的教俗封建主在全境进行广泛的土地调查，调查结果汇总整理，编定成册，称《末日审判书》。由于调查细致严苛，使被调查者如履薄冰，好像在接受末日审判，故调查结果被称为《末日审判书》。

在古英语中，"末日审判"意味着"最终审判日"，也就是说，如果你在接受最终审判时，胆敢向国王派出的官员隐瞒你的土地和牛群，那就是在欺骗上帝。这部国家档案印制于威廉征服后的20年，从其字里行间，我们可以看到英国本土被盘剥得如何彻底。

威廉把几乎整个国家都分赐给了他的雇佣军和忠实臣下。最少92%的英格兰土地属于出生于海峡那边的人所有，超过200名大地主直接从国王那里获得土地，其中只有两个是盎格鲁－撒克逊人：阿尔丁的索克尔（Thorkell）和林肯的考斯文（Colswein）。

在市镇以外的地区，大多数英国人是他们所属的庄园领主的臣民。当新贵族安顿下来开始享受他们的特权以后，法律面前人人平等逐渐被淡忘。按照新法，农人们被要求在领主的封地上劳作，没有领主的许可不得离开。在市镇之间的宽广空间，大约有8%的人口居住在450个（实际可能更多）实行大陆式农奴制的定居地上。

如果按照标准的定义，英国性如今已变成贫困和屈服联姻的产物。人性所使，一些盎格鲁－撒克逊人，尤其是伦敦商人，开始有意识地藏起他们的英吉利身份，以便跻身上层社会。他们的口音带上了法国腔，逢人便称"先生"，引得原先的诺曼领主厌恶不已。

想攀高枝儿的不限于城里人。历史学者彼得·阿克罗伊德（Peter Ackroyd）记载，1114年的某个农庄里，农人的登记簿上尽是些叫索朗（Soen）、雷诺（Rainald）、阿尔菲（Ailwin）、莱马（Lemar）、戈德温（Godwin）、奥德里克（Ordric）、阿尔里克（Alric）、萨洛依（Saroi）、阿尔维特（Ulviet）、阿尔菲斯（Ulfac）一类的名字。到这个世纪末，这些名字全都消失了。

在一个只有名叫罗格、罗伯特或理查德才可能变得有权有钱的社会里，盎格鲁－撒克逊人中间流行诺曼名字自然不让人奇怪。12世纪，惠特比市有个男孩因为老是受欺负，干脆把自己的名字从托斯提戈改成了威廉。

而那些古英国名字，只有五个幸存了下来：阿尔弗雷德（Alfred）、埃德加（Edgar）、埃德温（Edwin）、艾德蒙得（Edmund），以及惟一一个至今依然很流行的（大概是因为对老国王的崇拜，诺曼人也这么称呼自己），爱德华（Edward）。

英国人战败的地位，从肉类的词汇表中也可见一斑。说英语的农夫用最质朴的撒克逊语招呼家畜：牛（cow），猪（pig），羊（sheep）。但这些动物一旦成了他们诺曼领主的盘中餐时，便纷纷换上了法语词源的新名字：牛肉（beef），猪肉（pork），羊肉（mutton）。

此外，由诺曼人引入的政治词汇还能告诉你更多……"贤人会议""群众大会"以及"习惯权利"等词语渐渐绝迹，新涌现出来的是"敬意""效忠"以及"封臣""佃农"和"农奴"。朝向个人自由、契约自由以及平等地适用普通法的进程被阻断了，用12世纪早期编年史作家奥代里克·塔维利斯（Orderic Vitalis）的话来说："英国人高声哀叹他们失去的自由，不断谋划怎么撼动这个如此严苛、忍无可忍的枷锁。"

砸碎诺曼枷锁的想法激励着后代英国人与斯图亚特王朝展开斗争，后来又在北美爱国者们将英吉利自由推向极致的革命中复活。

虽然我们认为这样的斗争是进步的，但那个时代的推动者却视他们自己为保守主义者。在他们的心目中，他们想要恢复他们所信奉的 1066 年前就已经存在于这片土地上的权利。他们使用"革命"这个词时，想要表达的是，车轮总在转动，那些被推上歧路的，最终会重回正途。此外，他们还特别强调一点：他们不懈捍卫的权利和自由，早在诺曼时代之前，便已扎下了根。

我们权利的根基

瞥一眼 11 世纪末的英格兰，不难发现这个国家正处于军事占领之下。跟随征服者一同而来的骑士和文人，深知他们的统治有多依赖军事技术。他们很快在征服地上遍筑城寨（就是用泥土、岩石和木头建成的防御性要塞），后来更是升级为巨大石块叠筑的堡垒，坚固俊美，矗立至今。和所有的占领区要塞一样，诺曼人的统治依靠的是被占区少数人的积极配合，以及大多数人的消极默许。

盎格鲁－撒克逊英格兰之花凋谢了，但它的根还在，深深扎进这片潮湿的土地。伯爵、乡绅以及侍卫，作为一个阶级已不复存在；但在各省，全欧最先进的行政管理机制依然默默运转。

各级地方的古老单位——郡、百户区、小邑、教区——大部分都完整地保留下来，依然运作如常。当地贤达在郡法庭的集会一如既往地召开，决定财政方案，处理本地纠纷，基本不受盎格鲁－撒克逊上层阶级被掏空的影响，因为对他们而言，这从来都不是权贵的集会。哪怕只有一亩三分地的人也会参加会议，这带来了郡理事会在当时的欧陆所达不到的代表性。

征收丹麦金和其他赋税的机制推行得比较平稳，"十户联保制"也在持续生效。依此法律规定，成年男子须发誓维护乡村治安，他们每十人编为一组，一人违例，十人共担。

尽管《末日审判书》显示盎格鲁－撒克逊的地产保有者们大多遭到了清洗，但在财产登记簿上，仍有大量英国本土姓名的行政官员和城里人。在威廉新特权阶层的阴影下，市镇官僚阶层正埋头打理各种闷声发大财的生意。

这些事情没有一样能使我们感到震惊。完成征服以后，诺曼人和他们的欧洲盟友在数量上大约有 8000 人。如果不通过原先已经在任的官员，从里夫长到教区牧师，他们几乎绝无可能管理这样一个人口超过百万的国家。

同时代人（比如历史学家）很自然地关注改变更甚于延续。因为各种变化总是与时而进，紧张刺激，并且常常是血腥残酷的。而时代的延续，则往往默默无闻，藏于乡土，充满了按部就班的沉闷。

贤人会议让位于诺曼贵族的资政会，后者的主要职责在于恭维他们的君主。议会是为整个国家而不仅仅是国王代言的观念已经丧失了，更不要说什么批准国王的命令或者给他施加约束条件云云。但是，在表层之下，郡和百户区法院仍在一个接一个的案件审理中推进着普通法的形成。最终，到亨利二世一朝，普通法成为全国性法律，它的基本要素（包括陪审团审判制）得到了中央政府的承认。

诺曼国王原本把自己视为绝对君主，可以随心所欲地处置王国内每一寸土地，但是，他们不能剪灭法律乃国家之财产、个人之护卫的观念，也不能消除重大决定须经民众大会批准的原则。

涌动于地下的暗流，分布在各省的小河，最终汇聚成冲决王室绝对主义堤坝的大水。威廉征服一个半世纪以后，诺曼人和撒克逊人联合起来，向约翰王施压。他们组建了议会，支持约翰的儿子亨利三世。他们还不只满足于恢复记忆中的贤人会议，事实上，他们组建的全国性议会超越了在征服之前的地方性老议会。

要是诺曼人把自己视为一支独立的种族，这样的事情或许就不会发生了。但是，从12世纪早期开始，可以看到，大贵族们所做的正是几乎所有外来统治者都会做的事，他们接受了融入新国家的身份。（我不想在此重复我个人同样的例子：从我的母国秘鲁移民到英国。同样的过程在不同国家、各个时代都可以看到。）

这种新的自我认定，部分反映出联姻和通婚的事实，部分源自诺曼人的家族在英格兰和诺曼底两岸分割地产——英伦岛上的继承人逐渐丧失了对岸的土地。还有部分原因，是他们为本地具有的成熟精巧的文明所折服。诺曼历史学家当然会讲法语，但他们的兴趣集中在英格兰而非盎格鲁–诺曼帝国的历史。马姆斯伯里的威廉[1]重述了不列颠岛自撒克逊人移入以来的历史，吉马的《英国人的历史》[2]很大程度上是一部盎格鲁–撒克逊编年史的法文版，甚至那些教会领袖——他们是几乎所有人眼中的外国人——也迅速地接受了盎格鲁–撒克逊圣徒的各种传奇故事。

诺曼人对新岛的兴趣，还集中于英国人管理自身事务的独特方式上，比如：他们如何驯化法律体系，契约神圣，以及在诺曼人看来同样重要的，他们如何组建、召开国家政务会。

英国性与普通法、代议制政府的结合，远远早于《大宪章》之成。1140年前后，英国出现了一部所谓"忏悔者爱德华的法律"，这是自诺曼征服四年后收集的老国王爱德华制定的法律的汇编集。如果你认为，这样的法典编撰事实上并不存在，不妨再想一想"古代良法"或者"不朽习惯"的理念。——而这正是英国政

---

1 马姆斯伯里的威廉（William of Malmesbury，约1080/1095—约1143），12世纪英国历史学家，在1120年前后创作了《盎格鲁国王史》，记载从449年到1120年间，英国国王事迹或者英国人的国王的事迹。该书被认为是英格兰最重要的历史著作之一，以有说服力的文档资料和清晰生动的写作风格而留名。

2 吉马的《英国人的历史》是法国文学史中最早的历史文献。这部编年史于1136—1137年撰于英国，是欧洲最早的以当地语言记载的编年史。这部编年史以八音节段落的风格写成，是歌颂风雅与骑士精神的先驱。

治的核心。根据该书作者的记载，征服者威廉于 1070 年召集全国的博学之士编制条例法。威廉的这一要求，不啻是盎格鲁－撒克逊经验的复兴，还是对亚瑟王时代就已经有的每年一度的民众大会的恢复——从那个时代开始，亚瑟王就已经被认为是历史人物了。

如今，这些事情已经可望而不可即了。它告诉我们 12 世纪的英国人如何看待自己的国家。据说，后世历史学家，尤其是19 世纪的学者，往往会将英国中世纪早期的原始民主因素浪漫化。一定程度上，他们有这个倾向。然而，他们这样做不正是抓住了古老传统的命脉么？！

无论如何，一个国家美化自己的过去，本身无可厚非。欧内斯特·勒南（Ernest Renan）就说："唯有塑造不真实的历史，国家方能形成。"英国之所以能成为例外，不是因为人种优越、军事强大或者岛国地理，而是由其法律、自由以及代议制所决定的。

1204 年，法国国王吞并诺曼底，将公爵领地纳入皇家资产，贵族们的决定时刻到来了。英国上层阶级不能再自视为可以兼跨海峡的贵族集团了；尽管他们的语言、音乐、诗文、穿着都保持着法式风格，但其政治倾向转变了。

只要诺曼底继续维持强大的自治状态，那么，依旧有可能作为盎格鲁－诺曼王国不可撼动的一部分。威廉和他的儿子们早已习惯大部分时间都待在那里，他的孙子亨利二世，在位 34 年 11

个月，有整整 21 年 8 个月的时间耗在海峡那头，占了执政时期的 63%。

然而，到 1204 年，诺曼底被法国王室占有，只剩加来（Calais，保留在英国手中直到 1558 年）和海峡群岛（作为诺曼底公爵而非公爵夫人的领地，至今仍承认英女王的统治权）两块地方为英国君主所占领。一国两岸不复存在，毋宁说，现在变成了一个英吉利王国，再加上一小块近海自治区。

与先祖之国的联系切断了，盎格鲁－诺曼寡头国王被抛回到他们所出生的国家。然而，盎格鲁－撒克逊身份对他们而言，却是完全陌生的。约翰王早就向外国趣味尤其是从他母亲那继承来的法国南部口味投降了。他们说欧西坦语（Occitan），而不是诺曼－法语。无论富豪，还是草根，都不肯承认他们。就像最经常看到的那样，外国人的出现只会增强本地人互守的家族意识。在维护《大宪章》的贵族中，我们能找到不少当年追随征服者而来的军官后代：克莱尔（Clare）、比戈德（Bigod）、曼德维尔（Mandeville）、维勒尔（Vere）、费茨沃特（FitzWalter）。对约翰王的反抗，对金雀花王朝的憎恶，把他们变成了英国人。在这里，我们再次看到盎格鲁价值的公民属性战胜了它的种族特性，在适宜的环境下扎根于全体民众心中。

实在不受人待见的约翰王无疑提供了这样的环境。很难想象还有比他更不成功的英国君主。唯一能与之一争高下的当属亨利二世了，同样成功地以出奇的固执、急躁和喜怒无常（此可集合为弱者之标志也)使得举国上下一体反对他。这两位国王之糟糕，可谓天定：若他俩哪怕再稍微可信一点，再少那么一丝嚣张，那随之而来的令人可喜的宪法改革也许都不会在其治下发生。

约翰是一个招人恨和怕的人，矮小，害羞，自负，背信，专断，他被疑下令杀害了亲侄阿瑟王子。当他死时，历史学者马修·帕里斯（Matthew Paris）写道，"如此卑劣，连地狱都被约翰王的恶污染了"。他的教名，尽管是这个国家后来若干世纪最常见的男孩名儿，从此不再被英国君主使用。

约翰在位时期（1199—1216），英格兰爆发了一系列灾难，首当其冲的就是丧失诺曼底。1209 年，约翰与教会的冲突达到白热化，以致教皇对整个国家实行了封锁。英格兰不得举行任何宗教仪式，甚至连婚礼和葬礼都被取消了。两年后，被逐出教会、宣告失败的约翰来了个 180 度大转弯，将他的两个王国（英格兰和爱尔兰，后者是由其父征服而获取的）拱手交给教皇，并以每年一千马克的代价回租。

如我们再三所见，征税在盎格鲁圈永远不受欢迎，然而，它又因君主的虚荣与无能成为必需。1214 年，当法国人开拔一支盎格鲁－日耳曼军队，收税成了压死骆驼的最后一根稻草。

男爵们对于国王肆无忌惮的征税与掠夺痛恨不已，他们提出的忠告也被一口回绝，此外，他们还对国王专美外国宠臣耿耿于怀。这一切，最终把他们推向了国王的对立面。他们从一开始起就把自己定位为英国人，在关键时刻，更是比英国人还英国人。这一回，他们毫不含糊地回到了英人的老路要求统治者对国家负责。

1215 年 6 月 15 日，在温莎堡附近，发生了真正具有全球意义的事件。政府应服从法律的理念第一次有了书面的、合约的形式。国王在一份文件上盖了章，从那天起，它就被视为了盎格鲁式自由的基本宪章。

这就是《大宪章》。

大宪章

1647 年 8 月的伦敦，深陷紧张与恐慌。英国内战几乎榨干了整个国家，把民众打回到石器时代。虽然国会取得了胜利，但有一点也变得越来越清楚：这个国家的实权掌握在军队手里，就是那支打败了国王查理一世的新模范军。此刻，士兵们正向首都挺进，没领到半文军饷，一路怒气冲冲。

国会为了表示姿态，任命模范军司令托马斯·费尔法克斯（Sir Thomas Fairfax）担任伦敦塔的巡警官。这位议会中的圆头党领袖上任后做出的第一个动作足以让人振奋，他要求将伦敦塔的镇塔之宝带到他面前。不是皇冠，不是王杖，正是那张早已干透的羊皮纸，上面的拉丁文字迹已很难辨认。

"这就是我们为之英勇奋战的，"费尔法克斯虔诚地说，"也是我们必须继续维护的，愿上帝帮助我们。"

费尔法克斯对《大宪章》的态度绝不是特例。英语民族的每一代人都将《大宪章》视为他们的《圣经》，制作抄本分存各处。18世纪，激进的国会议员约翰·威克斯（John Wilkes）也曾被关押于这座塔中。在狱中，他写道，《大宪章》正是"全体英国人最突出的特征"。他把美国人也算进有此资格的主体中，坚决支持他们维护自身的权利。因为疾恶如仇的性格，他一反常态地将苏格兰人排除在外，认为苏格兰人都是专制主义者和托利党人。英国20世纪最杰出的法学家丹宁勋爵，曾经这样评价《大宪章》：它是"所有时代最伟大的宪法文件，是个人反对专制政权、赢得自由的基石"。

从13世纪幸存下来的少量《大宪章》抄本，如今绝大多数都被供奉在英国天主教堂中，就像在宗教改革中被移出的圣骸。有一个抄本现在保存于堪培拉的澳大利亚议会大厦。另一个抄本高悬于华盛顿国家档案馆的大厅，紧邻《独立宣言》。如果我们想瞻仰形成盎格鲁圈的奠基性文件，不妨去这些地方看看。

如果你第一次拜读文件的内容，多半会感到匪夷所思。看到起草者们在《大宪章》中规定如何处置威尔士人质、如何向犹太人借钱以及如何在泰晤士河设下鱼梁，别提有多搞笑了。

《大宪章》一直是不列颠法令全书的一部分，在此过程中，其绝大部分条款在19世纪时废弃了。这段时期，英国清理了成百上千件古代和中世纪法，只剩下三个条款至今仍然有效。

那么，为什么只要讲英语处《大宪章》皆能享有尊荣的地位？

是什么使它如此与众不同？起码有一点可以确定，那就是，在不列颠法令全书中保留下来的三个条款绝不是可有可无的：其一，不得侵犯教会自由；其二，伦敦城以及其他城市、市镇均保有其旧有之自由；其三，也是最重要的，即第29条，是我们今日所理解的正当程序的基础。

> 任何自由人，如未经其同级贵族之依法裁判，或经国法判决，皆不得被逮捕，监禁，没收财产，剥夺法律保护权，流放，或加以任何其他损害。

请再次注意"国法"一词。国法指的是哪些法？很明显，不是国王的法令，因国王在这里正是要同意接受国法的制约的，也不是聚集在国王身边、在《大宪章》上盖章的那些主教和贵族，他们也同样要发誓遵守这些比他们更大的东西。被《大宪章》奉若神明的、不惜以明文形式规定下来的，正是这个国家中最高的权力。这种最高权力，不是行政权，而是一套确定的法律原则；并且，行政权若与之冲突，则法律高于政府。

正如18世纪法学家威廉·布莱克斯通（William Blackstone）在解释这一条款时所说：

> 既然在英格兰，法律是每个人生命、自由和财产的最高裁判者，那么，法院就必须在任何时候都要服从法律，

由此，法律才能被执行。普通法依靠的不是哪个法官的个
人意志，它本身就是永恒的，确定的，不可更移的，除非
被国会修改或废止。

　　可以说，布莱克斯通和洛克一样，也是美国革命的教
父。他的巨著《英格兰法释义》（*Commentaries on the Laws of
England*）被称为继《圣经》之后十三个殖民地拥有读者量最多
的书，每个律师都在自己的公事包里备了一本。事实上，北美对
《大宪章》的热情始终比英国人更高（扬基佬在那时候就和现在
一样，喜欢把《大宪章》这个词当做一个特定名词）。

　　《大宪章》加盖王室印章的地方靠近兰尼美德（Runnymede），
正好在我的选区内。此地一直很不起眼，直到 1957 年美国律师
协会在这里建造了一座《大宪章》纪念碑。碑上的献词，正是给
每一个想问为什么我们今天还要对八百年前国王和贵族之间签
订的这个协议如此小题大做的人的答案：“纪念《大宪章》，法
律下的自由的象征。”

　　2012 年，美国电视节目主持人大卫·莱特曼（David
Letterman）在一期娱乐节目中采访了英国时任首相戴维·卡梅伦。
节目中，卡梅伦不知道《大宪章》的英语（常用的 Magna Carta
是拉丁语）怎么说（温斯顿·丘吉尔曾经在下院为“在场的老伊
顿公学校友们”翻译过《大宪章》的拉丁文版），首相的美国观
众们则明显比他熟悉得多。这也没什么好奇怪的，因为美国本身

就建立在最纯粹最正统的盎格鲁政治原则之上，人们当然对宣示这些原则的第一份书面申明情有独钟了。

我带着孩子们去林肯大教堂参观现存于世的四份《大宪章》手抄本中的一份，那里既不热闹也无需排队。但就是这份《大宪章》手抄本于 1939 年在纽约巡展时，有 1400 万人涌来一睹真迹。第二次世界大战爆发时，这份羊皮纸抄本还在美国，一直被安然无恙地保存在福特诺克斯堡避难直至 1945 年。它不愧是我们能想见的英语国家为之浴血奋战的最为贴切的象征。

美国自初建之始，便何其幸运。第一个定居点落成时，正值英国国内的宪章运动达到最高峰。17 世纪头三十年间，殖民先驱们在弗吉尼亚和新英格兰开基立业，英国国会议员和律师们正公开发表反对斯图亚特王朝的宣言，他们自认享有与当年举国上下反对约翰王同样的特权。

在爱德华·柯克爵士（Sir Edward Coke，这个姓在英语中听上去像"厨师"）这位杰出的法学家及议会领袖的领导下，议员们提出，新王朝破坏了"古代宪法"。国王詹姆斯一世以及他的儿子查理一世（更是变本加厉）被控任意加税，解散国会，侵犯法治。在对国王的控诉中，议会权力的支持者明确地将他们的事业与前代人反对王权的运动联系在一起。他们扫荡了图书馆，遍寻可以支持他们对"古代宪法"解释的中世纪文献。几乎每一次，他们都发现自己又回到了《大宪章》。

而在那些动荡的年月，跨过大西洋的英国人与柯克爵士的观点相当合拍，因为他们这些人本身正来自最同情激进派的地区。尤其是在清教徒中，支持议会至上的呼声最为强烈。从地理分布上，这些人集中来自英格兰东南部和东部沿岸（柯克本人就来自诺福克郡，这是英国东部地广人稀、平坦开阔的新教地区）。第一代北美人，尤其定居新英格兰的那批移民，大多都来自这一地区。

他们来到新世界，敏锐地意识到自身的权利也如英国人一样与生俱来。在起草殖民地宪章（最为有名的，比如《马萨诸塞自由宪章》）的过程中，他们有意识地使用《大宪章》的语句。1638 年，马里兰获得许可，承认《大宪章》是本省法律的一部分。最早的弗吉尼亚宪章诞生于 1606 年，基本上就是由柯克本人负责起草的。

早在 1687 年，北美大陆就首次印行了《大宪章》副本。该副本收录于威廉·佩恩（William Penn）所著的《论自由与财产权之优越性：作为生而自由的英国臣民的天赋权利》（*The Excellent Privilege of Liberty and Property: being the birth-right of the Free- Born Subjects of England*）一书。威廉·佩恩是宾夕法尼亚殖民地的创始人，他毫不怀疑正是《大宪章》将英语民族和世界上其他国家区别开来。

在其他国家，法律仅仅是国王的意志。君主一言，可叫人头落地，税率高涨，或者原属某人的土地一夜间充公。

而在英国，每个人都有一套与生俱来的、确定的基本权利，尤其是人身自由和属于他所有的财产。非经他本人同意，或因犯罪而接受法律的惩处，这些权利不可剥夺。

当然，英国人和美国人对于《大宪章》的理解，也存在一些细微的差异。英国的宪法理论倾向于议会主权，由此，《大宪章》的意义更多地被认为催生了代议制政府。相反，在殖民地，对于《大宪章》的认识则与成文契约关联在一起，因此，它被认为同时居于议会和王室之上，这一信仰后来导致了美国宪法的诞生。

有一点需要解释一下，美国爱国者并没有提出什么受《大宪章》精神启发而产生的新理念。他们将这一文本本身视为其所继承的遗产的一部分，所以，当他们意识到乔治三世侵犯了这份遗产时，便毫不犹豫地拿起武器来保卫它。

那些提出"无代表不纳税"观点的小册子作家也没有宣布什么自然的或者普世的原理，毋宁说，它就是作家们的先辈横渡大西洋所带来的自古习得的古代宪法的一部分。《大宪章》第12条便是它的出处："设无全国公意许可，将不征收任何免役税与贡金。"

1774年第一届大陆会议上，代表们明确地将他们的行动和兰尼美德的贵族、英国内战中的议会派联系在一起。会议宣言痛陈的殖民地所受苦难正与《大宪章》所载如出一辙："每一殖民地都有权适用英国普通法，尤其是依照法律，由近邻之同辈审理的宝贵权利。"乔治国王的行政班底侵犯了这样的祖传权利，违反了"英国宪法"，会议代表被迫起而反抗君主，"就像英国人的祖先为捍卫他们的权利和自由所做的那样"。

1775 年，马萨诸塞州采用了一位一手拿《大宪章》、一手持剑的爱国者的形象作为该州印章的图案。

独立以后，《大宪章》的精神和语言被保留在美国宪法尤其是权利法案当中。第五修正案就是对《大宪章》第 29 条的回应："未经法律的正当程序，任何人不得被剥夺生命、自由或财产。"

《大宪章》或许没有正式出现在美国的法令全书中，但它被最高法院引用已过百次之多。

1937 年，富兰克林·罗斯福总统破坏宪法的作为引起了得克萨斯法学家哈顿·萨姆纳斯（Hatton Sumners）的警惕，他为此发表了一篇有关美国宪法理论的真挚恳切的声明。他说：

> 有一条笔直的路，从兰尼美德通向费城。我们的宪法条文不是从英国宪法中"借"来的，它们源于人民；这些条文就是我们自己的，先辈们浴血奋战，为之付出了生命的代价。我无需再重复这一事实。我要告诉你们，我们的宪法来自一个懂得自我管理的民族共同体。但是，如果它得不到实施，我们将失去这一能力。

宣布《大宪章》在 17 世纪"复活"了，是一个相当流行的做法。这份文件在各类完全无关的宪法讨论中被频繁地拉出来作为某种证据。然而，除了作为一个走投无路的国王和来势汹汹的贵族们的城下之盟（而且这桩交易但得国王能摆脱它时便被抛弃），我们看不出还有什么别的意义。不少历史学家至今仍是这么做的，因为他们不敢表达那些看起来可能会为沾沾自喜的、时间错位的或者是辉格党式的历史观"背黑锅"的观点。

然而，《大宪章》在整个中世纪不断被引用的顽强的历史恰恰印证了辉格党历史学者后来所表达的观点：它是反对专制政府侵犯个人自由的防护栏。爱德华一世治下饱受苛税之苦的臣民抓住了它，迫使专断的君主在1297年重新发布这一宪章。14世纪贵族和议会监督政府的斗争中也不断引用它。1369年，同样专断的国王爱德华三世颁布了一部条文法，宣布《大宪章》具有宪法效力，其他所有法律皆在《大宪章》之下："任何条文法若与《大宪章》相悖，皆宣告无效。"

到15世纪为止，《大宪章》为历代国王重颁不下40次。爱德华·柯克勋爵曾在故纸堆中发现了一个《大宪章》副本，就此认定该副本乃是秉承《大宪章》最早立意的"镜像"。这种看法显然忽视了宪章颁布四个世纪以来历经的种种变化，也遗漏了《大宪章》在实践中产生的直接后果，即它建立起了一个旨在谈判中钳制君主的选举式议会。

重开议会

缺乏执行机制的宪章只是一纸空文。这一点似乎显而易见，但要真正理解，却何其困难。我们这个时代见证了太多国内、国际的人权公约和人权宣言。在这些公约和宣言的实施过程中，权力大多从选举产生的代表手中转移到不计其数的行政官员和法官手中，最终，我们得到的自由大打折扣。然而，如果不对人权原则采取不温不火的态度，我至今仍找不到得出这一结论的方法。

应当说，在《欧洲人权公约》或者欧盟《基本权利与自由宪章》中确立的准则，与东德或者苏联宪法所承诺的并没有什么区别，比如言论自由、集会自由，等等。但是，东德或苏联的公民们都清楚，缺乏民主的监督机制，这些纸上的权利什么价值都没有。在盎格鲁圈，权利传统上是和代表机关联系在一起的——这样的联系可以在《大宪章》中找到源头，而由此开启的时代又延续了这样的联系。

《大宪章》差一点没能加盖上国王的印玺，因为约翰王在签署后随即又反悔了，直接将英国推入内战。但是，正当战事陷入僵局，这遭天谴的国王终于为他的国家做了件好事：死得早不如死得巧。1216年10月，约翰死于纽瓦克城堡（几乎可以确信的死因是痢疾，但也有史料说是因为国王吃桃太多）。

他9岁的儿子亨利三世，戴上了王冠。真是英国之幸，新王的母亲完全没兴趣管她的幼子，权力转移到了贵族组成的御前会议手中。我们可以看到御前会议数度集议的记录（差不多从13世纪30年代开始，该御前会议就被称为议会了）：设置税率，通过法律，讨论对外政策，以及提名各公共职位的候选人。简而言之，即便御前议会的代表构成与今天的不一样，该组织从功能上也与我们现在的议会并无二致。

　　按照现代标准来衡量，这些议会有什么不同寻常之处吗？有一点是千真万确的，当时的欧洲各国，也有不少大地产主和类似的咨询会议，其中部分来自王室章程的授权。但是英国议会确实非常特殊。因为英国议会不是君主意志的产物，而恰恰正是高于君主的，也就是法的裁判者与保护人，它的法律地位、代表性以及权威性非常独特。

　　1227年，一位法国写信人对法国和英国统治者的权力作了一番比较。他写道，如果法国国王想要发动战争的话，那么，他只需要去问两个人：他的首席顾问和王宫总管。但是，如果英国国王想这么干，他就得对付一个机构俨然的咨询会议中的一大帮顾问了。这就是后来的约翰·福蒂斯丘爵士（Sir John Fortescue）在1470年前后所定义的英国"公共及王室政府"与窄得多的法国"王室政府"的早期版本。

　　亨利三世幼年统治时期非常关键，因为它建立起了《大宪章》所构想的议会制政府的具体模式。但凡约翰能再活久些，《大宪章》的诸多理想恐都难实现了。在中世纪，谦卑的国王是稀有动物：只要是扔给他的，很少有人不挥舞起这权力大棒。摄政王代表了权力分散的独特机会，这是靠贵族们在兰尼美德的胜利所赢得的，英国贵族抓住了它。

果真如此——一俟成年，亨利三世这个妄自尊大又摇摆不定的人，立刻开始挣脱议会的束缚。他一次又一次违反《大宪章》的规定和精神，干扰普通法，无视御前会议，搜刮民脂，并且和他父亲一样，量宫廷之物力，结法国南部和其他外国"友邦"之欢心。

然而，当时的英国政治阶层已经具备了应战的第一手经验。经过同意的、合议制的政府概念已经不再仅仅是纸上画饼，它有了新鲜的回忆。绝对君主制的反对者对他们所追求的目标有了一个清晰的理念，那就是，存在着某些高于国王职能的形式上的权力。并且，他们掌握着实现这一目标的机制：对国家钱袋子的控制。

正如在之后那样，在13世纪，国王和议会的短兵相接也主要集中于财政问题。亨利三世总是求钱若渴。他再三想要夺回父亲丢掉的法国领地，不惜耗费巨资兴建忏悔者爱德华的神龛，因他将其奉为本家族的创始人。他还想为次子埃德蒙买下西西里的王冠。同时，他生性夸张浮华，无论是其个人生活方式，还是他认为对于君主而言，慷慨奢华就是最合适的方式。他兴建了伦敦第一个动物园，有一头大象，一只犀牛，一只在泰晤士河游泳的北极熊，还有狮子（参观者被要求给狮子带只猫或狗来以作为门票）。

　　按当时的标准，上述种种烧钱的项目，可称得上天文数字：1242年，远征普瓦图（Poitou），8万英镑；1253年，另一场对加斯科尼（Gascony）的冒险，3.6万英镑；建忏悔者爱德华陵，扩建威斯敏斯特大教堂，4.5万英镑；购买教皇的债权，以换取教宗支持埃德蒙成为西西里王位候选人，9万英镑。议会当然不情愿批准这些开销。要想议会同意，除非能有所回报。举例来说，1225年，大御前会议通过了国王可对移动货物征收十五分之一的税金以作为对法作战的军费，条件是国王需重新颁布《大宪章》。这次交易（花了一周以上的时间）确立了以后若干世纪得以延续的模式，即，行政部门要求某项经费，立法机关会相应提出某个议题，最终立法机关批准此项经费，但由此带来的负担需得到补偿。

　　在亨利三世统治时期，这样的负担真是五花八门，因为国王既无视议会，也不拿《大宪章》当回事。"以国王的意志"肆意征收，皇室颁布的永久性章程被推翻，继承人流亡于封地之外，女继承人为了王室利益结婚，为提高财政收入的各种苛捐杂税和强行摊派师出无名。

　　议会的支持者想方设法，终于为他们的机构争得了官方地位，一个贵族组成的永久性咨议会最终确立，并在对外事务、皇室任命及大政方针等问题上享有正式发言权。与此同时，议会开始定期召开，逐渐将地点固定在威斯敏斯特。

　　国王起初迎合这些改变，是急于从国会那获得直接征税权。

但是，在 1261 年，因为有了教皇做靠山，国王寻求再次显示他的权力，发动了内战。议会改革派在亨利三世的妹夫——法国人西蒙·蒙特福特的领导下，打败了皇家军，生擒了威尔士王子（也就是后来的爱德华一世）。蒙特福特后来被历史学家热情洋溢地称为"英国爱国者"，他的塑像也被敬奉在美国众议院。1265 年，蒙特福特在威斯敏斯特召集议会。

历史学家传统上将这次会议视为在同一地点召开至今的议会的起点。"蒙特福特议会"与此前所有会议的不同之处在于，蒙特福特邀请每个郡派出两名"谨慎且合法的"骑士，主要市镇派出两名自由民。比起当时的欧洲，尤其特别的是，他还要求上述代表通过直接选举产生。用今天的话来说，就是选举向每一个自由有产者开放，直到两百年以后，议会才设定了一个纳税门槛来限制选举权。

历史极少能提供泾渭分明的起点和终点。骑士们以前就参加议会，所以入座也理所当然；自由民则是偶尔会加入进来。从那时开始，议会就各种干扰不断。蒙特福特后来输掉了内战，战死疆场。直到 1275 年，骑士和自由民才开始在威斯敏斯特碰面；而到 1295 年，他们的会期也逐渐被认可为常规性的。1320 年以后，骑士和自由民在议会有了单独的席位，他们与领主和主教分席而坐。再后，因为 1489 年一个司法判决，确立了法律必须经两院而不仅仅是上院通过的规则。

至此以后，下议院（就像今天所称的那样）的地位不再晦暗不明。但也有很长一段时期，根本没有议会议员。这种情况甚至一直延续到 17 世纪：查理一世在 1629 年到 1640 年期间，实行了无议会统治。要不是他需要财政支持他讨伐苏格兰，他完全可以彻底取消议会了。下议院高于上议院的优势地位尽管实践中早成惯例，却要到 1911 年才经法律得以确认。

我们也不要以为议会代表性的不断增长是一帆风顺的事。地理区域的改变与选区的改划相结合，使得选举权既可扩大，也可能缩水。按照某一标准，1832 年《选举改革法》通过前夕，下院所拥有的代表规模甚至比 5 个世纪前的还小。有一些"衰败选区"，那里人口锐减，只剩下不足百人有选民资格。还有一些"口袋选区"，本地大佬，或者更多时候就是现政府，即可操纵议员的提名。然而，不管出于什么动机或者目的，一些新兴的工业市镇却无权选派代表。直到 1918 年，全体成年男子才获得普选权；1928 年，这一权利扩展至全体成年女性。

无论如何，西蒙·蒙特福特都可称得上"议会之父"。如果说上院诞生于兰尼美德，那么，下院则脱胎于半个世纪之后的蒙特福特在威斯敏斯特召集骑士和自由民的选举。各郡和自治市分别产生代表的模式一直延续到 19 世纪。下院的基本功能——批准职官人选，讨论国家大政，以及最重要的，控制国家的钱袋子——在近 8 个世纪以来基本不受干扰地得到了实现。

才华横溢的保守党议员因诺克·鲍威尔（Enoch Powell）曾经写道："在这个国家，议会是一个充满魔力、代表权力的词语。"英格兰议会不是世界上最古老的议会。冰岛在公元930年建立了联合大会（Althingi），但它的存在有过中断。马恩岛议会（Tynwald）自970年创建以后，从未中断。

英国（也就是后来的大不列颠、现在的联合王国）议会的特别之处，在于其合法性及由此带来的权威性。这个国家中几乎所有重大的宪法事件——约翰王和亨利三世统治时期的内战、废黜爱德华二世和理查二世、宗教改革、英国内战、光荣革命及联合法案——最后都变为了议会事件。

从20世纪60年代开始，鲍威尔试图阐明英国性的特质。他正纠结于英帝国在那一时期的终结。作为一个狂热的帝国支持者，鲍威尔和他那个时代的其他英国人一样，从来都把自己（至少部分是）看作一个帝国公民。随着各殖民地纷纷独立，他越发热切地渴望为英国的民族意识找到一种更持久牢靠的外部形势，为此甚至把触角伸进英语民族迈向大海前的若干年代。然而，当他找到了英国性的本质时，却发现，这份天赐之礼正是讲英语者漂洋过海一路携带并最终成为整个盎格鲁圈共同财富的议会政体。

在1961年的圣·乔治日，鲍威尔发表了一篇演讲，想象英国人在历经漂泊与征战后，返回故乡，找到自身民族性的秘密。这篇演讲辞值得长篇引用，不光因其优美的韵律，更主要还在于它阐明了英格兰——后来是英联邦、再后是整个盎格鲁圈国家——议会的独特地位。

重返时光之旅，我们的目光越过 18 世纪的近卫军和哲学家，越过 17 世纪的民兵和牧师，穿过伊丽莎白女王开启的艰苦的海外探险的岁月和都铎王朝的物质匮乏时期，最后，我们在那些乡村小教堂的朝东的石质中棂窗户下，在精美装饰的祷告堂拱顶下，找到了他们。

他们的目光，从黄铜制品和石雕板及雕塑和石膏线条后面注视着我们；我们亦望见他们，仿佛从他们的沉默中得到了答案："告诉我们是什么把我们团结在一起，给我们看看这穿越千年的线索；告诉我们这无忧无虑的英格兰生活的秘密，以及在我们的时代怎样才能学会最快地掌握它。"他们会诉说什么？

他们会用我们自己的语言来向我们倾诉。这语言隐秘道出真理，它的旋律汇成歌谣，萦绕不去，有如春日的忧伤。他们会向我们诉说这片阔大的土地，一年四季，气候各有精彩，会堂、村舍、教堂，那是他们的家园。刺李花开随风扬，昔去落满古人头；人生代代无穷已，今来年年吹如雪。他们会向我们诉说英格兰的河网山涧、丘陵台地、白崖岛岸。

无论兰开斯特人还是约克党派，乡绅或领主，牧师及信众，所有这些中他们最不忘指明的，是英格兰的王室和她随处可见的徽章。

他们也会向我们讲起临近罗马人建在泰晤士河边城堡的宫殿，来自全英格兰各地的人代表他们的同胞在大厅聚会。他们身着毛皮镶边长袍、头戴奇怪的帽子，对相同的案件作出同样的裁判，递送出同等的公正。

议会不仅仅是代表们聚在一起决定国家大事的地方，它是法治的最高监督者，个人自由的最后防护栏，以及国家例外主义的典型标志。

这种例外主义从一开始即已存在。第一批讲英语者从日耳曼森林深处走出来，信守着如下观念：他们认为法律是整个部落的共同财产，而不是哪一个首领的意志。他们也带来了一种部落事务须经公开大会讨论并决定的传统。他们甚至还具有其后代称之为"同意政府"的观念，如果塔西佗所言可靠的话。

罗马衰亡后，这些政治观念在各日耳曼国家发展出不同的表现方式。御前会议和咨议会遍及欧洲各国，它们既承担司法功能，又是立法机关，某种程度上，它们裁决纠纷，同时也批准法案。

在整个西方世界，这一传统在9世纪到11世纪期间终结了。国王和贵族做了所有时代所有国家的统治者都会做的事情：为了他们自身和其后代的利益，使用暴力来操纵统治。贵族变成了法律上享有特权的唯一阶级。大地产拥有者在各自领地上享有近乎专断的权力。国王受到限制，但限制并不是来自法律，而是与他的大封臣们达到平衡。在市镇以外的地区，封建主义、农奴制与世袭地位是最普遍的。

普通法和民众大会仅在北欧世界的很小部分地区幸存下来，

而在英国则开出了灿烂的花朵。使英国变得如此例外的，正是它作为一个民族国家的早期发展。这样的发展，很大程度归因于其地理位置。讫至10世纪，英格兰不仅仅是一个岛，也毫无疑问是不列颠岛上具有绝对优势的国家，威尔士和苏格兰王子需要定期到英格兰宫廷来表示效忠。一种共同的身份，也就是我们今天称之为"公民社会"的认同感产生了。那个时期的政府强大而富裕，然而，只需维持相对很少的军队。所以，能拥有相对独特的议会的地方都是岛国，比如冰岛、马恩岛，并非偶然。

到11世纪时，英格兰已经可以享受早熟的宪制政体了：国王必须受制于法律，而法律是被贤人会议决定的；司法制度对于显赫的伯爵和卑微的下层自由民一律平等适用。

1066年后，国家臣服于欧洲的封建主义，这是一个严重的倒退。但是，尽管土地占有模式、教会制度、议会议程和王室权威都发生了改变，但盎格鲁－撒克逊的行政管理体系在地方一级依然保留了下来。郡和百户区法院继续依照普通法体系运作，到12世纪中期，上升为全国一级。这些法院系统是代议制政府观念生长的沃土，最起码，它使重大决定需获公共大会支持的观念得以延续。

最后，这些观念影响了盎格鲁－撒克逊贵族，他们从13世纪早期开始，逐渐将自己视为英国人，对英国人自古以来有权要求统治者对国家负责的方式产生了兴趣。这一演变的结果是《大宪章》，以及同样重要并确保条款被执行的全国议会。

我们将会看到，从 13 世纪的早期议会开始，通往现代民主的道路充满了坎坷，有时甚至还是一段扎脚的煤渣小路。但是，让我们先在这里打住，转向盎格鲁圈例外论的另一个方面。这个方面——也就是从本质上将英语社会与欧亚大陆区别开来的社会组织的特殊性——我们此前尚未考虑过。现在就让我们来探寻现代资本主义的源头。

第四章
自由与财产

每一个生而自由的英国人都是生而就有的自由和财产权的继承人。这样的权利无人可及，除了在英国，全世界范围内其他任何国家都找不到。所以，我们希望所有人能正确地理解到他们自身的幸福。

——威廉·佩恩，1687

在英格兰，大部分普通人最晚从 13 世纪开始就已经是奔放的个人主义者了。他们具有很高的地理和社会流动性，经济上很理性，以市场为导向，有求必吁，在家族和社会生活中以自我为中心。这对于现代英国人来说，也许一点也不奇怪，因为他们世世代代都是这样。

——艾伦·麦克法兰（Alan Macfarlane），1978

盎格鲁圈例外论

2010 年，我在欧洲议会曾经代表我的党派担任过很短时期的前座发言人。这段经历不甚愉快，我需要起草、审查一个法律草案以协调全欧洲的继承法。这是一个技术性法案，主要涉及在未立遗嘱的情况下，生前移居其他欧洲国家的死者的财产处置问题。在这一问题上的法律规定，暴露出英国和欧洲大陆国家财产权的显著差异。

在大多数欧洲国家，个人不得任意将他的财产遗赠他人。比如，有的欧洲国家法律会将死者财产的一定份额保留给他的配偶和子女，而在有的国家，你在立遗嘱时，只能对你财产的三分之一有自由处置权。

相反，在英国，和在大多数盎格鲁圈国家一样，你基本完全可以按你的心意来处理财产——至少，交完遗产税以后的那部分归你处置。如果你想把每样东西都交给信托人，让他来照看你的猫，这完全取决于你。或者你改变了心意，只想讨好你新交的十几岁小女友或者小男友，那你的子女可就不走运了。

意愿和继承常常等量齐观地出现在盎格鲁圈意识中。大量英文小说都触及了这一点。我们早已将绝对所有权视为理所当然。

然而，普通法对待财产的态度，在全球范围内看来，还是非常独特的。这里有必要做些解释。从表面上看，大多数罗马法国家采取的做法，看上去更为理性。为什么死人的愿望应当凌驾于生者的需求之上？无论如何，在考虑财产如何才能更有效地分配时，活着的人应当占有更重要的位置。

回答触及了不同社会对于所有权的不同理解这一核心问题。如果所有财产最终是属于部落的、家族的或者国王的（或者，在今天，属于国家的），那么，由部落成员（或者今天的政府官员）来决定资源的配置就是最合理的做法。在这样的社会，所有权事实上就是某种形式的租用权：一种排他地享用特定资产的权利。这样一种权利通常不能延长至死亡以后。

人是一种社会动物，大多数人类社会都将部分财产视为是共同占有的。在有法律之前，有城市之前，有庄园之前，有工具之前，甚至在有文字之前，男人和女人就生活在亲属团体中。从史前时代到前现代（甚至，实际上到现代世界大部分地区），最基本的经济单元还是扩展型家庭。调整所有权与流转的法律就是在这一背景下发展演变的，所以，自然地，宗族优先于个人。

财产代表着单个个体所享有的完全所有权，这一观念是讲英语社会所特有的。我在欧洲议会所遇到的分歧不仅仅将英国和欧盟其他部分区隔开来，也将盎格鲁圈和整个地球从本质上区分出来。因此，很多殖民地都遭遇了讲英语者和本地住民之间产生的误会和冲突。

当习惯了普通法财产权的拓殖者们到达北美、非洲、新西兰，甚至是数世纪前的爱尔兰，他们会发现其财产权观念早已超出了本地住民的理解范围。拓殖者当然会买地，然而，本地人没有他们的部落将永久性失去土地的概念。在本地人眼里，他们出售的是使用这块领地上的资源的权利，因此，一个人不可能拥有比拥有风或阳光更多的权利。

我们一次又一次在土著居民——切诺基人（Cherokee）、毛利人（Maori）或者吉库尤人（Kikuyu）——的控诉中听到同样的不满。他们说，殖民者窃取了他们从祖先那里继承下来的遗产，或者在他们没有充分理解的土地交易中欺骗了他们，或者贿赂某个首领签订了未经他们授权的协议。当然，有的殖民主义者的确肆无忌惮、为所欲为，导致很多直接演变为偷盗的行为。同时，也存在一些理解上的根本分歧，正是这些分歧最终导致了原本可以避免的流血事件。

盎格鲁式土地法在很长时间内都没有引起人们的注意。历史学家们总是有意无意地倾向于从广义的马克思主义视角来观察社会历史。按照马克思主义的教义，在过去五百年间，农民社会让位于资本主义社会。前者是固定的、乡土的、等级制的和大体上自给自足的；后者是个人主义的、专业化的、以货币为基础的和竞争性的。

马克思自己也非常有兴趣把英格兰作为证明他理论的一个样板。他相信，英格兰是资本主义最早萌芽的国家，所以也必然最有可能第一个爆发社会主义革命。

马克思教导说，英格兰直到 15 世纪仍然是一个农民社会，其后开始逐渐向市场经济转化。他说的"农民社会"，指的是建立在自给自足的家庭和封建义务之上，而非货币基础上的经济形态。他写道："（英国的）生产模式仍然不具备典型的资本主义特征。"土地被视为一个普通家庭通过继承而得来的家产，而不是一个可以自由买卖的商品。基本的经济单元不是个人，而是农民的庄园。"归根结底，整体经济是由一个个家庭构成的，家庭自成独立的生产中心，比如：在其中，手工业制造被视为妇女的次要家内职业。"

马克思认为，当货币租金开始取代其他类型的租金时，这一转变导致了"贫困的白日劳工阶级的形成"——也就是那个日后受雇主剥削的阶级。

马克思提出，他的经济模型来自经验的、科学的事实，而非一种政治观点。他的追随者几乎一字不落地追随这一历史主义路线。性格随和的弗里德里希·恩格斯写道，在英国的"自然经济"状态下，家长总在不断地变，而农民工人构成了"铁打的营盘"，他们在其位于农庄内的各自家庭的支持下，生产出几乎所有他们需要的东西；现在，"自然经济"已经被"资本主义经济"所取代，后者"瓦解了所有自古习得的以及传统的关系，用贸易和买卖取代了源远流长的习惯和历史权利"。一百年后，受人尊敬的左派历史学家克里斯托弗·希尔（Christopher Hill）也发表了惊人相似的言论，尽管他把这一经济模式转型的时间稍微推后了一些：

1530 年，大部分英国男人和女人都居住在乡村农舍

（大部分都是小泥舍），经济上自给自足。他们穿着毛皮外套，吃的是盛在木盘里的黑面包，用不起叉子和手帕。到了1780年，英国一步步实现了工业化：砖房、棉布衣服、白面包、餐盘和刀叉餐具，这些即使对下层阶级来说也是唾手可得的。

读到这些文字时，我们往往会感到非常惊讶，作者似乎并不是什么马克思主义者。然而，这样的观点连同马克思的其他很多观点一起，在学术圈逐渐变成正统，以至于我们已然不知道它们到底是由谁第一个提出来的。实际上，几乎所有的知名学者在从家庭自给自足经济转向现代资本主义经济这一问题上，都追随了马克思，尽管他们在转型到底何时发生以及导致转型的原因是什么等问题上可能各持己见。社会学的主要创始人之一、德国哲学家马克斯·韦伯认为，清教主义与自由劳工阶级的形成同样重要，它培养出了节俭而非慷慨的品质。

英国最有影响力的历史学家R.H.托尼（R.H. Tawney）赞同韦伯的观点，并提出从"分配型的"天主教伦理向"索取型的"新教伦理的转向。然而，两位大学者和那些追随他们的社会历史学者一样，都毫不犹豫地接受了马克思关于从自给自足的家庭单元（所有人在家庭中工作并参与分配）转型为原子化的个人通过货币形成彼此社会关系的这一历史进程的解释。托尼对于农民家庭单元的描述，其雄辩之势超过了他所回应的马克思主义者，他说："这就是一个迷你的合作社会，同住一个屋檐下，从属于同一个产业，这个经济单元里不仅包括男人、妻子和孩子，还有仆人、长工、犁田者和打谷者、放牛人和挤奶工，他们同住同劳作同玩乐。"

如果我告诉你这样的观点其实就是正统的马克思主义，你肯定会感到很震惊。其实，只要在学校学过一点社会历史学，大多数人应该都接受过这样的教育。不计其数的历史小说和戏剧也在不断强化这一观点。这样的一幕，还在全球瞩目的2012年伦敦奥运会开幕式上演：田园牧歌式的乡间，快乐的牧羊女簇拥在主人身边，主人打发农人们去磨坊和烟囱林立的工厂干活儿。

马克思对于社会转型的原因的分析征服了左派，并由左派广为传播。他所给出的解释大部分是对的；或者应当说，除了一点，其余都是对的。他概括出几乎每个欧洲国家都经历过的历史，尽管这一进程在各国的发生有先有后。这一解释不仅仅适用于欧洲，也适用于俄罗斯、中国和印度。这一理论概括对于几乎所有欧洲和亚洲社会都有很强的解释力，而唯一不能适用的地方，就是马克思本人所说的：英国。

英国农民在哪儿？

我在前文中谈到过1381年农民起义，如何评价这一血腥的历史事件？目前有很多不同的观点：有人将其视为一场自耕农阶层对农奴处境的反抗，这一阶层在黑死病造成人口锐减后，其影响力不断壮大；也有人认为这是盎格鲁－撒克逊人对讲法语的贵族统治的最后一次反抗。但无论持何种观点，当时的人们都不会称它为"农民"起义，因为理由明摆着，英语中根本没有"农民"这个词。或者更准确一点，这个词只有在谈到外国人的时候才会使用，来自对法文词"农夫"（paysan）的直接翻译。

这个词在英文中不存在，是因为它所描述的事实在英格兰不存在。那个时代的人对"农民"一词的理解，正如今天的历史学家对它的理解。"农民"并不仅仅意味着住在乡下的人，也代表着被马克思、韦伯、托尼以及其他人所定义的某种社会经济特征。

按照广义的定义，一个农民是束缚于他的家庭所有的土地的。而他不可以随心所欲地处置这块土地，这是他的扩展型的家庭单元的共同遗产，只有在亟需援助或经全体男性继承人同意的情况下，土地才可以买卖。农民的家庭单位倾向于在其内部完成生产与消费，同时附带极少量的交易。家庭所需的主食可以栽种或者驯养，只有奢侈品和稀罕物需要通过交换获取。即便如此，交换也常通过以物易物而非现金交易的形式发生。货币也是有的，但通常被当作一种储备资产，而非交换工具。

这样的农民社会形态存在于欧洲和亚洲的整个中世纪：从16世纪开始，出现于西北欧洲；到19世纪时广泛存在于欧洲东部；20世纪，遍及俄罗斯。

英格兰的乡村经济始终不被认为与它的邻国存在什么实质

性差异。直到 20 世纪 70 年代，年轻的牛津历史学者艾伦·麦克法兰开始研究英格兰中世纪各教区的历史记录。他惊奇地发现，史料记录的社会组织形式完全不符合通常所称的"农民社会"的标准。乡村社会的共通性横穿整个欧亚大陆，从太平洋一直到大西洋，却止步于英吉利海峡。

在欧洲大部分地区，土地所有权是固定的，庄园被视为一种不可剥夺的祖上传下的遗产。在英格兰则相反，最迟从 13 世纪开始（因为更早的记录难以找到）便有了活跃的土地市场。在欧洲大部分地区，子女会在他们父母的农庄干活儿，以换取食宿而不是领工资。而在英格兰，子女通常长到十来岁就离开家，要么去做学徒，要么到别处去工作——这一点往往会让外国观光客们大感惊诧，甚至偶有微词。家里的农活儿往往是由雇来的人手干，并且给付竞争性工资。在欧洲大部分地区，家庭被认为是习惯上的和法律上的基本单元，家庭计划也被家庭成员视作共同资源。而在英格兰，几乎就没有"共同共有"这个概念。男孩一旦达到法定成年年龄，在法律上就是一个完全自由的个体了，他的父亲无权再对他宣布任何权利或者要求其承担任何义务。

麦克法兰的观点在当时的时代氛围下显得很突兀。20 世纪70 年代的学术界基本仍处于马克思主义历史观的强势影响之下，因为当时的学者们大概都在有意识地吸收马克思主义政治学。但是，麦克法兰认为他的结论是不容置疑的："很清楚，英格兰自13 世纪开始，即不再建立在'共同体'或'若干共同体'之上。

它已经成为一个开放、流动、以市场为导向以及高度集权化的国家，不仅仅在程度上而且在类型上与欧洲和亚洲的农民社会区别开来。"

这样的差异是何时又为何发生的呢？提到时间的问题，麦克法兰坦言他给不出答案。从他所能找到的最早的史料显示，英国社会独特的个人主义已经被视为理所当然了。麦克法兰怀疑这一源头可追溯到最早一批盎格鲁－撒克逊人上岛定居，而且早在塔西佗叙述的日耳曼共和国的第一个世纪便已扎下了根。但是，因为缺乏坚实的证据，他也只能是猜测而已。

至于为什么会产生这样的差异，麦克法兰则显得自信很多。英国社会的个人主义特征是由两项相互关联的法律制度所支撑的：长子继承制，以及个人对土地的完全所有权。

长子继承制是一种将全部家产分配给长子，而不是在众男性子嗣之间平分或者集体共有的做法。这一制度和土地的可转让性密切相关，其带来的最终结果无异于为某一个人的利益而剥夺了全体申索人的继承权。无论长子继承制还是绝对所有权都与小农社会的欧陆模式不相容，它们从整体到细节上都是普通法系的产物。两套规则合在一起，从物理上以及从政治上共同塑造了盎格鲁圈。

法律打造的风景

假设你正乘飞机旅行，比方说从布达佩斯到英国的伯明翰，当你打个盹醒来，只消从舷窗往外看一眼，便知有没有飞过英吉利海峡了。英国土地法在乡间是有清晰可辨的形象的。欧洲大陆的土地基本都是直线切割的，有时也划分成条状，为了不浪费空间，地界通常用铁丝栅栏圈出，以便其他兄弟继承时可以迅速移动。

英国的情况则相反。土地往往是不规则的，呈波浪形的，随型就势。有时候某条溪流就是界线，不见得非划出条直线来不可。土地往往被更趋永久性的篱笆圈起来，比如乡下常见的树篱，或者英国西部与北部常见的干石墙。

英国的法律塑造了英国的风景。因为财产不得被分割或共享，自然的边界因此保持了原貌。

一片被树篱标界出来的乡间土地就是一个产权得到长久安全保障的世界。不像铁丝栅栏，树篱不能轻易移动。古老的英国树篱是一道致密扎人的厚墙，由多种树木杂生而成，有矮橡树、枫树、金银花、铁线莲、野玫瑰、黄华柳、黑刺李、榛树，还有桤木。有个简便的小窍门可以估算树篱的年纪：数出 30 码宽的树篱中的植物种类，不包括常青藤或者黑莓，然后把这数乘以110。

这样自古就有的篱墙，有些甚至从撒克逊时代起就立在那里。这些竖着的边界告诉我们，土地不可在兄弟间进行分割。财运如水淌，时弱时刚强。家庭可以买卖整块地产。土地市场由确定的产权期限支撑，始终在运转。

由此，大地产便成了英国乡村最显著的标志。今天，当我们走在前人的土地上，想到这片土地 18 世纪的主人正是沿着这条路植下了幼苗，而今，数百年后，它们已经臻于完美，这是多么奇妙的感觉！使早先那些营造这片风景的园艺师们如此笃定的，正是这个国家及其政治制度的稳定。他们期望他们的花园在繁盛之时，能被孙辈的孙辈的孙辈代代享用。与此同时，他们也非常自信，自己的家园不会被独裁者夺走，被强盗洗掠，或者被外国入侵者征用为兵营。

这些大地产不仅仅是房子和花园。对世世代代的英国人来说，它们代表着这个国家的自由与活力。16、17 世纪一些著名的大作家——本·琼森（Ben Jonson）、托马斯·卡鲁（Thomas Carew）、安德鲁·马维尔（Andrew Marvell）——都被称为"乡村别墅诗人"，因为他们常把乡间花园用作一个政治隐喻，一剂政治解毒剂。在他们的诗行间，皇室往往是娘娘腔、矫揉造作、犹疑而诡计多端；而乡村则质朴率真，天然无琢，忠诚而且坦率。在他们的后代眼中，高大的乡村别墅成了辉格党政治哲学的物化的象征。

乡间派最经典的例证还不在英格兰，而在弗吉尼亚的弗农山庄（Mount Vernon）。山庄因纪念英国海军上将弗农而得名。今天，我们依然可从俭朴的石砌建筑和蔬菜地头感受到庄园主人乔治·华盛顿的伟大与谦逊。大卫·麦克洛夫（David McCullough）写道，华盛顿没有留下自传，而是留下了弗农山庄，这正是一个再恰当不过的说明。

华盛顿是一个重行动的人，这一点已勿用再说，但英国辉格党传统也深入他的骨髓。他用一个最"伟大的放弃"缔造了美国共和制的传统。民众拥戴他坐上权力宝座，他拒绝了，因为他相信"解甲归田，采菊东篱"才是公共生活的最终归宿。而这也正是乡村别墅诗人心心念念的梦想。

华盛顿对他的人民说："刀剑只在最后一刻才能被当作保卫自由的武器。当自由已经确立，第一件事就是该丢弃刀剑。"那些横渡大西洋的讲英语者比留在家里的兄弟更讲究英国的例外原则。在新家，他们更加坚定地履践了这些原则。

殖民者坚守对私有财产的承诺，以及作为私有财产权应有之义的自由企业制度——尽管当时尚没有这样的术语。我们前面已经提到过，威廉·布莱克斯通在殖民地享有广泛影响，他认为"私有财产权这一神圣而不可侵犯的权利"是"每一个英国人生而就有的绝对权利"。美国革命的另一位教父约翰·洛克谈到这一问题时，强调这"是一项伟大而主要的成果，人们因此团结在英联邦中，将他们自己置于政府之下，也就是在保护他们的私有财产权"。对于所有权神圣的信仰，不仅仅意味着个人可以任意处置他的所有，还意味着契约自由和税率最小化。不过，并不奇怪的是，他们并不太在意英国财产法的第二重特质，即长子继承权。

过去的美国人普遍都有兄弟姐妹。弗吉尼亚很多大家族（包括华盛顿的家族）都是"次子"建立的。很多到新世界谋发展的次子们都感到不公平，觉得他们仅仅因为出生顺序的偶然性就被

拒斥于家族土地的所有份额之外。就像《李尔王》中的埃德蒙，
他们认为长子继承原则和自然正义格格不入：

> 大自然啊，你是我的女神，
>
> 我愿意在你的法律面前俯首听命。
>
> 为什么我要受世俗的排挤，
>
> 让世人的歧视剥夺我应享的权利？
>
> 只因为我比一个哥哥迟生了一年或者十四个月？

除了对少数领有大片继承土地的贵族家庭来说，英国的长
子继承制是一种传统，而不是法定义务。父亲完全有权剥夺家中
长子的继承权，只要他愿意选择这样做。但是传统——就是埃德
蒙所说的"世俗的排挤"——毕竟是个事儿，美国人决定根除这
一制度。托马斯·杰斐逊在修改弗吉尼亚法典以废除长子继承制
的过程中，曾多次引用《李尔王》。正如他饱含深情地写道，这
样做的目的就在于"斩断可能复辟或导致未来贵族制的每一茎杂
草"。杰斐逊的母亲来自赫赫有名的伦道夫家族。最早来到弗吉
尼亚的伦道夫就是教科书上所称的"次子"：威廉·伦道夫(William
Randolph)，沃里克郡（Warwickshire）名门的小儿子。

废除长子继承制，最终从美国扩展到盎格鲁圈其他地区。到
20 世纪后期，这一传统只在极少数贵族家庭中延续。2012 年，
英国和其他英联邦国家一致同意修改继承法，取消了男性继承人

的优先权，为贵族家庭的长女继承权敞开了大门。对大多数家庭来讲，头生男性继承人比他的兄弟姐妹享有更大份额的继承权这一观念早已被抛弃。

　　然而，在这一观念存续期间，长子继承制产生了巨大的社会影响。与欧洲不一样，英国贵族阶层从来不是一个封闭的阶层。地产保有者的小儿子们必须要自谋生路，比如入伍、从医、当教士或者做生意。而在欧洲大部分地区，贵族是继承来的法定身份，其数量维持在一个比较稳定的比例上：在一些国家大约是30%的样子。在英国，这个数量则要少得多。1789年大革命前夕，法国有贵族14万人。英国在20世纪60年代实行终身贵族制之前，上院议员通常在200人以下，最多时也未超过600人。

　　这种情况所产生的一个结果，使得英国成为一个具有不同寻常的高社会流动性的国家。今天的政治家和评论员使用"高社会流动性"这一术语，意思是穷人通向成功的管道没有被阻断。不过，这样想的话，那只是想对了一半。在一个高流动性的社会中，穷孩子能够上升到比他出生时命定的社会地位更高的空间。然而，个人在社会地位上的上升必然伴随着另外一些人的下降。我这里所谈论的，不是指绝对财富（对每一个人来说，其绝对财富是可以增长的），而是指一个人的社会关系所决定的社会地位。如果一个自耕农成了伯爵，那么，在这两者之间的某些人的社会地位就有可能微妙地下跌。

　　这种下降的社会流动性往往会因为长子继承规则被放大。一个儿子一得俱得，其余的则必须自谋生路。在后者社会地位的下滑过程中，他们会一直携带着自幼养成的习惯，比如看书识字等。

科普作家马特·里德利（Matt Ridley）提出了一个很有意思的理论（碰巧他也是一个世袭贵族，因此也是长子继承制的受益者）。他说，这种下降的社会流动性很可能是英国在18世纪腾飞的原因，这种腾飞是此前的人口统计学发生重大变动的结果。简单地说，从17世纪开始，富人阶层"繁殖"出大量的穷人。

2004年，加利福尼亚大学的两个学院承担了一个项目，调查17世纪之交的英国人遗嘱，结果令人震惊。在遗嘱里留下不到10英镑的人，平均可供养两个孩子；在遗嘱里留下超过500英镑的人，平均可供养四个孩子。这是一个非常关键的时期：医疗条件落后，饥饿是普遍现象，婴儿死亡率很高。但是，随着收入的增加，富有的阶层事实上可以为子女购买到更高的存活率。既然这些孩子中只能有一个有权继承家庭财产，那其余人就不得不去闯世界谋活路。

17世纪是一个被法国人称为"社会等级降低"的时代：大部分英国男人和女人都比他们的父母的生活状况更加糟糕。很多受过教育的人不得不靠做小生意或干工匠活讨营生，其结果使得这些群体的识字率开始上升（起码可以从在法律文件上签署自己名字的人的统计数量上看出）。1600年，有35%的英国人认得字；到1700年，这个指数达到了60%，其中25%是英国妇女。这样的人口结构为已经引爆的大规模的经济变革做好了准备。

尽管长子继承制在今天的盎格鲁圈社会几乎已完全绝迹，但它的遗产并没有荡然无存。在每一个大洲的英语社会中，依然保留着财产权不可分割的独特观念，而在过去这曾是英格兰独有的特征。

个人权利甚至及于其身后的观念似乎是对集体主义的极端蔑视，产生了深刻的政治后果。它促进了信托机构和基金会的建立，事实上，这两个机构都是在执行已经去世的财产所有人的意愿。

反过来，这些机构也有助于创造今天所称的公民社会：国家与个人之间的巨大空间被非官方的、志愿的和各种慈善努力所填充。来到盎格鲁圈国家的大陆访客常常会被私人基金会所承担的广泛的社会责任所震惊，因为在他们的国家，这些事务都是由政府负责，或者至少是由国家教会负责的。各种捐赠导致了学校、医院、艺术馆以及孤儿院的诞生。

而这些机构又反过来创造出了一种政治文化，在这种文化氛围之下，慈善性的非盈利活动不再被视为一种政府责任，其不过就是一种经济活动而已。甚至就在今天，我在欧洲议会就遭遇了这种差异。在英国，这些活动的合法性是不言而喻的；而在欧洲大部分地区，要策划什么活动，你得先拿到批文的授权。当得知某项新活动逃离了政府的视线，我在欧洲议会的伙伴们的第一反应通常是推出一个泛欧洲监管条例——国家主义的根系深深地扎进中世纪冰冷的泥土中。

资本主义有何特别？

　　盎格鲁圈中有些人始终对大陆模式情有独钟。他们认为，在那些没有营利目的的事务上，只有国家才可能提供始终如一的、值得信赖的服务。他们进而认为，如果依靠私人善举，很可能产生种种麻烦：比如，将过多的裁量权交到富人手中，如果他们考虑失当会怎么样？他们判断偏差又会怎样？又或者，他们任性地决定受益者不配再享有优遇会怎么样？就像工党领袖克莱门特·艾德礼[1]在1920年所讲："慈善是冰冷、灰色、无情的事业。如果哪个富人想要帮助穷人，他应当心甘情愿去纳税，而不是一时兴起到处施舍钱财。"

　　事实上，艾德礼刚好想反了。很难想象还有比现代福利国家更冷血、更灰暗或者更无情的事业。慈善允许捐赠者作出道德选择，也能针对受助者的具体情况量体裁衣。决定怎么花掉你的钱可以看出个人的品质，但通过税收系统从你那里拿走相同数额的钱则毫无道德性可言。

　　盎格鲁圈对于自由的理解，从来不乏批评者，国内国外皆有

1　克莱门特·理查·艾德礼（Clement Richard Attlee, 1883—1967），第一代艾德礼伯爵，英国工党政治家，首相（1945—1951）。艾德礼在任期间放弃了对印度和巴勒斯坦的控制，使英国加入了北大西洋公约组织，对国内执行经济紧缩计划，对大工业实行国有化，创办国民保健事业，被称为20世纪和平时期最具效率的英国首相。

之。是的，唱衰的人说，资本主义是可能让人变得更富有，但有没有东西是无价的呢？人们是不是失去了人性中某些可贵的品质？他们不是变得更自私、更冷漠、更工于计算了吗？！

事实不是这样。资本主义与自私自利无关。任何经济模式下，参与经济生活的个体行为都有一个道德方面的考量。但有一点不会错，就是没有哪一个经济系统会给个人的道德行为以完全对等的回报。

在一个建立在财产权和契约自由基础上的开放市场中，你可以通过为他人提供诚实服务变得富有。比如，我正在打字用的这台机器就是史蒂夫·乔布斯发明的，他从市场交换中获益（一点一点地增加了他的净资产），我也一样（机器给我带来了很多便利）。

而在别的地方推行的各种形式的合作模式下，有些人——通常会是国家官员——就会渐渐取得分配产品的权力，为自己捞取好处源源不断地输送养料。

当然，这不是说，资本主义就没有不法行为。人天性会堕落。任何制度下，都有经不起诱惑的人。但有一点很明显，在国有经济中，腐败是制度性的、半合法的。实际上，在盎格鲁圈的经济运作中，最恶劣的不法行径总是与政府脱不开干系：为不法利益游说议员，向纳税人提供资助金，等等，诸如此类。

贪婪——也就是对物质占有的欲望——不是市场的产物，而是从更新世的非洲丛林间为生存而竞争的原始人类就已经携带着的基因了。资本主义给贪婪套上了一个社会生产目的的笼头。在自由经济中致富的途径是提供给他人所需要的东西，而不是依靠权力来敛财。

对盖格鲁圈经济制度的一个大众化的批评是，它看重效率，胜过个人德性，比如：信仰，友善，忠诚，礼貌，等等。

事实上，你很难想象出比自由契约所创造出来的关系更具伦理性的关系：每一方都通过满足他人的预期来增进对方的福祉。而个人在其他情形下所建立起来的关系，尽管可能初衷良好，但很少能达到这样的效果。甚至是最亲密的朋友——就算是丈夫和妻子——有时候也可能会使对方的预期落空。

你或许会觉得我这里所写的似乎太过古板，甚至刻薄。契约当然没错了，你也许会说：按时付款，给顾客发送他们想要的商品，保证质量，这都没问题。但它们怎么能和那种没有物质回报的行为相提并论呢？！比如在施粥场做义工，造访狱中的囚犯，或者给贫困区送去援助物资，或许再简单点吧，做个好家长、好邻居或者好朋友。

当然，你说得完全没错，但这不是我所讲的问题。我现在不是在谈论慷慨与慈善是不是值得喝彩，我谈的是大政府该不该鼓励这种行为。

约拿·戈德堡（Jonah Goldberg）在 2008 年出版的《自由主义的法西斯》（*Liberal Fascism*）中，用一系列研究成果表明：信任小政府的人比信任大政府的人更愿意拿出他们的收入和时间用于慈善。

这不是没有道理的。一旦你确立了向正确的事投否决票的基本立场，那为什么不会走得更远呢？一旦你号召提高税率，又为什么要去做慈善呢？

这话已经无需重复再三：如果你把钱给了好事业，那么你就是在做正确的选择。而如果政府通过税收从你这里抽走了同样多的钱，然后再用之于民，那你的选择就未必如此了。

在盎格鲁圈从上升到辉煌的英雄年代，这样的论证几乎都是多此一举。四个世纪以前，自由、财产和个人美德之间的密切关联就已经是社会共识了。英格兰和北美对于所有权的特别强调被视为反抗专制的壁垒，以及对私人的博爱发出的邀请函。

除了西印度群岛部分地区还在实行种植园奴隶制，讲英语者在他们定居的每一个地方都创造出了产权式民主制。我们不妨再来比较一下北美和南美。在北美，几乎每一个人都有机会获得土地，包括契约工人在任期届满后也能享有这个资格。随着美国的扩张，政府通过一系列法案成功地推动了私人所有权的发展，1862 年的《公地法案》即是最有力度的举措。该法案事实上鼓励小块土地可由业主无偿取得，其目的在于拓殖边疆。到 20 世纪初，75% 的美国郊区人口都拥有土地，而在阿根廷，这个比例是 25%，墨西哥则是 3%。

最早进入现代化的英语民族已经具备了掌握当今时代全球霸权的工具：普通法、契约神圣、代议制政府、良心自由、财产安全以及个人自由。那个时代的英语圈内，凡受过教育的人都意识到，他们处理事务的方式把他们和其他国家区别开来。有些人对这样的独特性深以为荣，有些人则倒向了欧洲方案。

在 17、18 世纪，这两种趋势日益固化为两大对立派别，双方的碰撞越来越频繁。到 17 世纪 40 年代及 18 世纪 70 年代，两大派别最终被推向了通过血腥战争来解决争端的境地。这些冲突最终以珍视盎格鲁圈政治传统的一方获胜而告终，此乃人类的幸运。而这就是我接下来要讲的故事。

第五章

第一次盎格鲁圈内战

你知道，在所有基督教王国中，自古以来就有议会。直到君主开始意识到他们自己的力量，并且意识到议会是个麻烦事儿；最终，他们开始一点一点地确立起特权，直至在整个基督教世界彻底地甩掉议会，而惟有我们这里是例外。

——达德利·卡尔顿爵士（Sir Dudley Carleton），

内廷大臣，1626

所有人生而平等，而且都同样生来喜欢财产和自由；因此，我们经由上帝的自然之手降生在这个世界上时，每个人都具有自然的、先天的自由和财产权。甚至我们要活下去，每个人也平等地同样要享有他生而就有的权利。

——理查德·欧佛顿（Richard Overton），

平等派领袖，1646

第一批自由主义者

伯福德（Burford）是科茨沃尔德（Cotswolds）一个宁静的、有着蜜糖般颜色的小镇，犹以镇上众多教区教堂著称。这些教堂堪称 12 世纪建筑艺术的典范，即使在今天的英格兰也极具特色，每到周日便挤满了信众。

然而，在 1649 年，这里的教堂却是一派骇人可怖的行刑景象。英国内战第二阶段以保皇党人的完败而告终，但国会军中有些士兵还不满意。他们坚信自己是在为恢复英国古代宪法而战：“砸烂诺曼枷锁”正是那个时代最流行的口号。他们认为古代宪法意味着国会主权，建立在接近今天一人一票的原则之上。然而，现实明摆着，新政权自有一套总体上不那么激进的方案。

自从 1640 年以来就坐在议会大厅中的议员们，长期以来已形同虚设，但他们似乎并不急于展开新的选举。国会军领袖奥利弗·克伦威尔对于军队中的民主乌托邦主义毫无兴趣；这位清教徒将军已经自视为大卫式的人物，受上帝指派来拯救他的国家。跟随他的很多老兵都说，就算用上战争时期所有所谓“共和”的花言巧语，目前的境况也不过是一个独裁者替代了另一个独裁者。他们开始行动，召开民众大会，印制小册子，呼吁实行民主改革。

最后，克伦威尔决定给闹事者一点颜色瞧瞧，这些人因认为所有人都应平等而得了"平等派"的名号[1]。军队中闹得最凶的三百人被关在伯福德教堂。有些人为消磨时间，将自己的名字刻在洗礼盆的石墨沿儿上，那些悲伤的涂鸦至今依稀可见。（洗礼盆直到今天依然还在使用，我不久前才在那儿成为一个小女孩的教父。）

受到不服从即处死的威胁，大部分被关押的平等派都为他们的激进观点发表了忏悔辞。有三个人拒绝这样做，被拖到教堂庭院枪杀了。如此冷血的举动，即使在 17 世纪中叶对暴力已经司空见惯的麻木氛围中也使人震惊。

他们倒在滑膛枪口下的地方，如今成了左派激进分子的朝圣之地。很多英国社会主义者非常景仰平等派敢于反抗权威的勇气，无论世俗的，还是宗教的。他们为这些人的平等主义和支持普选的理念而喝彩，要知道，这些理念在那样的年代几乎是不可想象的。

然而，平等派并不是社会主义者；相反，他们更容易成为亲自由主义者。他们的哲学起点是个人自由，正如一个人拥有他的身体和思想一样，他也有权拥有其劳动果实。平等派提出，个人

1　平等派，英国资产阶级革命中的激进民主派，代表小资产阶级利益，成员有中小店主、手艺匠、帮工、学徒以及公簿持有农等。平等派的理论基础是人民主权说和自然权利说。平等派主张：未来的国家应该是共和国；废除王权和上议院；由选举产生的下议院享有最高权力；扩大选举权；实行自由贸易；减轻赋税，取消什一税、消费税和关税；将被圈占的土地归还农民等。1646 年，它从一个思想流派发展为一个政治派别。

可以做不侵害他人自由的任何事，这一观点甚至比约翰·穆勒早了两个多世纪。正如理查德·欧佛顿在 1646 年的小册子《射向所有专制者的箭》（*An Arrow Against All Tyrants*）中写道：

> 每个人都被赋予了天生不可被任何人侵犯和剥夺的个人财产权。对每一个人来说，只要他是他自己，那么他就有固有财产权；否则，他就不能成为他自己。你我皆如此。没有人有权凌驾于我的权利和自由之上，我对他人也是如此。我只能享受自己的快乐与财产，但决不能寄望更多；如果我这样做的话，那我就是他人权利的入侵者和进犯者——我不该有这样的权利。

这样的观点包含了那个时代下一种特立独行的情感，仿佛是 20 世纪自由主义者 F.A. 哈耶克和穆瑞·罗斯巴德（Murray Rothbard）等人学说的先声。事实上，上述哲学家一向乐于承认平等派是他们的先驱。

在哈耶克看来，平等派在所谓盎格鲁－撒克逊式自由主义的发展中扮演了重要角色，他们提出了自由与财产权的不成文原理，并且制定出了一部成文宪法和正式的权力分立规则。

奥地利经济学派知名学者、小政府理论的信徒穆瑞·罗斯巴德写道："平等派自觉地发起了世界上最早的自由主义群众运动，约翰·李尔本（John Lilburne）、理查德·欧佛顿和威廉·沃尔温（William Walwyn）提出了系统的自由主义学说，支持自我管理、私有财产权、个人宗教自由以及政府对社会的最小干预。"

平等派们既展望现代自由主义，又缅怀盎格鲁－撒克逊自由失去的那些日子。他们认为诺曼征服斩断了他们的自由传统，这个观点虽然有些浪漫主义色彩，然而，如我们所见，也不是全无根据的。

这些爱国者们是联结现代盎格鲁式自由和它们的早期起源之间的金质链条。事实上，我们对平等派的学说读得越多，就越难理解为什么社会主义者会极力宣传这些主张。

也许，这正是某些人身份被误解的最直接的例证。"掘地派"是一个现代派别，也常被稀里糊涂地称为"真正的平等派"，他们拥护最具社会主义特点的政策，包括土地的共有产权等。他们恐怕是当代左翼人士由衷崇敬的先驱。

但是平等派是欧洲怀疑论者、支持减税和反对国家主义的爱国者。他们要求用民主选举来取代政府任命，停止财政资助，从海外纷争中及早脱身，负责任的司法体系，自由贸易，以及财产权的绝对神圣。他们一方面支持选举权应普遍享有；另一方面，也信奉选票不能给申请社会福利的人，用他们的话来说，就是那些"领救济金的人"。他们的这些哲学通过约翰·洛克被引入到美国宪法以及当代盎格鲁帝国中。

不妨看看平等派在他们的宣言《英格兰自由人民协议》（*An Agreement of the Free People of England*）中提出的主张：

> 国会无权制定法律限制或者阻碍任何人进行贸易或者交易……国会也无权继续统配任何种类的食物及其他商品、货物。前述两种做法都是对贸易的极度负担和压制……我们一致同意并宣布：任何代表均无权改变一个人的等级，剥夺人的财产权，或者做其他类似的事情。

平等派没有发明代议民主制的理念，也没有发明个人自由或者什么不可侵犯的所有权。他们深受爱德华·柯克尊崇《大宪章》的影响；并且，像今天那些被称为激进派的人一样，他们自认是保守主义者，只是在寻求恢复他们认为的那些古代和自然的英国宪法。然而，他们做了以前任何人都不敢做的事。他们抓住了英国早期的自由传统，并将其融入一个独立的、统一的制度安排中去。

他们的这些观念被不断提升和强化，最终升华为值得为之付出生命的信念。伯福德就在我的欧洲议会选区和戴维·卡梅伦的议会选区内。首相是一个持正统观念的人，也是一个保守主义者。他总是坚持传统观念，把平等派看作激进左翼。但是，如果公允地看，他们是最早一批自觉践行个人主义哲学的人，而这正是英语民族得以崛起的动力。我每次经过伯福德时，总会去瞻仰一下古老的教堂，在当年那些人倒在行刑队火枪口前的地方踯躅良久，凭吊三位盎格鲁英雄：骑兵旗手汤姆森，下士铂金斯，以及列兵丘奇。

赋权于民

平等派不愧是思想先驱，但在他们生活的那个时代，政治观念也在急速地向前推进。就在伯福德枪杀案的四个月前，英国人砍掉了国王的脑袋。

查理一世不是第一个被他的臣民们推上断头台的英国君主。在他的祖先中，爱德华二世和理查二世都被悄无声息地处死了。但是查理一世的行刑完全是另外一回事。国王不是被秘密处死的，他接受了审判，被宣告犯下种种滥用权力的罪行，随后，一个公开的法庭对国王定罪，这一举动引起了整个基督教王国的震动。

谁有权发布这样的命令？臣民举起手臂反对他们的主权者，这又是一种什么权力？

愤怒的国王在审判时针锋相对地提出了这样的问题："我得知道是什么权力把我传唤到这儿来，我得知道谁有这样的权力。世界上不合法的权威多的是，大路上小偷劫匪成群。记住！我才是你们的国王，合法的国王！"审判者之一约翰·布兰德肖（John Bradshaw）答道，国王也应当且必须守法，查理一世违反了统治者和被统治者之间的契约所以才被起诉："在国王和他的人民之间存在着一个契约协定。国王的就职宣誓就是为保证履约。同时，先生，这一约定当然是相互的。"

此足以堪称同意政府理论（如我们所见，这一理论有其诺曼根源）的精确总结。然而，这句话还是没能回答查理一世的问题。坐在国王面前的法官依据什么有权宣称他们可以决定查理一世是否违反了王室义务？是谁给了他们这样的裁判权？

这个问题变得如此微妙。事实上，直到1649年还留在国会中的那批议员，其本身的合法性已经不能再虚弱了：大概有九年时间未举行过选举，而且议员也极不情愿进行这场被军队清洗过的国王审判。无论如何，在内战中站在国会一边的人很少愿意论证下议院享有最高主权。他们的立场，毋宁说是最高权力存在于"君临国会"，而这里的国会应被理解为古代的两院制议会。

然而，在这种情况下，上议院——因为议员不断开小差而缩水到不足十二人了——直截了当地否决审判国王的决议。国会议员们因此公开求助于平等派的理论，宣布主权被赋予人民，并且通过选出的代表得到表达："在国会中集议的下议院议员宣布，人民在上帝之下，是所有正当权力的来源；同时，他们还宣布，在国会中集议的下议院议员，由人民选出，是人民的代表，具有最高权力。"

在今人看来，这样的申明无疑是相当具有前瞻性的，仿佛我们这个时代民主理论的先声。然而，那个时代的人却几乎完全是从另外一种角度来看待这一问题的。

每当我们阅读历史，总存在这样一种诱惑：假定任何能朝向我们今天的价值观及机制的，都是进步的；而任何朝向其他方向的，则是退步的。然而，我们正在考察的那些人，对于宪法性安排在我们今天会是什么样的毫无概念。1649年，也正如1941年一样，看不到任何一点民主的希望。当时所谓进步的、激进的、可预见的观念是君主制绝对主义。欧洲各国的议会——集议、咨议会、三级会议、国会等——都面临被清理出局的命运，或是遭到严重挫败。中央集权被视为现代性力量，可以将使国家倒退的各种本地特殊主义整饬一新。服从神圣的国王，这一理念在当时也相当流行，得到路德教派、加尔文教派和天主教派的一致拥护。

本章开篇达德利·卡尔顿勋爵的那番话，不是在警告议会丧失了独立性，恰恰相反，是在庆贺君主权力的胜利。对这位游历大半个欧洲、自由进出宫廷的先生来说，英格兰还顽强地保留中世纪的议会体制无疑是桩憾事。

17 世纪的欧陆君主清除了加诸他们权力之上的最后那点障碍，在他们的宝座上高悬起新的"王权神圣"学说。俄国的彼得大帝、普鲁士的弗里德里克·威廉、瑞典的卡尔十一世以及最有名的法国的路易十四都建立了一套精致的专制统治的体制，包括财政独立及司法至上。

1614 年，当英格兰国会议员们正在以最严厉甚至恶劣的方式攻击王室费用超支的时候，法国的三级会议——尽管它的作用从没超出过一个虚弱的咨询机构——被解散，直至 1789 年方得重开。1653 年，英格兰正值谱写共和主义凯歌的高峰，勃兰登堡议会正面临关张，并且将它手中残存的征税权正式让与君主。1665 年，查理二世无可奈何地发现，他在财政上也得像他的父亲和祖父一样依赖国会，而丹麦正在实行"国王的法律"，该法授权君主可关闭其他任何权力中心，并且宣布"从即日起，国王应被他的臣民尊奉为世界上最正确最高贵的人，在所有人类法律之上，除上帝本身以外，无论在精神上还是世俗事务上，无人有权审判他"。

英格兰和苏格兰非常独特，他们在 17 世纪走上了相反的道路。英格兰和苏格兰在共同抵抗斯图亚特王朝的斗争中得到了磨炼，其影响力也扩展至北爱尔兰和新英格兰，最后以现代政治的形式铸造了盎格鲁圈。

1603 年，英格兰的詹姆斯一世同时也是苏格兰的詹姆斯六世的即位，标志着一个历史性时刻：英语民族统一在一个单一的政权之下——尽管这只是两个王国间形式上的联合，持续了不到一个世纪。然而，即便在联合之后，詹姆斯一世的势力范围在欧洲版图上依然无足轻重，没有什么力量能遏制欧洲走向绝对君主制的势头。直到詹姆斯一世的孙子詹姆斯二世在 1688 年被废黜，一切才有所改变，盎格鲁王国从此踏上了走向富裕、自由、世界霸主的道路。

1689 年，不列颠面临的最迫切的事就是要有一部成文宪法，一部与后来的北美继承者相似的权利法案。与《大宪章》不同，1689 年英国《权利法案》（the 1689 Bill of Rights）被普遍视为一个宪法性解决方案。并且，也与《大宪章》不同，《权利法案》所提供的议会主权的机制远远超越了此前的御前咨商会。因此，我们有必要花点时间来重温一下反对斯图亚特王朝的斗争——

是它第一次把英语民族联合在了一起，并且为我们留下了议会政体。

宗派主义、补贴和主权

整个 17 世纪，当英国人在回顾伊丽莎白一世统治时，都免不了生出一丝感伤的喜爱之情。"好女王贝丝"代表了她的斯图亚特王朝继承人所不具备的一切：虔敬的新教徒，生机勃勃的爱国情绪，忠于职守。

而今回首，这样的伤感无疑还会加重。当那位童贞女王老得不得不用假发和脂粉装扮出一副哑剧造型并最终在 1603 年去世以后，继承王位的侄子（苏格兰的）詹姆斯六世却丝毫没有哀痛之情。其后，这样的情绪进一步升级：就像英国人所说的那样，这位意志强硬又随和可亲的国王，凭借着他的名字所带给他的一切，终结了自 1553 年玛丽一世政权开创的长达半个世纪的"女王政府"。

詹姆斯即位时就很不走运。1598 年，法国下令宽恕所有信奉新教的臣民，减轻了英国四面楚歌的压力，也为 1604 年终结盎格鲁－西班牙战争铺平了道路。战争为伊丽莎白的英格兰制造了同仇敌忾的团结情绪和共同目标，也为这个好战的民族拥有的无穷精力提供了出口。现在，这些精力开始向内转了。

和平协议达成以后，詹姆斯，这位终其一生都对神学充满狂

热的国王，希望能够提高针对英国天主教徒的刑罚力度。在过去
所有的惩戒天主教的事件中，法律都是半心半意甚至很少真正被
用到的。事实上，詹姆斯寄望的是达成一桩大妥协：教皇能承认
他对英国教会的控制；作为回报，他将承认教皇是"所有万能的
主教中最尊贵的主教"。

然而，无论对梵蒂冈还是英国新教徒而言，这笔交易都是不
可接受的。詹姆斯被迫取消已经开始讨论的宽容计划和他一厢情
愿的期许。这一举动直接刺激了一伙英国天主教徒疯狂地策划黑
火药阴谋。挫败这起恐怖活动给君主带来了短暂的同情，但不久，
国王和国会之间的争吵重新又变得严重起来。

争吵主要集中在以下三个问题上：钱、宗教和权力。伊丽莎
白在其统治时期贱卖了部分王室土地，由此减少了君主的常规收
入，也使得她的继承人们不得不依赖国会的补贴。整个 17 世纪，
通货膨胀不断加剧，王室的固定租金因此大幅缩水。活该国王倒
霉，就在他对于国会的财政依赖达到顶点时，西班牙战争的结束
已经耗尽了议员们的慷慨。为钱吵架常使人情绪恶劣，而为宗教
吵架则很少能给妥协留下任何空间。詹姆斯很快发现自己同时处
于两场争吵中的不利地位，并且对手常常是同一批人。

我们可能会担心 17 世纪的人很难适应英格兰圣公会[1]，但很

1　英格兰圣公会（Church of England），又称英格兰国教，大不列颠及北爱尔兰联合
　　王国成员国英格兰的国家宗教，也是普世圣公宗的代表。从 1543 年开始，独立
　　于天主教的罗马大公教会。

多熟悉的东西消减了这样的担心。圣公会切断了和罗马教廷的联系，但与宗教改革后的教会不同，它们依然保留了古老的教会制结构，包括自称直接从圣彼得那里获得继承权的主教。英格兰圣公会还保留了一些罗马天主教礼拜的仪式和做法。对很多英国新教徒来说，这些仪式有如赘疣，必须要清除。他们寄望在那个时代能有一位信守苏格兰长老教派传统的君主力挽狂澜，完成宗教改革。他们注定要失望。詹姆斯已经被与古板的长老宗教长们的经年争吵搞得精疲力竭，现在巴不得找到一个既能控制教会又能尊重王室宗主权的主教。他实在没耐心再去迁就那些新教激进分子，也不想再去取悦什么议会激进派——通常，这两拨都是同一批人。

为权力而进行的争吵打破了国王和国会之间艰难维系的平衡。传统上，这常被历史学者们认为最具重要意义。毕竟，这一时期正是爱德华·柯克的黄金时代，他不懈地捍卫司法和立法独立，为摆脱行政干预而奋斗，在接下来的两个世纪中最终形成了盎格鲁－美利坚法律教义。

詹姆斯国王对王权绝对主义充满狂热。在他的政论集《自由君主制的真正法律》（*The Trew Law of Free Monarchies*，1598）和《王权》（*Basilikon Doron*，1603）中，詹姆斯提出了"君权神授"理论。没有人敢质疑这位放言无忌的国王如此直陈自己的观点："君主制国家是世界上最高的事物。国王不仅是上帝在尘世的代理人，端坐于上帝的宝座，而且他们本人就是被上帝亲口所称的上帝。"

很多国会议员对国王的这一系列想法深感忧虑，频繁通过决议反对最高权力当由王室掌握的主张。当然，我们应当再次警惕时代错位病。我们当然知道围绕国会主权的争吵最终导致了一场内战，而当时的议员则完全不可能意识到这一点。因此，始终存在一种诱惑，让我们不断回溯那场战争的原因，去发现詹姆斯和国会反对者们之间的每一场战斗如何一步步导向了 17 世纪 40 年代的激烈对抗。事实上，当时大部分国会议员更关心的是他们作为纳税人和财产所有者的权利，而不是他们在民众大会上的地位问题。无论如何，议员们关于财政和宗教问题的讨价还价开辟出了一条通过更广泛的讨论巩固国会特权的通道。

1614 年，在被后世称为"昏乱国会"的骤雨般的会期以后，议员们开始发出怒吼，只要是王室出台的政策一律反对。詹姆斯国王向西班牙大使大吐苦水："平民院就是一具无头之身。这伙人的想法不可理喻。在他们的会上，除了狂呼大叫，一片混乱，别的什么也听不见。真是搞不懂我的祖先为什么会允许这样一个机构存在到现在。"

我们很难不对国王生出一丝同情。下议院从来都是吵吵闹闹的是非之地，所以，今天的英国人马上就明白四百年前国王说的话是什么意思。然而，詹姆斯的态度让议员们相信，他一心要关闭他们视为财产和宗教自由的庇护所的机构。议员们担心，没有了下议院，英格兰将变得与专制主义的欧陆没有两样。

詹姆斯的儿子查理一世（1625—1649）统治时期，这种担心变成了现实。詹姆斯多多少少还算和蔼随和，查理则内向孤僻，一直无法克服口吃。他很容易对他的臣民态度恶劣，尤其是那些当选的代表。

议会与詹姆斯关于宗教、财政和权力的争吵，在查理统治时期进一步激化，国王被指责在支持海外新教事业中做得太少。1618 年，三十年战争爆发，这差不多要算有史以来全欧洲最大规模的一场战争。詹姆斯完全无心参战，宁可与西班牙周旋。他的继承人也与宫廷中的亲西班牙小集团过往从密。

在臣民看来，还有更糟糕的事，那就是他们的国王娶了一位"教皇一样的王后"。查理登基后不到两个月，在他本人缺席的情况下于巴黎圣母院门外与法王亨利四世之女亨利埃塔·玛丽亚（Henrietta Maria）举行了婚礼。国王之所以如此匆忙草率，主要为了赶在国会开会之前，避免议员们阻止这桩婚事。

查理的婚姻让人怀疑他的子女将会成为天主教徒；人们甚至还认为这下他本人也有天主教撑腰了。第一种怀疑是有根有据的；第二种则不然，但它给查理所做的几乎任何事都抹上了这样一层色彩。不光他的外交政策被认为不够强硬，国内的教会改革也得不到信任，频遭责难。

查理与威廉·劳德（William Laud）过往甚密。这位机敏过人的教士迅速蹿红，1626 年任巴斯和韦尔斯（Wells）主教，1628 年晋升伦敦主教，1633 年被指定为坎特伯雷大主教。劳德和他的党人决心要阻止英国教会慢慢滑向新教主义的势头。他们拒绝加尔文教派的核心教义"预定论"（该理论认为每一个人在出生以前，就已经被打上了"得救"或者"诅咒"的印记），支持主教的至高权力。他们竭力宣扬英格兰国教是唯一真正的天主教会，因为奉行中世纪的孤立主义而免受罗马教廷的错误及迷信的污染，同时也因此独立于日内瓦和威腾伯格（Wittenberg）的异端邪说之外。这是一种革命性的教义。就像国王的很多追随者一样，劳德派们是那个时代真正致力于现代化的人。

最让清教徒党人感到沮丧的是，新任大主教为了伺奉的目的极力推行与天主教一致的仪式。劳德派希望把仪式重点从布道转到圣餐上。他们认为，冗长的训诫对于那些想要理解上帝的虔信者来说，太过专横。而信众就是来崇拜上帝的，因此，仪式的重点应当放在神秘的信仰感知上，牧师该回到媒介或者中介者的角色。此外，环绕教堂的美丽的装饰物、彩色玻璃大窗、蜡烛和华美的祭服也非常重要。

部分英国人相当欢迎教会中仪式化及神秘元素的回归，其他人则看到此间只有一个目的，即将国家变为天主教国家。这里需要再次强调：反对劳德主义和事实上的罗马天主教，其政治性远大于其宗教性。查理支持教会的等级制模式对应了劳德支持绝对君主制。在现代人心目中，天主教与专制是分不开的，这样一种混合状态持续了近两个世纪之久。成群的清教徒掀起横渡大西洋、涌向"新英格兰"的浪潮，与其说是为了寻求完全的宗教宽容，不如说是想要远离他们相信已经被污染了的英国教会的偶像崇拜和世俗气。

宗教争议对财政分歧的"毒害"，不止在詹姆斯统治时期。国王虽然忠于他的妻子，但也不见得就成了一名天主教徒。他对于国会提出的援助欧洲的新教事业非常敏感，毕竟，他的姐姐伊丽莎白嫁给了普法尔茨选帝侯（Elector Palatine）弗里德里希五世。弗里德里希在 1620 年白山之战中，被天主教势力击败后丢掉了王冠。现在麻烦大了，国会要求更强硬的外交政策，不愿绥靖。议员们话里有话地谈到西班牙船队靠海盗劫掠就足以实现补给了。同时，国会也只以年度为单位向国王拨款。随着战事的恶化，局势进一步刺激国会去反对国王和他的宠臣。

与此同时，查理开始想方设法，用尽一切准合宪甚至不合宪的手段筹集经费。他的法律顾问恢复了一些中世纪国王们使用过的法律。比如，地产保有人会接到罚单，因为据称其祖上在四个世纪前理查德一世统治时期侵占了王室森林的部分土地。一份早扔进了故纸堆的 1279 年文件被翻了出来，该文件要求每一位年薪在 40 英镑以上的人都要到法庭上去接受质询，并且像骑士一样服役。此外，查理的官员对所有没有参加他 1626 年加冕仪式的人征收罚金。国王还恢复了另一部古代法律，即《造船税法》（Ship Money），规定沿海城镇在战时都需缴纳造船税，但法律顾问宣布该法也同样适用于内陆城镇。

像全欧洲的其他君主一样，查理一心要建立起一套稳定的财政收入系统。如果他能实现财政独立——这个无论哪一方都容易理解——那么，他就可以抛开国会实行统治了。

1629 年 3 月，查理觉得他的时机到了。议员们不知怎地得到了国会将被解散的风声，拒绝在上议院坐等国王的召集令。两名议员把议长按在椅子上，这样程序就不会被终止；同时，他们通过了一个议案，宣布任何支持劳德宗教改革和参与征收国王的海关税的人，都是"这个共和国的头号敌人"。事实上，哪怕仅仅是交了税的人也被认为是"对英格兰自由的背叛，同样也是英格兰的敌人"。在这些简短而愤怒的议案中，国会意味深长地给他们的敌人贴上了"政府中的改革者"的标签。议员明确表示支持古代宪法，而国王的人正试图破坏它。就在这天晚一些时候，查理用行动证明了他们是对的：国会被解散，此后整整十一年再未被召集。

随后的这段时期传统上被辉格党人称为"十一年暴政期"（Eleven Years' Tyranny），但是，对历史学者来说，更严谨的说法是"个人统治时期"。查理试图建立起某种海峡对岸的君主们正在建立的绝对王权制，要不是臣民的火爆脾气，他原本是可能成功的。

17 世纪 30 年代是宗教和财政争议不断激化的时期。劳德主义的反对者们终于确信了他们的怀疑，相信教会仪式和威权统治本是同根而生，开始采取激烈行动彻底废除主教制。与此同时，国王的各种名目繁多的违法征税也受到司法系统和如今已星散的国会领袖们的抵制。身先士卒的就是约翰·汉普登（John Hampden），他发起了对《造船税法》的法律挑战。一些历史学者认为，对于大多数英国人来说，这些年是和平而稳定的：税率低，而且如果武断地来评价，修缮教堂建筑、注重宗教仪式等与这个民族的性格也是相匹配的。

当然，这只是部分英国人的看法。在即将到来的冲突中，他们形成了保皇派和骑士团队的核心组织，他们的意识形态的继承人形成了日后的托利党。然而，正如一切专制政体，这里也会有腐败、政府无能及残酷。政治垄断只会导致权力僵化和滥用。国王的宠臣开始清算他们的老对手了——政权批评者被关押和迫害。英国人终于尝到了拜独裁者所赐的焦虑、羞辱和受挫的滋味。

为什么查理没能成功？是什么阻止了英格兰和苏格兰变成另一个欧陆？部分来看，这股力量又一次来自普通法的高度适应性。这套规则体系是保卫个人自由、抵抗任何政府专断意志的天然屏障。因为没有了如期集会的立法机关，对王室政令的反抗就落在法院身上。普通法法官们在与滥用权力的国王的斗争中表现出令人惊叹的大无畏气概。甚至，即便他们按照现行法律判案，他们也更趋向于审时度势，尽到司法之职。举例而言，在1638年，法院支持了国王享有《造船税法》规定的征税权，但还是宣布国王"在未得国会普遍同意的情况下，无权向其臣民征收任何费用"。首席法官罗伯特·伯克利爵士（Sir Robert Berkeley）补充说："我王国之人民乃臣民，非为奴隶；乃自由民，非可任意盘剥之隶农。"

随着普通法的持续适用，本地一级法律和代议机构也得以发展。和诺曼君主一样，斯图亚特王朝发现：在法庭和教堂中做些改变，远较控制郡一级官员更为容易。像他们的先辈一样，郡治安法官、死因裁判庭法官、民事法庭法官、和平法官、教堂监管员以及其他官职人员，从撒克逊时代起，在大部分事件处理过程中都可不受限制地行事。这些官职通常被本地豪门望族把持，而往往同样是这批人占据了下议院的席位。这就意味着，即使国会被关闭，也不能完全消除对国王的批评之声。特别值得一提的是，巡回法院在整个内战期间依然持续发挥功能，这可称得上是最为顽强和长寿的地方机构。

即便如此，如果不是因为大不列颠的另一个特征，查理也完全可能胜出。这一特征就是不列颠作为一个岛国，不需要常备军。一旦国王能维持国家的和平局面，他就可以做到独立统治。但是，即使用上他的法律顾问能找到的所有的古老的财政手腕，没有国会提供的资金，查理也供养不起一场战争。所以，就在国会解散后不久，查理迅速和西班牙达成了和平协议。但是，战争最终还是爆发了，双方都没有任何预警。

1637 年，一个名叫珍妮·杰德丝（Jenny Geddes）的集市贸易商在爱丁堡圣吉尔斯大教堂策划了一起掷折叠凳事件，最终把查理从王位宝座上拉下马。苏格兰一直沿袭宗教的苦修传统，国王急切渴望把这一做法推广至英格兰的所有教会。当爱丁堡主教身着白色法袍在某个星期日上午走进大教堂时，信众发出了声声叹息。而就在这个可怜的人正准备宣读国王新近批准的公祷书时，叹息变成了惊呼。

珍妮·杰德丝太过分了。她跳出来，在教堂执事耳边尖叫："魔鬼会让你肚子绞痛的，你这个冒牌的窃贼！你竟敢在我耳边宣读弥撒？！"随后，她抄起事先带来的折叠凳，向主教的头上猛掷过去。与此同时，她的一些教友也一拥而上，一边高叫"弥撒！弥撒！"一边七手八脚地撕扯主教的法袍。

骚乱迅速波及了整座城市，随后又延烧至低地地区。苏格兰清教徒团结起来要求签署神圣盟约，发誓抵制那位虽然出生在法伊弗（Fife）但大部分时间都耗在英格兰的国王的教皇改革举措。苏格兰教会全体大会自认抗议者之首，组织他们掀起了全国性抗议声浪。

查理国王的反应让人惊愕。他在英格兰境内组建了一支军队，准备再度征服他的故乡。军队在边境线集结引发了边境两边的恐慌。很明显，一旦国王身后尾随着一支大军，那他就很可能实行更邪恶的统治。随着查理不识时务地把若干天主教官员擢拔至高位，这样的担忧进一步加深。英国人再也不愿继续奉陪顽固的国王玩这场军事冒险。这场冲突的正式名称——"主教战争"（Bishops' War）——已经告诉我们其不受欢迎的程度。很多英国清教徒同情苏格兰长老教会，憎恶为战争买单，因为如果这样，这位不受欢迎的国王就可以继续推行他们不喜欢的宗教改革。那一年，造船税遭到了几乎全国范围的普遍抵制。

在这样的背景下，查理的失败毫不奇怪。他的士兵完全不是誓为信仰和家园而战的盟约派的对手。随着苏格兰人节节推进，国王的金库已经无法再维持战争了。在走投无路的情况下，查理召集了新国会。1640 年 4 月，在积累了十一年的怨愤之后，现在已经将国王认定为独裁者的国会重新开张。议员们直接拒绝了国王提出的补贴要求，除非积怨得以消除。私下里，他们开始单独同苏格兰进行谈判。惊怒之下的国王在三周后立即解散了这届所谓的"短期国会"，但是，他的处境更糟了。苏格兰盟约军已经进入英格兰，占领了北方部分城市。国王没有选项了。到 11 月，他召集了后来所称的"长期国会"——这届国会一直维持到 1660 年才告解散。

被召集回来的议员都清楚王室永久独裁者的危险；国王则尽力摆出柔和的姿态，发誓一定会重视议员们对宗教、财税问题的诸多意见，把"宗教、政府事务减至伊丽莎白女王时代最简单的程度"。但国会已经不再相信查理，他们要为这段非法统治的年月申冤，弹劾当时的王室顾问。

与此同时，他们也很担心查理一旦有机会就会驱散国会，重回武力统治。有消息称，国王的一些官员正在积极谋求西班牙的军事援助，王后已经从她的哥哥——法兰西的路易十三世——那里获得了支持。如果不是长期存在于这个国家的两派宿敌的恩怨糟糕到这种地步，查理不会解散在爱尔兰的军队——谣言四起，说军队就要在伦敦登陆了。

国会再次面对来自伦敦平民的各种观点的众声喧哗，他们是整个 17、18 世纪代表激进主义、新教徒的生力军。发生宫廷政变的可能性变得空前真实，宗教、财政和宪法大讨论让位于一个更加尖锐的问题：谁将控制军队？

1641 年 11 月，爱尔兰天主教徒爆发了反对英格兰－苏格兰后裔庄园主在爱尔兰东北部拓殖的大起义。消息传到伦敦，就前述问题达成妥协的所有希望破灭了。法律随后颁布，宣布只有国王才有统率军队的权力。但国会作出决定，不得设立受国王支持的大规模常规军。议员纷纷宣布：除非国王把军队交给由国会任命的郡治安长指挥，否则不会授权国王建立这样的军队。

国会一直担心国王随时可能发动政变，这种迹象变得越来越明显。1642 年新年前后，查理动手了。他把伦敦塔的卫戍部队换成从北方调回的皇家炮兵，声称国会从今往后受国王的军队保护，同时下令伦敦市长在必要时可用火药枪驱散暴民。1 月 4 日，查理一马当先，率领三百近卫军来到威斯敏斯特寺，公然违反国会传统和特权，强行进入议会厅，坐到议长的发言席上。他宣布，此次前来，是要逮捕带头反对他的政策的国会议员。查理没找到"叛徒"，随即要求议长威廉·伦索尔（William Lenthall）说出那五个人的去向。

议长不卑不亢地答道："尊敬的国王陛下，我无眼可看也无舌可言，下院引领着我，我是这儿的奴仆。"

国王扫了一眼长长的席位，咕哝了一句"他也有眼睛"，接着说："啊……我看到鸟儿已经飞走了。"

五个国会议员逃到伦敦城，那里是坚决支持他们的商人阶层的大本营。国王侵犯国会特权的暴行使民意倒向了国会议员一边。下议院议员们逃到杂货商协会的侍从室避难。事态发展几乎不可避免，他们自命为城市军的领袖，发起了与王军的武装斗争。接下来的一周，国王因为担心家人的安全，撤离了伦敦。

当政治派别纷纷选定站队以后，事态终于出现了明确的走向。双方都在努力寻求妥协，但彼此间的信任早已耗尽。5、6月间，贵族和绅士投奔国王驻扎在约克的军营，双方支持者之间的裂痕不可弥合。8月18日，国会宣布所有支持查理的人都是"叛国者"。四天后，国王以中世纪特有的显赫姿态，在诺丁汉升起了王军的旗帜，召集全体国王的臣民效忠他们的领主。第二天，王旗在恶劣的天气中跌落在地。

第一场表亲战争

接下来的冲突横扫了所有讲英语者居住的王国。在苏格兰，主教战争让位于盟约派与保皇党之间的内战，后者得到了爱尔兰军队的支持。而在爱尔兰，教派冲突更为激烈，演变为联合战争（有时又被称为十一年战争）。这场战争终结于英格兰和苏格兰方面的两线入侵，以及至今想来仍叫人不寒而栗的大屠杀。至于英格兰境内，则先后发生了两场以恢复君主制为目的但以破产而告终的战争，第一场苏格兰人支持国会，第二场却支持国王。很多历史学家喜欢将这系列交错的战乱称为三国之战（Wars of the Three Kingdoms，威尔士那时是英格兰的一部分），尽管将它们视为第一次盎格鲁圈内战更为准确。

　　然而，战争还波及其他讲英语的地区。在广袤的大西洋和北美大陆，最早的殖民地正沿着海岸线艰难地建立起来。盎格鲁圈内战史很少提及它们，主要原因是它们的规模太小。17 世纪中期，英格兰人口达到 500 万，再加上 50 万威尔士人和大约 200 万爱尔兰人、100 万苏格兰人。而当时北美殖民地上所有讲英语的人加起来不会超过 4 万，主要集中在新英格兰地区。这个数量比英伦三岛人口的 1% 的一半还少。但是，这并不妨碍拓殖者打响他们的国内战争，而且他们自己也常感是在与大西洋对岸的同胞一起并肩战斗。

　　战争是检验国民性的试金石。每当外敌压境，国内的民众就迅速忘掉了内部争吵。17 世纪 40 年代搅动了整个英语世界的战争并不是一个国家对另一个国家的战争；换言之，战争不是发生在爱尔兰和苏格兰，或者爱尔兰和英格兰，以及北美殖民地的分支之间。毋宁说，这场战争后来在上述所有地区划分出两大阵营，并将对峙的双方推向不同的政治体制。

　　泛泛而言，在英格兰、苏格兰、北美和爱尔兰，出现了为君主制、贵族制、主教制度、等级制以及王权和土地而战的一派，同时也出现了为个人主义、新教、代议制政府和自由贸易而战的一派。这种分化脱胎于为政治共识而进行的战斗，形成了盎格鲁圈的基础，也形成了盎格鲁圈中常见的两党制。

正是在三国战争时期，第一次出现了"辉格党"和"托利党"的名称（尽管在它们成为政治标签之前，类似的词语早就开始流通了）。"辉格党"是"好斗的苏格兰长老会派教徒"的缩语，主要用来指那些反对向查理国王妥协的苏格兰盟约派成员。"苏格兰长老会派教徒"一词出自苏格兰语"好斗的倔脾气"，暗讽他们是一群乡下土包子。

而"托利党"一词则来自于爱尔兰语中"穷追不舍的人"，或者掉书袋的说法，即"不法之徒"。最早那批托利党人是战败的爱尔兰天主教徒。17世纪50年代，这批人流亡岛内，衣食无着，在爱尔兰西部小岛断断续续打游击。曾有克伦威尔的官员写过如下悬赏令，缉拿三种野兽："第一类是狼，每头五英镑；如是母狼，赏十镑。第二类是牧师，每颗人头我们付十英镑。第三类野兽是托利党人，值二十镑。"

这两个词最早在17世纪70年代出现，被用作政治攻击的工具。在宗教极端分子常被声讨的社会氛围下，把某一反对派比作吵吵闹闹的苏格兰长老派成员或者爱尔兰天主教流氓，肯定不是什么好词儿。然而，正如我们看到的，这些攻击也常常被受攻击的对象骄傲地笑纳。它们在接下来的一个世纪中奠定了整个盎格鲁圈两党制的基础，并且留下了传诸后世的名称。英国和美国的辉格党一直存在到 19 世纪 60 年代，英国和加拿大的保守党至今有时仍被称为托利党。

然而，这种党派标签仅仅是全盎格鲁圈划分出的思想战线的外在表现，与政客们实际怎么称呼自己无关。

随便举个例子。乔治·艾略特（George Eliot）的《米德尔马契》（*Middlemarch*）被誉为最伟大的英文小说，这本书于 1871 年和 1872 年分上下两册出版，讲述了一个英国乡间小镇四十年前的故事。这是一部时间和空间跨度都很大的小说，穿插了众多乡绅家庭和镇上居民的生活片段。小说读者很快就能看到，按照人们的社会偏好和宗教派别而不是政治竞争，作为英国同类型乡镇代表的米德尔马契镇分为了两派——尽管人们的政治立场早就由 1832 年《改革法案》（Reform Act）划出了界线。"托利党"和"辉格党"等词在小说中极少出现，因为作者认为，她的读者不管生活于哪个年代，都可以立即辨识出，这种分裂既是文化的，也是政治的。托利党－辉格党的分化在艾略特写作小说之前，已经以保守派－自由派的形式在英国存在了两个世纪以上；在小说出版后，又延续了半个多世纪。直到 20 世纪 20 年代民主社会主义兴起，它才被另一种意识形态斗争所取代。托利主义和辉格主义与孩子们自小在主日学校里接受灌输而形成的宗教派别有着密切关联。这种分化，用杰斐逊的话来说，是"深植于人性的"。

最早的辉格党人和托利党人有意识地用前代人的圆头党和骑士党来自况。（圆头党就是反对国王查理一世的议会党人的绰号。清教徒倾向于反对当时留齐肩发的时尚，尽管很多画像表明大部分议会派也和他们的保皇党政敌一样，蓄着奢侈的卷发。）

这样的冲突在整个英语世界不断深化，由此形成了遍及盎格鲁圈的政党制度。

不言而喻，三国之战发生在不同的国家和不同的宗教之间。在任何地方，本地冲突都会塑造出意识形态的斗争。在爱尔兰，爆发了占人口大多数的天主教徒反抗异族统治阶级的民族起义。在苏格兰，战争进一步激化了讲英语的长老派低地居民与被他们的语言、习俗和宗教信仰所包围的讲盖尔语的部落之间的敌意。因为高地内部的相互仇杀，忠诚变得更加复杂：一些部落自发地反对他们的世敌。在爱丁堡，这些人的首领按照盎格鲁－日耳曼方式被封为伯爵或者公爵。他们像政治家一样谈论问题，深知他们的权力依靠的正是从深沟巨涧中召集起成百上千阔刃大刀的能力。

发生在英格兰、爱尔兰、苏格兰和美利坚的战争不仅仅被参战者的同仇敌忾联系在一起，而且亲斯图亚特派和反斯图亚特派之间的战争超越了国境线。苏格兰盟约派在同国王的战争中，推进到了英格兰；然后又调转立场，与国王联盟，作为对后者作出的在英格兰境内承认长老宗的报答；最后，他们又被克伦威尔所征服——克伦威尔实际上吞并了苏格兰。爱尔兰天主教同盟派出军队援助苏格兰保皇党人，军队受苏格兰部落首领阿拉斯代尔·麦克考拉（Alasdair MacColla）和他的爱尔兰表兄马努斯·欧可汗（Manus O'Cahan）统率。爱尔兰向苏格兰发兵以后，遭到苏格兰和英格兰的清教徒的入侵。尽管爱尔兰军队从未真正踏入英格兰领土，但他们随时可能登陆并且实行"主教制和奴隶制"的威胁始终不曾消散。单此一条，就被圆头党人大加渲染，成了最有效的宣传战攻势。

在北美殖民地，阵营与战线的分化也和别处一样。宽泛地讲，弗吉尼亚人属于骑士党，而新英格兰人则是圆头党。重要战役多发生在马里兰的天主教徒和清教徒之间。清教徒在战斗中略占上风，尽管巴尔第摩总督和他的手下在查理二世于 1660 年即位时重又恢复了权力。

那么，划分两派的分界线又在哪里？

社会支持是一个方面。骑士党能够得到大多数贵族和效忠国王的自耕农的支持。而圆头党则在商人阶层中更为流行，伦敦城就是他们最坚固的大本营。

地缘是另一个方面。在英格兰，对国会的支持主要自来东南部，这一地区后来演变为"东部联盟"，包括诺福克（Norfolk）、萨福克（Suffolk）、艾塞克斯（Essex）、剑桥郡（Cambridgeshire）、亨廷登郡（Huntingdonshire）、赫福德郡（Hertfordshire）和林肯郡（Lincolnshire）。奥利弗·克伦威尔招募的高唱圣歌的骑士正是来自这一片平坦丰沃的土地。骑士党军则从湿冷的英格兰北部山区、西部乡村及威尔士获得支持。

在苏格兰，保皇党的腹地位于主要信奉天主教的高地地区

（坎贝尔群岛是例外），以及天主教信徒占大多数的东北部地区。在爱尔兰，国王的支持者们分布在新教徒聚居的东北部和部分东部海岸城镇以外的绝大部分地区。

北美人继承了他们在英伦岛上的先辈们的政治忠诚。在新英格兰居住的主要是来自"东部联盟"的拓殖者，他们以老地名命名新城镇：波士顿、比勒里卡（Billerica）、剑桥、戴德姆（Dedham）、哈特菲尔德（Hatfield）、哈里奇（Harwich）、伊普斯维奇（Ipswich）。这样一来，他们觉得自己与在英格兰的新教家族如此接近——事实上，这些家族与他们相隔也不会超过一到两代。战争爆发后，马萨诸塞的清教徒们又跨过大西洋回到家乡，与他们的表兄弟并肩战斗。

17世纪40年代毕业的哈佛学生有一半以上见证过圆头党一方在英国内战期间的行动。与之相反，大多数弗吉尼亚人都是圣公会教徒和英格兰乡间大地产的仰慕者，他们早已复制并信守着对国王的效忠。

总是强调社会和地区差异无异于一种忏悔室内的分裂。因为，我们这个年代早已克服了宗教宗派主义。我们很想淡化战争的这一方面，不要总是盯着阶级和地缘因素。但事实上，其他所有因素都被染上了宗教色彩。

清教势力在城镇比在乡间更强，在手工业者和商人中比在地主阶层中更强，在英格兰南部和东部比在北部和西部更强，在新英格兰比在弗吉尼亚更强，在阿尔斯特比在爱尔兰其他地区更强。同时，清教在老一代人中较之新一代人中似乎拥有更多的拥趸。此外，还需提醒的是，王权神圣在当时算得上是个时髦的新观念。

战争的故事三言两语就能说完，因为本书不是要记录战争史。以后见之明，我们不难发现：查理国王唯一获胜的机会就是在战争一开始就抓住伦敦；而他的失误使得圆头党占据了财政和人口上的极大优势，随着时间的流逝，这一点越发明显。

起初，战争被控制在相当温和的程度内。滥杀现象很少，暴行也几乎看不到。如果一方占领了某个地区，那么对方最担心的通常莫过于挨家搜捕了。有时，他们会被要求有条件的假释：只要他们发誓不再携带武器，就可以释放了。

我们只需看看同一时期的德国发生了什么，就不难知道这一切有多么特殊。德国三十年战争此时正进入到血腥的最后挣扎阶段，恐怖事件时有耳闻：屠杀平民，处死囚犯，烧毁民房。1500 个镇和 18000 个村被彻底洗劫，侥幸逃过一劫的也需花数十年时间才得恢复。德国和捷克境内丧失了大概三分之一人口；在战争最为激烈的地区，人口锐减的程度还要严重——全勃兰登堡大约有一半的人口丧生，在符腾堡，这个数字达到了四分之三。

英国内战相对温和的一个原因在于，英国人中占据压倒性多数的是英国国教徒。也就是说，人们之间的宗教信仰差异仅仅是存在于同一个教派内部的。五个英国人中就有四个自愿皈依英国国教。在 1640 年，天主教徒的数量极少，大约只有六万人。他们一旦缴纳因不服从国教而遭致的罚金，便可公开进行自己的宗教活动。还有更多的，是所谓的"教奸"。他们表面上参加英国国教会的敬拜活动以免遭惩罚，私下里却为教皇做事。这些人的数量很难统计，但应该不会多于总人口的5%——这个比例在上层阶级中更不容易算出。在清教徒中，这种"双重身份"的教徒比例要高一点，大约是15%左右。

在内战期间，有些天主教徒选择了鸵鸟战术，其余的则接受来自天主教贵族的慷慨捐助，为国王而战。几乎所有清教徒都支持国会。但两大宗教极端势力极少发生直接冲突。双方军队都由英国国教的人领导，军官也基本都是英国国教的人。

在英格兰，清教徒和天主教徒联合起来反对国教，胜过他们彼此之间的相互敌对（而在爱尔兰，情况则稍微有所不同）。但是，也有少数例外，清教徒和天主教徒发生激烈冲突，其惨烈程度不亚于两派教徒在德国战场上的血战。

博尔顿（Bolton）是清教徒控制的纺织重镇，被邻近属于天主教的兰开夏郡（Lancashire）包围。1644年5月28日，在一个风雨交加的夜晚，鲁珀特亲王（Prince Rupert）率领一支主要由天主教徒组成的王军突袭了博尔顿镇，数百守军和平民被屠杀。次年，温切斯特侯爵（Marquess of Winchester）把他的贝辛庄园（Basing House）变成了天主教徒的避难所，一些牧师和耶稣会成员也到此寻求庇护——他们被克伦威尔四处缉拿，所提出集会商议的要求遭到无情拒绝。在贝辛，平民与士兵一道遭到屠杀。[其中，建筑大师伊尼戈·琼斯（Inigo Jones）侥幸逃生。他当时几乎全身赤裸，跑出来时只裹着一条毯子。琼斯设计的辉煌的意大利风格的作品——包括白厅的宴会厅——使清教徒们相信，国王就算不在技术上，至少在审美上，也已经是一个十足的罗马天主教徒了。]

这些让人震惊的对抗在历史上显得尤为突出。然而，战乱波及的诸郡虽然饱受征用与洗劫之苦，但还不至于像别国那样，已经将野蛮暴行视为战时常态。一些圆头党人开始怀疑，他们的领袖——艾塞克斯和曼切斯特伯爵——是不是正在打算就此收拳了？！国会军越来越不情愿靠征用来维持战争。贵族将军们盼着和平谈判，寄望看到回来复位的国王能变成立宪制下的君主。没有人想预先确定什么解决方案。正如曼切斯特将军悲哀地说："即使我们打败国王九十九次，他还是我们的国王，他的后代也是国王；如果国王打败了我们一次，我们就得上绞架，我们的后代就得沦为奴隶。"

然而，将军的军队却绝不会妥协。清教徒们被宗教激情点燃，要的是全面胜利和一座新耶路撒冷城。最终，他们通过了《自抑法》（Self-Denying Ordinance），强迫全体国会议员（包括国会军总司令艾塞克斯和曼切斯特将军在内）自行辞职。在1645年，领导权转移到托马斯·费尔法克斯爵士和新崛起的来自沼泽地区的骑兵团军官克伦威尔手中。清教徒士兵们视这个唱歌和颂诗的军官为他们自己人。这支传统乡村地区招募来的军队被公认为纪律如铁的骁勇之师，获得了"新模范军"的美誉。从此以后，一切就只是时间问题了。1645 年 6 月，保皇党的两支军队在北安普顿郡的纳斯比（Naseby）被击溃，查理一世的大业就此断送。

国会的人企图和战败的国王谈新条件；但他们很快发现，就在他们和手下败将讨价还价的谈判过程中，国王悄悄地重新占了上风。最终，查理一世和苏格兰盟约派达成了秘密协议：承认在英格兰的长老宗，以此作为赢得后者支持的交换。保皇党又开始在英格兰境内起事，苏格兰军队穿过边境线援驰王军。1648 年，克伦威尔在普雷斯顿之战（Battle of Preston）中一举击溃了联手的敌军，英国第二次内战结束。

如果说第一次内战终结于宽容与慷慨之精神，第二次内战则充满了复仇的欲望。国王的表现印证了他的反对者最为担心之处：狡诈善变，两面三刀，而且噬权若渴。曼切斯特将军的抱怨言犹在耳："只要给查理一世翻身的机会，那就不可能有永久和平的解决方案，也不可能重回限权宪法。"军队领袖和国会议员被迫得出和八年前同样的结论：英国不能再为一个人冒险，国王必须死。

1649 年 1 月 30 日，查理一世被押解至伊尼戈·琼斯的白厅宴会厅外。国王要求再多加一件衬衣，以免冷得发抖让臣民以为他害怕了。正如当时的诗人安德鲁·马维尔（Andrew Marvell）所言："他什么都没做，也不要求任何纪念性的仪式。"查理一世从容赴死，引发了对殉道者的宗教狂热，这使得他儿子在十一年后的复位变得相当顺利。

　　战争以唤醒英语民族间跨边境的联合开始，如今，再以这些边境线的真正消亡而结束。就像克伦威尔实行的严酷统治一样，这是第一次，整个盎格鲁圈——也就是英伦三岛再加上北美殖民地——处于一个统一的政权下。从1653年到1659年，一个单一的政府统治了被称为"英格兰、苏格兰和爱尔兰联合共和国"的国度。政府的最大敌人不是任何一个区域的分离主义，而是分散在所有地区的保皇党人的敌意和对抗——这种情绪有时甚至能扇着翅膀飞过大西洋。

　　1652年，一支军队被派往驻守弗吉尼亚，总督立刻意识到查理二世将成为继他父亲死后的下一任国王，重返大位。弗吉尼亚保皇党人一枪未发，立即接受了这一现实。爱尔兰大部分人口过去至少在名义上是支持国王的，这一地区酿成了血腥的事件，直到今天，这一惨烈战事的名字依然还在回响。

　　在1653年9月，克伦威尔包围了爱尔兰德罗赫达城（Drogheda），该城当时由一支天主教徒士兵组成的卫戍部队驻防。克伦威尔要求部队司令（一个英格兰保皇党人）投降。司令知道邻近有一支奥蒙德公爵（Duke of Ormonde）领导的四千人的保皇军，于是拒绝投降。克伦威尔率军破城，损失惨重。国会军进入城后，大肆屠杀他们见到的每一个士兵。平民送命，教堂被毁，教士们被追打致死，最少有两名保皇党军官被送进大狱，后来又惨遭枪杀。

克伦威尔的行径在英格兰引发震惊，至今仍是爱尔兰记忆中的伤痛与仇恨。按照当时的标准，这样的情形并不罕见。那个时代的人们很容易理解这一点：城池被围，城内的守军无疑是占优的，而围城的军队则容易沦为饥饿、疾病和两面夹击的猎物。所以，战争惯例是，如果防守一方拒绝投降，那么，他们就会被处死，尤其在欧洲战争规则下，这种屠杀是正常的。

然而，在盎格鲁圈，除了前述提及的博尔顿和贝辛之围是极少的特例以外，这种大规模杀戮在当时几乎闻所未闻。教派解释是一种明显的说法。如果没有中间道路的圣公会的温和影响，讲英语者也会习惯于像欧洲的宗教狂热分子一样，彼此杀戮。在一封写给议会议长索尔的信中，克伦威尔为其在德罗赫达城的行径辩护，称这是"神圣的惩罚"："我相信，这是上帝对那些可怜的野蛮人的公正裁判，他们的双手沾满了无辜者的鲜血。这样做（屠城）是为了防止将来他们的血和无辜者混在一起，这总该是让人满意的理由吧；不这样做的话，不足以让他们为自己的罪行感到自责和悔恨。"

我们数度为圆头党人极富攻击性的爱国主义所震惊。这种爱国情绪首先起于英格兰，随后扩展至整个讲英语人群。国会支持者们不断声讨保皇党人认贼作父、卖国谄外的行径，这也是为什么美国《独立宣言》中出现对"外国雇佣兵"的控诉的原因。国王向荷兰、丹麦、西班牙、法国和梵蒂冈寻求支持。他的求助没有一次如愿，没有哪个欧洲王室愿意帮助一个他们认为不值得信任同时也明知其是在投靠敌人的人。国王的外交政策简直是个灾难，因为，正如辉格党历史学家特里维廉（G.M.Trevelyan）在1924年所写，查理所要求的"军事援助，诋毁他的人一直在说就要来了就要来了，可是从来没有兑现。国王是被这些他自己招来的影子部队打败的"。

　　然而，尽管英国圆头党人对这些阴魂不散的海外幽灵深恶痛绝，但他们在邀请苏格兰人并肩战斗这一点上，从来没有丝毫迟疑。他们视爱尔兰天主教盟军的支持者为反叛者，而非外敌。这并不是说盎格鲁圈认同感已经取代了对英格兰的忠诚、对苏格兰的忠诚和对爱尔兰的忠诚；但是现在，确已出现了一个"讲英语者联盟"，联盟成员彼此之间不像对匈牙利人或者瑞典人那样完全是国与国的关系。

　　这是建立在共同的政治原则之上的盎格鲁圈身份认同形成的关键时刻。英语民族开始意识到，那些把他们和欧洲区别开来的事物——个人自由、法治原则、代议制政府以及其他——正是盎格鲁世界的共同财富。长老会的神职人员在布道中将英格兰和苏格兰比作以色列和犹大国，都是获得上帝恩宠的同宗同族的国家；阿尔斯特新教徒和新英格兰人更是认定他们结成了被选中民族的神圣联盟。

　　这种感情中，一方面夹杂着沙文主义的成分，另一方面也包含了坚信内战的成果拯救了盎格鲁圈自由事业的信念——自由从来都与清教密不可分。特里维廉请他的读者想一下：如果内战的结果不是这样，"那么，欧洲这股奔向专制主义的思想和实践潮流很可能就将英国裹挟其中，英国也就成为纯粹的欧洲国家体系的一部分。但纳斯比战役改变了这一切，英国确立了它在新旧两世界之间的独立地位"。

英格兰共和国时期见证了激进思想的爆发，有的怪诞，有的崇高。小册子作家与布道者呼吁男女平等、完全民主、废除审查制。约翰·弥尔顿[1]可称得上他们中最伟大的一位——事实上，准确地说应该是继莎士比亚之后最伟大的一位。弥尔顿曾在克伦威尔的政府中任职，他不仅要求上述自由，还倡导离婚自由、言论自由。

弥尔顿是盎格鲁自由主义万神殿中的一尊半神。在圣公会牧师、维多利亚时代作家马克·帕蒂森（Mark Pattison）笔下：

> 他捍卫宗教自由，反对主教制；捍卫平民自由，反对王室；捍卫出版自由，反对行政审查；捍卫良心自由，反对长老会贵族统治；捍卫国内自由，反对教会法的独裁。弥尔顿撰写的小册子全都打上了塞尔登（Selden）用希腊语在他每一部著作中的题词："自由先于一切。"

1　约翰·弥尔顿（John Milton，1608—1674），英国诗人，思想家。英格兰共和国时期曾出任公务员，因其史诗《失乐园》和反对书报审查制的《论出版自由》而闻名于后世。

　　在弥尔顿心目中，自由并不等于不要规则（他将此称为"执照"）。自由，毋宁说来自有德和理性的独立判断。自由之美德只能存在于参差多态的不同观点中。弥尔顿相信，在多种观点彼此竞逐的缝隙间，自由得以生长："哪里有求知的热望，哪里就必然会有激烈的辩论、写作，以及多种观点，因为优秀者的观点只能是在竞争中产生的知识。"

　　弥尔顿的政治思想使他最伟大的作品《失乐园》增色不少。《失乐园》重述了亚当的堕落，"向世人昭示天道的公正"。读者若不为弥尔顿对亚当甚至是撒旦的一腔同情所打动的话，是不可能读懂那些优美的诗句的。相反，在书中，上帝的出场是无情的、高傲的、冷酷的。弥尔顿痛恨任何权威，正如他那些谴责教皇和王室的申明一样，弥尔顿情愿让自己的激进自由主义染上他的宗教观色彩。

　　过渡时期的一个好处是带来了欧洲闻所未闻的宗教多元主义。不少国家都实行了宗教宽容政策，允许少数教派的信徒敬拜他们自己的神。但是，允许不同教派间可以自由改宗，这在欧洲是从未听到过的。

　　宗教多元主义与清教徒对《旧约》的强调两相结合，产生了一个更妙的后果。1655年，一个名叫米那西·本·以色列（Menasseh Ben Israel）的犹太人向克伦威尔提交了一份请愿书，请求政府重新接纳他的族人——他们自1290年后被逐出英格兰。克伦威尔，这位老骑兵团司令官、亲犹太人士，一心想要发展与荷兰的贸易，欣然同意这一请求。结果，犹太人得以重返英格兰，很少受到在欧陆那样的法律歧视。即使是王政复辟之后，他们的地位也几乎没有改变。正如保罗·约翰逊（Paul Johnson）在《犹太人史》（*History of the Jews*）中所说，在美国诞生之前，英格兰无疑是犹太人生存、活动首选的乐土。因为，在宗教裁判所宣布对非基督徒不具有管辖权的时代，犹太人是被分列在一个单独的法律类别中的。这种单独的法律地位使得欧洲犹太人数个世纪以来一直活在各种歧视和迫害之下；而在英格兰则相反，犹太人只是受到了其他所有非国教徒也同样会受到的相当温和的限制。一个 18 世纪的英国犹太教徒和卫理公会教徒、天主教徒，是被一起列在同一个法律目录之下的（所有限制直到 19 世纪才被提高）。

说亲犹倾向是辉格党的特征，这听上去似乎有点不可思议；然而，亲犹与辉格主义之间的关联古已有之，偶尔会以某些出人意料的方式表现出来。20 世纪 90 年代后期，也就是北爱尔兰暴力活动的最后阶段，你可以从悬挂的旗帜判断出哪是独立派的地盘，哪是联合派的地盘。独立派在爱尔兰三色旗旁边，会升起巴勒斯坦解放组织的旗帜；而联合派，古老的辉格党和威廉三世事业的继承人，则会紧挨着联盟旗悬挂以色列的大卫王星旗。

共和国见证了自由的扩展，却并没有看到民主的同步跟进。议会军的胜利并不意味着议会制政府的胜利，相反，克伦威尔倒向了军事独裁。他解散了残余的下院，通过牧师与士兵统一了三国。英格兰、苏格兰和爱尔兰如今都在军事政府的统治之下——

如果当时克伦威尔感觉哪怕有任何需要的话，美利坚原本也会是同样的命运。然而，在这一过程中，北美拓殖者成了共和国最坚定的拥护者，在复辟之后保护了很多出逃的老兵。

老统治阶层退出政坛，回到了他们在乡下的庄园。克伦威尔千方百计想召他们回去，甚至任命了一个上院的召集人来敦促这一工作，但是老贵族们拒绝再为这个如今自诩是"护国公"的人做任何事。

克伦威尔在世时，依靠其个人强力维持统治；死后，像大多数军事独裁者一样，他的儿子被推举为名义上的领袖，高级官员和军事将领则各自把持要职。一位历史学家写道："奥利弗在他的坟墓中统治英国。"事实很快就清楚了，继承人没法唤起必需的忠诚。这样一来，唯一具有合法性的统治只能复活"古代宪法"了，换言之，也就是古老的议会两院与君主的共治。要么这一代人、要么下一代人回到历史的主流，只是一个时间问题。

在当时，苏格兰总督乔治·蒙克（George Monck）是国会军最高军事长官。他的军队向伦敦挺进，无人敢挡。1640年议会下院中还没离开的议员被召集，很快又被投票解散，要求重开新的选举。新议会产生了，这一次，两院议员齐集。新议会在第一次会期的任务就是接受先王流亡在外的儿子的求和信，信中祈求国会谅解，愿意偿还拖欠的议会军津贴，承认内战以来的地产变动以及附条件的宗教多元化政策。亲王以其得体而又诚恳之态得到了国会的认可。新议会的成员比起前几届议会来说，清教徒和激进派的数量更少——部分原因大概是由于其成员来自更年轻的一代，他们投票同意撤销过渡时期的立法机关，恢复君主制。1660 年 5 月 29 日，从法国被召回的查理二世抵达伦敦，这天正好是他 30 岁生日。

从复辟到革命

保王党人得到稳定的议会多数支持，现在是他们秋后算账的时候了。还活着的弑君者，也就是那些直接参与了查理一世的审判和行刑的人，统统受审，大部分随后被处死；那些已经死了的，则遭到掘墓戮尸的对待。被驱逐的骑士重又回到他们原来的庄园。

克伦威尔统治时期推行的清教主义被扫荡一空。剧院重新开张，酒肆妓院生意兴隆，时髦的绅士在他们乐于纵欲的国王身上找到了效仿的榜样。

英国国教最终统一了宗教的制度和仪式，导致大量清教徒远走他乡。主教权威最终确立，劳德改革的很多措施得到认可。劳德是一个温和虔敬的人，因为议会发布的一项报复性命令而被砍头。官方神学渐与加尔文主义分道扬镳，开始把重点放在自由意志上（这倒不是说神学对国教徒来说不重要，英国国教包含了宽泛的信仰）。

然而，新确立的宗教制度已经悄然发生改变，这一重要性却少有历史学家注意：国教如今已摆脱了国王的控制，处于国会管辖的范围之内；而此前这样的改革遭到每一任国王的抵制。

还有一点必须要注意：今天的人总是想当然地认为我们如此需要政府，所以，历史学家们总会在各类法案和决议中"发现"查理的"骑士议会"有多拥护君主和国教会。然而，有些事情虽未言说却并不能视而不见。下院现在已经毫无争议地垄断了通过征税获得财政收入的专属权。任何君主再想对议会的言论自由擅加控制已经不可想象，更不用说像查理一世那样肆无忌惮地咆哮议会。（直到现在，黑杖侍卫如果要召唤下院议员参加女王的议会开幕式演讲，下院的门都会象征性地对着他"砰"地关上。）《三年集会法案》（Triennial Act）稳固地保障了常规性选举，尽管查理二世总能千方百计找出法子规避这些条款。

1660 年复辟，对于合法的议会来说，是第一次；对于君主制来说，这是第二次，也是最后一次。麻烦在于，新国王不这么看。查理二世在流亡法国期间，目睹了更强势也更绝对的君主制。他和他的祖父、父亲一样，不遗余力地希望筹到比议会准备拨付的多得多的钱。可惜他没那么走运，无法像他的祖父和父亲一样通过法外途径捞到钱财。

于是他开始打他的表弟路易十四的主意。很难找到比这更不受欢迎的方案了。法国是英格兰的宿敌。查理二世流亡海外的经历、他的法国母亲以及黧黑的面孔已经使他成为英国国内反法偏见的箭靶子——就像我们在本书第三章诺曼征服以后看到的那样。在当时，法国有着全世界范围内最强的天主教力量，同时也被所有其他国家，尤其是荷兰新教徒，视为打破欧洲均势的威胁。当然，路易本人也是绝对君主制的典型和象征。在太阳王的炫目光芒之下，即使英格兰和苏格兰最狂热的保王党人也会忍不住退缩。

然而，查理求财若渴，也没有比和朝内争论更高的热情去和议会讨价还价。他乐于用路易的金币为自己买得一段清静日子。1662 年，查理以 32 万英镑的价钱卖掉了克伦威尔军队四年前拿下的敦刻尔克港（Dunkirk）。这一举动吓坏了英国人：不光伤害他们的爱国之情，而且英国上下一直非常担心这座城市变成反攻英国船只的私人基地——事实上也的确如此。

民众的激烈反应迫使查理不得不陷入与法国的秘密谈判。1670 年，他与路易签署了《多佛密约》（Secret Treaty of Dover）。作为获得 200 万王室经费的交换，查理同意放弃同瑞典、荷兰的三方同盟，转而联合路易对荷宣战。他还向法王允诺，在时机合适时改信天主教。后来，查理在临终前的病床上皈依了天主教。

很难想象还能有哪个英国君主做得出比这更卖国的行径。查理把自己出卖给了祖国的大敌，背叛同盟，试图凌驾于议会之上，而且所有这一切都是在秘密中进行的。

秘密协议的条款直到下个世纪才得曝光，但它们已经不会使查理的臣民们大惊小怪了。他的亲法倾向不是秘密，他对议会的不耐烦举国共睹，而且他大加羡慕欧洲的绝对主义无需任何掩饰，甚至，他对天主教的同情也受到普遍怀疑。

事实上，让人奇怪的倒是查理的议员们比起他们的父亲在查理一世的执政期间受到的约束更多。查理二世的反对派们相当温和，始终诉诸宪法和议会斗争，只有在查理执政的最后时期才出现了直接对抗。对抗来自极少数共和派狂热分子。在共和国时期，为什么"好的老事业"[1]招来了那么多敌人？

部分答案在于英国清教势力的衰退，它的生命力随着移民潮流向了北美；但更多的解释是没人再关心那个已经没有悬念的继承人了。

当查理的弟弟责备他缺乏防护时，我们不妨想象国王可能如何回答："别担心，吉米。他们不会为了立你为王而杀我。"这个故事或许是伪造的，但它表达的情绪却是真实的。查理和至少八个情妇生了十七个孩子（他承认其中的十二个是他的子嗣），没有一个是合法的继承人。他的妻子，不幸的葡萄牙公主凯瑟琳·布拉甘萨（Catherine of Braganza），也就是那位将茶饮带到英国而备受赞誉的王后，经历三次流产，终至不孕。因此

1　新模范军的士兵把他们所支持的英国国会以及为之战斗的事业称为"好的老事业"（Good Old Cause）。在英国内战期间，他们反对查理一世王党，在 1649 年至 1660 年间，继续支持"共和国"。克伦威尔在 1643 年写给朋友的一封信中说，"一个质朴的、穿着黄褐色军服的、知道他为何而战和为何而爱的上尉"的原型正是共和国士兵的理想。那些"老的好事业"的支持者往往同时也是本地宗教事务自治的倡导者。

在查理死后，皇冠传到了他弟弟詹姆斯——约克公爵——手上。

1673年，在"天主教共谋"引发的近乎偏执的狂热氛围中，议会通过了《宣誓法案》（Test Act），要求所有担任英国公职者不得信奉天主教教义。詹姆斯因为坚持其已经秘密信奉多年的天主教信仰，辞去了海军大臣的职务。

查理执政的余下时期由此被各种改变继承规则，以便取詹姆斯而代之的企图所占据。现在轮到辉格党和托利党全面交锋了。辉格党担心一个天主教君主会给他们带来法国式的或者西班牙式的专制制度，一心想要赶走詹姆斯二世。托利党人虽然普遍也对天主教不抱好感，但他们相信继位权，而且纠结于一群凡人的集会就想挑战神圣的继承规则这一观念。尽管这样的斗争从某个角度来说，是宗派性质的，但最终引发了一个更深层的问题，即：主权是赋予国王，还是议会？

对于一个世纪甚至更长时间以后，大部分欧洲都闻所未闻的政党，也就是有着特定信念的、超越了一般意义上赞成或者反对某政权的组织，我们有必要来好好审视一番。即使在今天，盎格鲁圈内的政党体系的团结依然不多见。在很多国家，包括部分欧洲国家，很少有政党能活得比它的创始人更长。然而，在17世纪70年代的伦敦，托利党人和辉格党人的行为俨然已经具备了政党的形象。很多小细节把他们区别开来，比如：佩戴不同颜色的徽章；在烟雾腾腾的房间里聚会密谋，辉格党喜欢在咖啡馆，而托利党则去酒馆。

托利党成功阻击了《排斥法案》[1]在议会中的通过，一时似乎正处于黄金时期。但事态似乎从詹姆斯二世在1685年继位以后开始变得越来越坏。新国王登基，当召集新议会，这早已是长久确立下来的惯例，但詹姆斯基于各种理由却对此犹豫不决。这甚至让一个半世纪以后的辉格党历史学家麦考莱爵士震怒不已。他说：

> 这个时候实际上应当是举行普选的最好时机。自斯图亚特王朝执政以来，选民团体从来没有对王室这么友善过。但是，新王的心中却萦绕着难以言喻的顾虑。就算隔着这么长时间，也不能冲淡它的不光彩。国王担心召集议会会招致法王的不快。

讲英语者对于法国专制君主的反感常有回响。路易不愿看到海峡对岸出现一个自由议会，以使他自己的臣民有所想法。对路易来说，詹姆斯是一个比查理更可靠的同盟，或者用麦考莱的话说，一个"封臣和雇员"。

路易对他的表兄也不是事事帮忙。1685年，路易宣布撤销《南

1　1679年，英国国会提出《排斥法案》(Exclusion Act)，要求取消詹姆斯的王位继承权，由此形成了辉格党（拥护排斥法案者）和托利党（反对排斥法案者）。1681年，英国国王查理二世以有人动议讨论《排斥法案》为由解散国会，英国开始无国会统治时期。

特敕令》（Edict of Nantes），取消此前授予法国清教徒的宽容措施，这一决定的长期效果打破了长久以来从法国到盎格鲁圈的全球均势。数以万计有胆有识的法国人流向英国、北美和南非——其中就有保罗·列维尔的祖先。决定的短期效果则引发了全大不列颠的恐慌。这种担心绝不是挂在嘴上的，英国人从内心里害怕落到一个天主教君主的手里。詹姆斯对此若有丝毫敏感，都该出面平复一下这种恐慌情绪。然而，他所做的每一件事，只是在激怒他的国民。

历代历史学家们一直试图推翻麦考莱对詹姆斯二世的恶劣评价，但没有一个人真正成功过。

詹姆斯二世可能是斯图亚特家族中唯一一个毫无忏悔精神的君主。詹姆斯一世为人粗俗、卑劣、善变，然而还算聪明、亲和。查理一世对朋友两面三刀，对敌人冷酷无情，但起码相当勇敢。查理二世成天游手好闲，奢侈逸乐，骄傲自负，但需要的时候，他也机敏过人，魅力十足。然而，在詹姆斯二世身上，你几乎找不到上述任何品质。他愚蠢，狡诈，狭隘，自恋，毫无幽默感，固执不化，怯懦无能。据说他的宗教信仰无比坚定，但他强制推行其宗教信仰的粗放做法对于英国天主教徒来说，简直是场灾难。

詹姆斯二世的高级政务官劳德黛尔公爵（Duke of Lauderdale）曾在 1679 年这样评价未来的国王："王储继承了他父亲的全部缺点。就像他本人所说，他总是按自己的方式行事，简直就是一个没有教皇之名的教皇，这早晚会毁了他。"

　　事实比任何人估计的更快地证明了这一点。詹姆斯的臣民们不愿再冒下一次内战的风险。重要的军事将领对反对君主制的事业不感兴趣，英国国教的官方理论也臣服于主权者。当下议院最终被同意召开时，议员们批准了拨付给国王的慷慨的津贴，也似乎乐于取消各种反对天主教的限制措施，几乎没有议员质疑国王给予他的教友的种种宽松权利。

　　但是詹姆斯无论对战略还是战术都毫无头脑。他立即着手在朝廷内、在牛津和剑桥大学以及军队中推行天主教——最后这一点正是他的国民们最为紧张的。他命令国会彻底清除残存的《测试法案》，同时又要求加紧对不信奉国教的新教徒进行限制。他对国会作出的种种妥协照单全收，毫不感激，同时又继续索取更多。

　　觉察到敌意不断高涨，詹姆斯开始清洗国内每一个独立机构：伦敦城、郡尉、大学、市政团体、地方长官。国王的反对者们意识到他已经把超越宪法的权力攥在手里，而要想改变这一切决不能寄望合乎宪法的手段。反对者们渐渐聚拢到詹姆斯的女婿、荷兰执政威廉的身边。威廉此时正在欧洲发起新教运动。一个流亡荷兰共和国的辉格党反对派开始探试取代国王的路子。

　　最终，詹姆斯意识到他被先前与之结盟的议会抛弃了。国王在最后一次试图声张其权力的努力失败后，来了个180度的大转弯，甚至同意加强对任何反对清教的异议者的惩罚。然而，一切都太晚了，没人再相信他，无论国教徒，还是异议者。只有极少数耶稣会士成员和年轻、不切实际的天主教徒，还天真地看好他的政策可以引导他们。

国王下令每一个教堂都要宣读他亲自编定的允诺宗教平等的诏书。部分英国国教教士拒绝执行这一法令，认为这一措施威胁到国教的地位，而且国王的真实意图其实是要让天主教回到至尊位置。坎特伯雷大主教和六名主教领导了这场抵制运动。这些温和的人与国王彻底决裂了，他们从骨子里相信自己的天职就是绝对服从教会的最高统治者，而这一点正是对詹姆斯性格缺陷的针锋相对的挑战。

七名主教向国王提交了一份言语很不客气的请愿书，要求免除宣读诏书的义务。国王的回答是近乎卡里古拉[1]式的，指控这些人犯下煽动诽谤罪，并下令将其送进伦敦塔。这一次，圣公会主教受到来自全国的隆誉真是前无古人。民众涌向通往伦敦塔的道路，为德高望重的教士们喝彩，以至于卫兵不得不下跪乞求人们让路。案件在 1688 年 6 月被提交到王座法院，七主教最终无罪释放；然而，另一个普通法法庭才是斯图亚特治下的自由的最可靠的同盟。

在主教们等待判决期间，发生了一件事，大大增加了国王实行专制制度的可能性。1688 年 6 月 10 日，詹姆斯的妻子生下了

1　Caligula，古罗马暴君。

一名男婴。在此以前，他们原定的继承人是玛丽公主，也就是詹姆斯和第一任妻子所生的女儿。公主一直被作为新教徒养大。举国皆认为她不可能单独掌政，权力的缰绳最终会握在她丈夫奥兰治的威廉手里，威廉是当时荷兰共和国通过准继承的方式产生的执政。

詹姆斯的第二任妻子是摩德纳的玛丽亚·碧翠丝公主（Mary Beatrice of Modena），一个狂热的天主教徒，她的家族一直是法国的老主顾。玛丽亚·碧翠丝此前已经生过三个孩子，但没有一个活到成年。民间普遍认为她不可能再怀孕了，一时间谣言四起，有说王后不孕的，也有说国王在 17 世纪 60 年代患上性病所以不能再生育的。（詹姆斯和哥哥查理一样好色；在晚年，他亲眼见证了自己皇冠落地，视为其通奸行为所遭的天罚。）

小王子，也就是叫詹姆斯的男孩诞生的消息传开后，大部分国人难以置信。因为正当耶稣会盼望出现一个天主教男性继承人时，真就有这样一个人变魔法般出现了——这一切似乎也太巧了。有人宣称王后怀孕是一场骗局，那个来历不明的男婴是被放在一个暖床的汤婆子里偷运进宫里的。

这个故事可能很荒谬，但在那个年代，皇室继承人的诞生可是举国大事，不光直接关系待位的公主，也影响到皇室其他男性高级成员。然而，汤婆子的故事越传越广，越传越真，就连奥兰治的威廉对这桩八卦消息也当起真来。数月以后，威廉带兵入英。同时，他还发表了两个声明，即召集自由议会和对男婴的出生举行公开质询。

其实威廉不必做这么多声明。这个新生的男婴，对他的支持者来说，是詹姆斯三世；对反对者来说，就是个冒牌货。他的出生急速改变了局势。只要能保证继位的是新教徒，大部分托利党人和一部分辉格党人都准备好继续忍受詹姆斯的压迫与残酷。国王已经到了知天命之年，他本人内心也清楚，长女玛丽和女婿最终会以新教徒身份继承王位。然而，一个有可能得到延续的旧教（天主教）王朝的前景改变了一切。现在，詹姆斯已经具备了一切理由来实现那个被大家所相信的恢复王国中兴的梦想，并将自己的宫廷转变成法国式的帝制。

辉格党和多数托利党人开始联手废王。一些贵族给威廉写劝进书，正式邀请他问鼎王位。起义在全国各处酝酿，威廉也在英吉利海峡广布海军，准备一翼登陆多佛，另一翼登陆加来。11月5日，这是新教徒的幸运日，威廉在多佛登陆。

北部和中部的叛军并不多。詹姆斯的敌人包围了伦敦，大军压境迫使他不得不做出让步。另一方面，叛军向西推进，准备与荷兰军队会师，也给首都造成很大压力。伦敦的居民随时准备起事支持议会和清教，詹姆斯人心尽失，仓皇出逃，驻扎在索尔兹伯里（Salisbury）。

在萨默塞特（Somerset）发生了一场小规模冲突，总共有十五人丧生。这场冲突以后，詹姆斯的军队不战而败。士兵们开始溃逃，投到威廉帐下。国王得了鼻出血，他把这视为上帝不再站在他这边的征兆。詹姆斯似乎已下定决心要逃往法国。在逃亡路上，他在雷丁（Reading）遭遇了第二次突袭。国王完全丧失了斗志，听凭几个肯特郡渔夫将其抓获，很快被押解回伦敦。威廉准备放詹姆斯一条生路，允许他借道荷兰逃走。这一回，詹姆斯成功了。

詹姆斯的怯懦，或者不揣用最善意的猜测来说，他的迷信，使国民相信，政权更迭乃是上帝的旨意。几乎是兵不血刃地推翻了国王，这被视为一个奇迹，而随之而来的新政权更是我们这个世俗化世界中小小的奇迹。它确保盎格鲁圈日后走上了一条资本主义－民主化的道路，而不是中央集权式的、国家干预的路子。它为联合王国留下了最接近成文宪法的东西，它的原则直接、有力地激励了美国宪法的诞生。我们将之称为"光荣革命"，实在有太多理由。

戴皇冠的共和国

推翻国王，已不再是什么新鲜事。在此以前，也已经发生过好多起……叛乱，征服，宫廷政变，或者刺杀。据说君主是那个年代最危险的职业之一。莎士比亚通过被废的理查二世之口，道出了君王内心的怨尤：

　　　　为了上帝的缘故，让我们坐在地上，

讲些关于国王们的死亡的悲惨故事。

有些是被人废黜的；

有些是在战场上阵亡的；

有些是被他们废黜的鬼魂缠住不放的；

有些是被他们的妻子所毒毙的；

有些是在睡梦中被杀的……

全都不得善终。

因为在那围绕着一个凡世的国王头上的这顶空空的王冠之内，

正是死神驻节的宫廷。

然而，光荣革命却完全不同。没有躲在后门楼梯的刺客——像废除理查二世那样；也没有非法法庭宣判查理一世的死刑。詹姆斯二世是被一个完整、合法的议会做出的严肃决定废黜的。

自光荣革命以后，不列颠人民达成了这样一种默契，那就是，他们可以立王，也可以废王，正如他们可以选举议员，也可以罢免议员。这一令人惊愕的事实被掩盖在层层华丽的传统之下，直到今天，看上去依然妥帖得体：皇家四轮马车和国王权杖，各种军事和宗教仪式，御前顾问和骑士，以及"女王陛下的政府"这一类正式用语。普通人多半会认为，十六个英联邦成员国共同承认伊丽莎白二世是他们的国家元首，这怎么也不像是民主的做法。然而，从没有人质疑过他们的立法机关选择其所拥戴的国家元首的权利。所以，英联邦成员国在 2012 年一致同意修改《王位继承法》以消除对女性继承人的偏见时，没有遇到任何异议。

光荣革命是盎格鲁圈"起飞"的时刻，此后，它们发展出一套小政府、个人主义、重视商业的国家制度。从这一刻起，英语民族开始把目光朝向外面的世界，它们建立起强大的海军而不是陆军，以现代商业企业取代老的行会和垄断，拓展全球市场。无论从哪个角度看，这样的发展都不同于欧洲的演进趋势。到 17世纪末，大部分欧洲国家进入到历史学家现在所称的"开明专制"时期，而这个世界的其余部分则不得不生活在绝对专制之下。

有必要再次强调一下"革命"的现代用法。"革命"一词意味着车轮旋转，又回到最初的开始。"革命者"对于他们正在做什么以及为什么要这么做是一清二楚的。在逃亡路上，詹姆斯二世扔掉了国玺。这样一来，国会就无法合法地被召集到泰晤士。由此，国会议员和贵族的代表们正式要求奥兰治的威廉召开会议"保存我们的宗教、权力、法律、自由和财产"，"我们所争取的这一切应当建立在稳固、合法的基础上，以免于任遭破坏之虞"。

詹姆斯的出逃使他们的任务变得轻松了不少。当大部分辉格党人为赶走了国王而额手相庆的时候，更多托利党人，尤其是上院议员，关心的则是合法的继承原则，毕竟，他们自己的地产和爵位都得从继承原则的规定而来。在这一事件中，他们宣布詹姆斯"擅离职守，放弃行政权，因此自行退位了"。

不管是相信还是假装相信汤婆子赝婴的故事，他们要求将王位传给詹姆斯的长女玛丽。而后者表示，只要议会能接受她与丈夫共同治国，便乐于担此重任。公认的长女继承表面上看起来完全符合合法的继承原则，但事实上并不是这么一回事。议会规定王位再后来应传给玛丽的妹妹安妮，而不是威廉家族的任何成员。议员们阻止天主教徒和威廉夫妇问鼎王冠。其后的法令也宣布，下院应在君主去世后继续开会，履职六个月，不得自行解散，等待新王召集新一届议会。——现今各种借口的结果只能造成议会依赖君主，看不到其他任何出路。

我们在第二章讨论过的君主制的契约特性，在英格兰国王的加冕誓言中表现得非常明确。现在，不妨再来重温一下：詹姆斯和他的前任们向英格兰人民发誓"信守神授的法律和习惯，遵从国王特权和王国的古老习俗"，威廉·玛丽夫妇和其继承者们也宣誓"依照议会通过的法案、法律和习俗统治英国的臣民"。

新王给益格鲁圈带来了双倍好运。威廉的兴趣集中在领导英国对路易十四的战争，而不在国内政治；他高高兴兴地让议会主导国内政治，以便自己可以放手海外事务。

从威廉的角度来看，这桩交易是一个巨大的成功。英格兰（后为大不列颠，再后是联合王国）开启了一系列对法作战，前后延续到1815年，其间还穿插着宗教及激烈的商业竞争。议会获得实权导致了反对法国的外交政策的进一步强化，这一点正遂了威廉所愿，并且这一政策成功地延续至新王身后。有些历史学家将

这一时期称为"第二次百年战争"[1]。从 1689 年到 1697 年、1702
年到 1713 年、1743 年到 1748 年、1756 年到 1763 年、1778 年
到 1783 年、1793 年到 1802 年、1803 年到 1815 年，英法两国
一直战火不断。这一场场战争以及法国作为一个半"永久天敌"
的角色，激励着英伦岛上的民众坚定地保卫那些将他们和法国人
区别开来的事业：他们的议会体制，他们的普通法，他们的清教
主义，他们的个人自由。

新王的个人背景对讲英语者来说，也是一种幸运。荷兰共和
国和盎格鲁圈一样，重视财产权、自由贸易和有限政府——尽管
彼时荷兰推行的是寡头政治而非民主制度。在某种程度上，荷兰
人走在了讲英语者的前面：他们已经发展出一套建立在联合股份
制和有限责任制之上的成熟的资本主义经济。事实上，横行海上
的荷兰人还是当时世界上除英国以外唯一建立起自由民主政体
的民族。只是这样的制度演进没有与英国同步而已。在 17 世纪，
海上旅行比陆上旅行更加安全、快捷、舒适。对于英格兰东部的
居民而言，阿姆斯特丹比伦敦近多了。英格兰、苏格兰的沿海地
区与荷兰以及挪威、丹麦、汉莎同盟的部分地区通过商业和宗教

1　和"第一次百年战争"一样，第二次百年战争（约 1689—1815）并不是一场单一
　　而连贯的战争，而是由英法两个主要交战国之间的一系列断断续续的战争组成。
　　这一历史分期术语由约翰·罗伯特·西利在其著作《英格兰的扩张：两场讲座》
　　中首次使用，也用来指代英法两个世界强国之间的竞争状态。第二次英法百年战
　　争是一场决定两个殖民帝国的未来的较量，英国在 1815 年最终胜利，确立了日
　　不落帝国的霸主地位。

纽带，形成了北海同盟。

要不是因为偶然的地缘，自由的全球语言原本该是荷兰语，而非英语：大不列颠是一个岛国，而荷兰占据的则是地势低洼，几乎毫无防御能力的平原。1689 年以后，荷兰在对法战争中耗尽国力，到 18 世纪 20 年代，随着海军的衰落，荷兰把它主要的银行和商行从阿姆斯特丹迁到了伦敦。

然而，威廉早已适应了有限政府以及经过同意的统治等政治理念。他此前一直在为荷兰执政的职位而奋斗。这个职位既不是民主选举的，也不完全是世袭的。历史学家将联省时期的尼德兰称为"戴皇冠的共和国"。其实，这一短语倒可用来描述自 1689 年至今的不列颠，以及其他实行君主立宪的盎格鲁圈国家。

1689 年 2 月，议会起草了《权利宣言》(Declaration of Right)。当年晚些时候，这一宣言成为议会的正式立法，也就是我们现在所称的《英国权利法案》(English Bill of Rights)。以今人的眼光看，它的形式和内容都非常接近于《独立宣言》和美国宪法的先声——尽管法案的起草者并不是在向前看，而恰恰是往回看，从 17 世纪 40 年代的各种请愿书，最终回到《大宪章》上。

和《独立宣言》一样，1689 年《权利法案》也是以痛陈国王詹姆斯二世的种种罪行开始的。他滥用行政权力，践踏议会选举，非法解除清教徒臣民的武装，干预司法，侵害经由陪审团审判的权利，超出国会许可的范围征收税金，对人民施以"非法和残酷的刑罚"。接着，法案以最明确的措词宣告主权属于议会，只有议会才能征税筹集财政。法案否决了议会所立的前法可被后法废除的观点，保障国民的请愿权，规定在和平时期不得维持常备军，确认清教徒配置武器的权利，禁止课以过多的保释金，禁止滥施"残酷及非常之刑罚"。1689 年《权利法案》确立了议会主权原则，宣布议会内的言论自由，"不应在议会以外的任何法院或地方受到弹劾或讯问"。

这些权利都被视为传统的自由，而非任何新造之物。光荣革命是保守派反对斯图亚特王朝最后也是最大的一次行动。正如辉格党的雄辩家埃德蒙·柏克（Edmund Burke）在一个世纪后的评价："光荣革命捍卫的是我们古老的无可置疑的法律与自由，古老的宪法是我们的法律和自由的唯一保障。"光荣革命和三国战争一样，是整个盎格鲁世界的事件，它触动了每一寸讲英语的土地，尽管在各个地方可能有所不同。

苏格兰议会也做出了同样的决议，宣布拥戴威廉和玛丽。苏格兰的《权利法案》被称为《权利宣言》。该宣言在形式上和其英格兰姊妹篇非常相似，重申这个国家古老的自由，确认苏格兰议会高于君主的至上性，同时还肯定了长老会的教尊地位。和英格兰境内几乎没有人公开站在詹姆斯一边的情形不同，苏格兰议会中有一部分高地人，忠于他们自己的领袖，不信任讲英语的长老会多数派。他们注定要发起反叛。这些追随詹姆斯的人被称为雅各布党，得名于詹姆斯二世的拉丁名：雅各布斯。

和 17 世纪 40 年代的内战一样，苏格兰战事不仅仅只限于高地人和低地人之间，它陆陆续续将各个部落卷入了西西里仇杀。其中，格兰克大屠杀（Massacre of Glencoe）是苏格兰史上最不光彩的惨案。38 名麦克唐纳部落（Clan MacDonald）的成员被对手坎贝尔部落（Campbells）和其他政府军杀死在床上，而杀人者此前已和对方握手言欢。

然而，苏格兰的动乱完全无法与蹂躏爱尔兰的全面战争相提并论。大部分爱尔兰天主教徒和他们的祖父辈在 17 世纪 40 年代所作的一样，继续选择支持斯图亚特王朝；而这样的站队，对于他们来说无疑是灾难性的。

当英格兰和苏格兰宣布共拥威廉时，詹姆斯的副将、天主教徒、蒂尔康奈伯爵（Earl of Tyrconnel）决心要把爱尔兰变成支持詹姆斯复辟大业的堡垒。他惟一的一次败仗，是在德里城与北爱尔兰新教徒交手。守卫德里城的军队由一伙小学徒领导，却在皇家海军解围前足足抵抗了 105 天。这次围城对北爱新教徒有着近乎神秘的重要性，它创造出了最受欢迎的口号："绝不投降！"同时还为那些被他们视为叛徒的政治领导人发明了一个绰号"兰迪"（Lundy，这是那个倒霉的总想在逃跑前搞和谈的总督的名字）。

詹姆斯想把爱尔兰当作绝地反击的基地，并于 1689 年 3 月率六千法国士兵在金赛尔港登陆。詹姆斯和英格兰军队之间陆续交火，主要战役发生在恩尼斯基林（Enniskillen）。1690 年 6 月，已经失去耐心的威廉亲自带领 3.6 万名英国人、荷兰人、丹麦人

和德国人组成的联军前来剿灭被废掉的前国王。两军于 1690 年
6 月 12 日在伯恩河遭遇，詹姆斯党溃不成军。这是北爱新教徒
日历上最重要的日子，詹姆斯又逃跑了。这样的行径连他的法国
赞助人也感到不耻。一个法国人在圣热曼看到逃亡的国王时说：
"你只有亲自跟他说话，才明白他为什么在这儿。"

詹姆斯在面对威廉大帝的复仇时，抛弃了他的爱尔兰盟军。
尽管参加战斗的那些士兵得到了宽恕，但詹姆斯党官员以及天主
教地产主们就没那么幸运了。詹姆斯党人继续战斗，希图换取优
越一点的条件。这些条件最终得到了威廉的首肯，但后来未能在
爱尔兰议会通过。很多爱尔兰天主教徒被褫夺了土地，流亡欧洲。
事实上，和平协议允许詹姆斯党士兵被重新安置到法国，也允诺
派出船只来运送他们。1.4 万名士兵带着一万妇孺，以詹姆斯的
名义，选择为法国王室服役。这一移民过程就是我们后来所称的
"野鹅迁徙"（Flight of the Wild Geese）。

光荣革命同样影响到了北美殖民地。在 17 世纪 40 年代的
三国之战中，北美人作为海外志愿军参加了战斗。在纳斯比和
马斯顿荒原战役中，很多新英格兰人和他们的东安格利亚兄弟
们并肩冲锋。北美内部的冲突相当本地化，而且草草了事。相反，
光荣革命被视为一个北美事件，引发了波士顿和纽约的大量反
叛，以及马里兰的反天主教叛乱，打破了巴尔第摩统治家族的
政治控制。

在北美殖民者眼中，查理一世是一个远距离的怪物，詹姆斯

二世也是类似的仇敌。纽约就是以詹姆斯"约克公爵"的封号命名的。在他的哥哥还在位时，詹姆斯就表现出对殖民地的特殊的个人兴趣。他尤其痛恨1629年殖民宪章授予"爱吵架的"马萨诸塞人自治权，一提起该省的公理会教徒，就想到当年杀他父亲的弑君者。《马萨诸塞宪章》在1684年被废除，两年后，新总督埃德蒙·安德罗斯爵士（Sir Edmund Andros）和冷酷的格恩西（Guernsey）保王党人启动了野心勃勃的扩展计划，要将新英格兰、纽约、新泽西等殖民地都纳入新英格兰皇家领地。

历史学家理查德·布希曼（Richard Bushman）把这种扩张描述为"马萨诸塞压制与贪婪噩梦的实现"。安德罗斯抛开议会实行统治，征收高额罚金和税赋，要求拓殖者为他们所经营的合法生意缴纳昂贵的许可费，计划在殖民地内兴建圣公会教堂而引发极大恐慌。

1689年英伦岛上所经历的一幕也同样发生在新英格兰和纽约。遭人痛恨的新英格兰领地分崩离析，老殖民地各自重获单独的宪章（《康涅狄格宪章》据称被藏在哈特福德的一株白橡树树洞里，因而得名"橡树宪章"）。北美人就像英格兰、苏格兰和爱尔兰新教徒一样，都在庆祝使他们恢复传统自由的革命。

从某种程度来讲，他们是对的。1689年《权利法案》实际上是向全体讲英语者允诺了自由，或者，至少是全体讲英语的新教徒。但是，大西洋两岸对这一法案的理解也各有差别。北美人相信这一法案证明了他们的"传统的权利"的正当性，并且，为实现这些权利，权力应当从总督那里交还给他们自己的立法机关。然而，大部分英格兰人关心的是该有一个最高的议会，而光荣革命使得议会的权力达到顶峰。这一认识上的不同带来了日后的不同后果。

给这一伟大的历史事件找点毛病总是在所难免。没错，从现代人的眼光看，1689 年《权利法案》是有缺陷的，主要缺陷就在于它确认了对天主教的体制化歧视。

我们现在当然很熟悉个人主义的天主教社会观的内容。著名的西班牙耶稣会领袖胡安·德·马里亚纳（Juan de Mariana）在自由主义传统中占据了重要的地位。但是，总的来说，现代讲英语者对于天主教的认识还基本是一个盲区，几乎本能地将其视为权威主义的象征，并且很难与议会制政府相调和——大概因为天主教承认教皇至高权力的缘故。

约翰·洛克与辉格党领袖沙夫茨伯里伯爵（Earl of Shaftesbury）过往从密，这层关系促使他始终强调，为什么宗教宽容不仅对于罗马教廷而且对于其他所有教派都是有益的。

然而，如果我们以我们自己的道德标准来评断过去的人物，难免又会造成历史错位之失。想一想，不管是《权利法案》本身还是其赖以依据的经洛克阐释的哲学原理，在 17 世纪末的世界，都不啻是振聋发聩的政治声明。

洛克的《政府论》出版于光荣革命时期，其阐发的政治模式在当今大多数讲英语社会中依然没有过时。洛克相信：所有合法政府都必须建立在由组成社会的个人所订立的契约之上。这个契约是那些同意按照共同规则生活在一起的第一代先辈制定的，其后，作为共同的遗产代代相传。洛克论述了从第一原则中引出的理论：

> 要了解政治权力，并追溯它的起源，我们必须考察人类在建立国家前自然地处于什么状态。那是一种完备无缺的自由状态。人们在自然法的范围内，自由地行动，自由地处理他们的财产和人身。在这种状态下，人们根据自己的理性决定自己的行为，不需要得到任何人的许可或听命于任何人的意志。

洛克的自然状态听上去比霍布斯的原始的无政府状态美好得多。他问，是什么使得我们最早的祖先甘愿放弃他们的所有自由而同意生活在规则之下？最终的答案是财产安全，这是所有人类福祉与进步赖以依靠的基础。

> 他为什么要放弃原有统治而主动臣服于另一种权力的统治之下？对此，最明显的回答是：尽管在自然状态下，他可以拥有这一权利；但权利的实际享有却非常不确定，并且持续暴露在其他人的进犯之下，因为按此，所有的王和每个人都是平等的，而平等和公正很大程度得不到严格

地执行，在这种情形下，个人的财产权也处于相当不安全、无保护的状态。这使得他自愿放弃此种尽管自由但充满恐惧和持续危险的状态，也给了他充分的理由去加入一个其他人已经结成或者齐心打算结成的共同体，这个共同体能够为每个人的生命、自由和财产（即通常所言的财产权）提供相互保护。

洛克用抽象和概念化的术语阐述他的政治思想，但他非常清楚，他的政坛赞助人和辉格党战友们需要一个直接的、管用的申明。洛克在阐述他的理论时，吸收了《权利法案》中的种种具体规定，也就是旨在保护个人自由和财产权的规则。

出乎大多数人所料，这些规则其实从来就有。兴许它们才该当之无愧地被称为世界上最成功也是最悠久的宪法，比它所孕育的《美国宪法》早了接近一个世纪。尤其值得一提的是，这些规则的制定者们真诚地相信：他们不是在创制新法律，而毋宁说是肯定英语民族久已有之的自由。所有这些自由——普通法、《大宪章》、可以追溯至史前时期的代议制政府的传统——现在终于具有了正式的、宪法性的力量。他们依旧守护着自由。

麦考莱在他的《英国史》末尾，盛赞1689年《权利法案》。他在1848年写道，当欧洲正饱受暴力和革命的蹂躏，当不列颠人也像我们一样，在自己家中享受温暖安适的时光时，我们听见风雨声正敲打着窗户玻璃。我们距离麦考莱与麦考莱距离他所记

载的历史事件的时间，几乎是完全一样的，但他对《权利法案》
的高度评价却是无法超越的，值得在这里大段引用：

> 尽管《权利法案》没有创造任何此前没有过的新的法
> 律，但它包含着给予异议者宗教自由的法的基因，包含着保
> 证法官独立的法的基因，包含着议会有限任期的法的基因，
> 包含着受陪审制保护的出版自由的法的基因，包含着禁止
> 奴隶制的法的基因、废除神圣考验的法的基因、去除罗马
> 天主教对公民限制的法的基因、改革代议制的基因，包含
> 着过去一百六十年间每一部好法律的基因，以及在今后必
> 将推进公共福利、满足公共舆论需要的每一部好法律的基因。
>
> 给予1688年革命的最高赞誉是，它是我们的最后一场
> 革命。自从睿智爱国的英国人与政府达成妥协后，已经过
> 去了好几代人。在所有诚实和懂得反思的人的心里，都存
> 在着这样一种信念，这信念随着个人的经历不断增强，那
> 就是：宪法所需要的所有改进的措施，都可以在宪法本身
> 中找到。

修不起令人嫉妒的豪宅

伊尼戈·琼斯，那个从贝辛庄园裸逃未遂的建筑大师，曾设
计了足以令欧洲其他任何建筑都黯然失色的白厅宫。但是查理一

世从没有足够的钱来建完它。和所有继任者一样，查理一世的钱袋子似乎始终被议会勒得紧紧的，以至于这位欧洲巴洛克建筑的痴迷者永远修不起大理石宫殿和雕塑。

在盎格鲁圈的地盘上，找不到在规模和装潢上能与路易十四在巴黎城外的凡尔赛宫、圣彼得堡的冬宫、波茨坦的观景台、汉诺威的海恩豪森皇家花园、马德里的丽池水晶宫媲美的皇室居所。

我们曾经提及乡村诗人所歌颂的那种保持在盎格鲁式建筑中的独特品位。从某种意义上，辉格党的作风或许可以从不列颠皇家宫殿的简约风格中找到某些关联。当欧洲的君主们——从拿破仑到圣彼得——醉心于以象征权力的镶满珠宝的物品震慑臣民时，不列颠君主的皇室财富却在一点一点缩水。中世纪及都铎时期的很多宫殿或毁于内战，或被普鲁士军队洗劫，或遭到炮火的破坏，剩下一部分则被卖掉。就像历史学家琳达·科莱（Linda Colley）所写："亨利八世还可以在散布于英格兰的超过二十处豪宅外狩猎、寻欢或者搜捕异教徒，等查理二世在1660年回来时，就只剩下七处了：白厅宫、圣詹姆斯宫、萨默塞特庄园、汉普顿宫、格林尼治皇家天文台、温莎堡和伦敦塔。"

虽然查理一心想要恢复这些宫殿的荣光，但威廉三世却无力继续完成前任的工程，把格林尼治变成了一座残疾海员医院。

假设斯图亚特王朝能够延续的话，我们不妨想象一下那座他们本来可以按照伊尼戈·琼斯的设计完工的宫殿是什么样子，再来看看最终出现在查理一世面前的那座白厅宴会厅。

为了看得更真切些，你可能需要在地板上铺点东西，然后躺在上面——因为这座建筑最令人印象深刻的特点正在它的屋顶。屋顶有九幅鲁本斯为庆祝英格兰和苏格兰联合所作的极具收藏价值的油画。

这些画作都是华丽的杰作，旋转着拼在一起，洋溢着令人愉悦的气息。在主要画作中，英格兰和苏格兰被画作丰满的少妇，每人各持皇冠的一半。在她们中间，那位卷发少年正是未来的查理一世。智慧女神密涅瓦（Minerva）则盘旋在半空，头上是战争武器。

然而，当你摊在地板上细细品味时，或许有些东西会让你心生疑惑。这些天花板上的画作太过炫目了，要知道，查理一世为此花了几乎难以置信的 3000 英镑，但是整个天花板的风格在一个英语国家中却显得如此突兀。作为肖像画，它们太过夸饰，太过高调，也太过等级分明。

你越看越能理解为什么盎格鲁圈的民众会如此反感斯图亚特王朝。在他们的审美以及政治观中，这样的君主像是外来的：从阿尔卑斯山那边来的，注重仪式，过分精致。这种艺术上的反天主教情绪很容易揣除，它们毫无疑问存在一种宗派特征。但艺术绝不仅仅是宗教身份的表达，品味也不只是宗派的。比如说，在鲁本斯的老家安特卫普港，大部分天主教市民兴建的是严谨的别墅，而非巴洛克式豪宅。鲁本斯在可以完全不受任何限制时，为自己的同胞创作的油画比他贡献给查理一世的奢华之作肃静得多。

最后，来自宴会厅的自相矛盾可能击中了你。天花板的油画是为了庆祝英语民族的联合。詹姆斯六世及一世喜欢自称"第一个不列吞人"，热切地希望实现王国的完全统一。他的儿子和孙子也怀有同样狂热的愿望。然而，他们的臣民，英格兰和苏格兰人，却把整个王朝视为异族。

无论其个人品性如何，斯图亚特王朝从未被看作英国的。他们的血统、艺术品位、宗教倾向，以及最重要的，他们的政治信念，与他们的国民是隔离的。

斯图亚特王朝开始统一英语民族，他们最终成功了，但不是以他们所希望的那种方式。实现统一的盎格鲁世界所形成的政治共识对这一王朝抱有普遍敌意。更有意思的是，斯图亚特王朝从英伦岛上获得的最强有力的支持来自于非英语地区：苏格兰高地和讲盖尔语的爱尔兰。

我如此详细地记载反斯图亚特的斗争，原因有二：第一，英语民族作为一个单一的政治共同体，不仅是简单的语言性的，而且是建立在共同的价值观上的。这就是盎格鲁圈至今依然保持的统一的价值观：议会至上，法治，财产权，自由贸易，宗教宽容，开放平等，用人唯贤，代议制政府，立法控制行政，个人自由。

这个价值谱系不能独立于政治联合。从英语民族史上看，英语民族的人们生活在各个单独又相互联系的国家中。这些价值不仅在英格兰发展、演进，而且通过征服与殖民，扩展到一个更大的英格兰。它们在英语世界的其他地区以多种方式更加顽强地开花结果：在苏格兰，在北爱尔兰，当然，首当其冲的，在北美。

第二个理由主要是处于 17 世纪的政治制度。如果没有这一历史时期的政治发展，就不可能理解创造出世界上最大的民主共同体的事件。我们通常把这一事件称为"美国革命"，但是更恰当的称呼，或许是"第二次盎格鲁圈内战"。

第六章

第二次盎格鲁圈内战

大英帝国坚实的基础不是被保存在那些默默无闻、停滞不前的灰暗岁月中，而是矗立于那个比此前任何时代都更深刻理解并清晰界定了人的权利的时代。

——乔治·华盛顿，1783

每个民族都有其独立于政治利益之外的独特的特性。人们可能会说，美国人最准确地体现了英吉利民族的独特特性，无论好的方面还是坏的方面。美国人就是英国人自己的后代。

——亚里西斯·德·托克维尔，1840

汉普登的共鸣

今天的我们距离保王党人的事业在 1781 年约克镇最终失败的时间，与约克镇的战友距离查理一世在 1648 年普雷斯顿的最终失败的时间差不多刚好一样长。我们这一代人，尤其是生在美国的这一代人，往往对距今更近的两场冲突更感兴趣；但美国革命者们自身却痴迷于 17 世纪 40 年代。引爆第二次盎格鲁圈内战的原因也是导致第一次盎格鲁圈内战的事由，大西洋两岸的人们都选择了站在他们的祖先所奠定的基础一边。

我们知道第一次盎格鲁圈内战的起因，集中在三个相互关联的问题上：征税、宗教以及主权归属。第二次盎格鲁圈内战可以说见证了用几乎完全一样的语言重写的同样三个问题。战争的双方对这一相似性都心知肚明。18 世纪 60 年代，辉格党人借用当年议会党人送给保王党的绰号，把对手称为"心怀恶意的人"；而托利党人则回敬以"奥利佛瑞人"。

战斗打响后，随之而来的是同样的伦理和宗教分歧，和一百三十年前的战争令人惊异地相似。大西洋两边所发生的，几乎一模一样，英国国内的观点对峙又在殖民地上重现了。尽管这样的战斗最终导致盎格鲁圈中的一部分宣布其独立于其余部分，但是，如果认为这场战争是美利坚和不列颠之战，那就实在是犯了时代错位的错误。事实上，这场战争应该被理解且定性为托利党和辉格党之间的分歧，是在穷尽了所有和平解决努力之后，通过武力获得的解决方案。

在把这场战争和第一次盎格鲁圈内战联系起来的时候，我们必须重新调整我们认识这段历史的心态。以今人的后见之明，我们当然知道战争最后的走向，因此常会不由自主地犯巴特菲尔德教授所批评的"研究过去的人总是有一只眼睛盯着现在"的错误。当我们试图理解矛盾在18世纪60年代如何步步升级的时候，需要花点精力去构想一幅盎格鲁圈的全景图。

光荣革命以后，英语民族开始把目光转向海洋。对大多数英国人来说，欧洲是一个危险的根源，一块不自由的大陆，到处都是独裁者、耶稣会士以及流亡的詹姆斯党人。与此相反，浩瀚的海洋才是机遇与商业财富的宝库。英伦岛上的人们开始把他们的目标从欧洲转向大西洋。东部城市，比如诺维奇，衰落了；财富转移至西部主要港口城市格拉斯哥、利物浦以及布里斯托尔等。

讲英语者的定居点和基地形成了一个环大西洋的"岛链"，同时还不断地闪现在两岸之间辽阔海域的零星岛屿上。大西洋几乎变成了盎格鲁圈的一个内湖，银色的波浪轻拍着新斯科舍（Nova Scotia）、新英格兰、弗吉尼亚、百慕大、牙买加、福克兰群岛、圣海伦娜（St. Helena）、直布罗陀以及多个非洲贸易点。

历史学家把这一片领地称为大英第一帝国[1]。而美国革命正需

1　从1688年光荣革命到1783年北美独立战争结束，是英国历史上的第一帝国时期。这时期的特点是：政治上，资本主义政治制度确立，政党政府得到发展；经济上，进行资本积累，发展资本主义经济；外交上，积极推行对外扩张政策，（转下页）

要被放在这样一个大盎格鲁圈的语境下来理解。在《独立宣言》
之前，是没有美国的，只有一些讲英语的大西洋殖民地——从靠
近北极的加拿大到赤道附近的莫斯基托沿海保留地（主要分布在
今天的尼加拉瓜）。当我们观察现在所称的"美国独立战争"时，
我们不能老盯着今天的地图。今天的地图上显示的是美国、加拿
大和数个作为独立国家的加勒比地区。相反，我们的头脑中得有
一幅18世纪60年代后期的世界地图。各殖民地之间存在的差异，
与其说是彼此分隔的民族身份不同，不如说是文化和政治认同有异。

　　我们不妨把北美殖民地分成六大组，其中有些部分表现出比
其他地区更强烈的辉格党战斗精神。纽芬兰岛、新斯科舍和加拿
大在1763年被法国人征服，对激进活动基本没什么兴趣。相反，
新英格兰是脾气火爆的清教徒的天下，所以不断制造事端。纽约、
新泽西和宾夕法尼亚在政治上走中间路线，其中的荷兰和德国后
裔倾向于保皇，而纽约的苏格兰高地人在战争爆发后对保王党军
队深恶痛绝，低地教会的切萨皮克（Chesapeake）贵族则主要是
辉格党人。南部要塞佛罗里达在1763年被西班牙人征服，这个
地区无论是对新英格兰扬基人（Yankees）还是弗吉尼亚激进分
子的政治宣传都无动于衷。最后是加勒比地区的白人种植园主，
他们的数量远少于奴隶，是坚决的反民主派。

（接上页）争夺世界霸权；思想上，奉行重商主义；军事上，大力发展海军力量。
1783年，北美独立战争后，大英第一帝国解体，英国殖民事业遭受严重挫折。

当然，这幅图更像一张漫画。在盎格鲁圈的每一个地区，甚至每一个城镇，都会有相互对立的观点。只要是讲英语的地区，这种语言都会成为辉格党和托利党相互论战的媒介——尽管论战双方并不总是使用辉格党、托利党这样的名字。我这么写主要是出于行文的方便。鼓动革命的三大主力军是新英格兰的公理会、激进的潮汐种植园[1]主和来自北爱尔兰内陆地区的新教徒殖民者（对他们不够准确但更频繁的称呼是"苏格兰－爱尔兰人"），主要分布于从宾夕法尼亚到卡罗来纳等广大地区。新英格兰和弗吉尼亚最终从基本上已被政府抛弃的中部州中游离出来，成为最具理性的共和精神的坚实支柱。

北美大陆英语区的南北两缘加拿大和佛罗里达，人口稀少，且都实行了军事化管理。这两个地区倾向于同情托利党，不愿介入什么爱国大业。他们拒绝参加大陆会议，坚持效忠母国王室。在美国独立以后，这两个地区成为那些从新生的大陆逃出来的保王党人的庇护所。

美国革命是一场最终演变为内战的内部冲突，对此我已经不想再强调了。只有在法国于1778年参战以后，人们才把这场冲突视为发生在不同国家之间的冲突。美利坚托利党人申明他们忠

---

1 潮汐种植园所在的殖民地即为潮汐殖民地，主要指被从北美海湾和沿海低地涌入的海潮影响到的地区，这一地区成为种植稻米和靛蓝植物的农业区。在佐治亚和卡罗来纳等州部分地区分布了众多潮汐种植园，大米、靛蓝和糖是其主要出口产品。

于英国制度，尤其是国王与议会共治；美利坚辉格党人则忠于英国价值，这一价值正是前述制度的合法性得以建立的基础，他们认定正是国王侵犯了这些他们所坚守的价值。

当我们在欣赏 19 世纪艺术家们所作的历史全景图，或者观看好莱坞工作室出品的各类战争题材影片时，总会看到拓殖者们高举星条旗一路行军的场面。爱国者们展示的当然是著名的贝奇·罗斯（Betsy Ross）旗，然而他们最钟爱的那面旗帜却往往已被大多数美国人遗忘，那就是"大联盟旗"（Grand Union Flag）。"大联盟旗"也称"议会旗"（Congress Flag）或者"大陆彩色旗"（Continental Colors），有 13 道红白横条，跟今天的美国国旗一样；有所不同的是，旗帜左上四分之一部位显示的不是星星，而是大不列颠国旗，由英格兰的圣乔治十字和苏格兰的圣安德鲁十字构成。

这一象征简洁地表达出爱国者们在为谁而战——他们是在确保自己作为不列颠人的权利。大陆会议在大联盟旗下召集起来。当会议最终通过《独立宣言》时，会议厅外高高飘扬的正是大联盟旗。这面旗帜是乔治·华盛顿率军出征的旗帜，是约翰·保罗·琼斯（John Paul Jones）在美国海军第一艘军舰上升起的旗帜，几乎承载了全体美国人的集体回忆，告诉我们美国革命的故事后来是如何书写的。

组成大英第一帝国的大部分地区现在基本都已独立了。只有极少数——直布罗陀、福克兰群岛、圣海伦娜岛和加勒比诸岛——还属于英国。大英帝国有一种自我消解的特性，从某种意义上，这是一种趋向于促进本地自治和自力更生的政治权利及政治价值观。

大西洋殖民地的独立，多是通过和平以及同意的方式实现的。大部分加勒比岛国在 20 世纪 60 至 70 年代间相继独立。加拿大从 1867 年开始实行自治，通过 1931 年《威斯敏斯特法案》（Statute of Westminster）获得了独立的国家地位，并在 1982 年经伦敦批准取得完全修宪权。

所有这些自治领，包括英国人占领的非洲、亚洲和太平洋地区，现在都已独立，就像 18 世纪的美国那样。这就是所谓的"离心力理论"。这些殖民地早已习惯了从最初的定居点到后来的完全自治。在他们的土地上，既不曾有教宗制，也不知有贵族制，各自治领普遍实行土地私有制和地方自治，寄望选出他们自己的领袖。然而，这样一种自力更生却不是美国独立战争的主旋律。在战争打响后很长时间，即使最激进的爱国者也依然坚信大英帝国有权管辖北美殖民地的外交事务和防卫，同时也接受帝国管理对外贸易的事实，并且，他们所理解的对外贸易是盎格鲁圈和外国领地之间而非盎格鲁圈内部各部分之间的贸易往来。英国对法国的胜利极大地鼓舞了殖民地上的人们，他们认为这是一个自由的民族必然会战胜专制与奴役之敌的天意的显现。

发起美国革命的那批英国人，正像他们的先辈在 17 世纪 40 年代所作的那样，将君主制视为外来的、违反传统的，并不惜为捍卫自己反对君主的权利而战。

维多利亚时代的桂冠诗人阿尔弗雷德·丁尼生勋爵（Alfred, Lord Tennyson）在一首题为《1782年的英格兰和美利坚》(*England and America in 1782*) 的小诗中，道出了其中的关键联系：

> 英王派人
>
> 去统治那大陆和海洋
>
> 大英帝国，如雄狮般一般的士兵们的母亲
>
> 为你英勇的儿子们骄傲吧
>
> 他们正在为你而战
>
> 奋勇杀敌，多么高贵的热诚
>
> 这都要感谢母亲的教诲
>
> 此等精神
>
> 来自英吉利先辈不竭的热血
>
> 无论将来的世界会是怎样
>
> 大不列颠必将走向统一
>
> 汉普登激起的深深共鸣
>
> 即使厄运，也会为之战栗

丁尼生在诗中所塑造的"将来的世界"，对于他的维多利亚

时代的读者来说非常熟悉，对于我们则已成往事。他把美国革命看作英国革命的顶峰。而在英国革命中，约翰·汉普登这个议会至上论的坚定倡导者无疑是一个重要人物。

　　汉普登在第一次盎格鲁内战中领导下议院反对绝对君主制，并在 1643 年的查尔葛洛菲尔德战役（Battle of Chalgrove Field）中被鲁珀特亲王所杀。无论按照哪个标准，汉普登都是当之无愧的英雄，引无数追随者竞折腰。麦考莱这样描述英雄的出场：“举国都在苦盼守卫者。温和整洁的白金汉郡绅士平静而又坚定地走在国人队伍的最前头，带领同胞踏上反抗独裁者的道路。”连他的敌人也敬重他的品德，保王派克拉伦登伯爵（Earl of Clarendon）谈到汉普登时说：“所有人的眼睛都看着他，把他视为国父，视为指挥他们的大船穿过惊涛骇浪的船长。”

　　汉普登在北美殖民者心目中，更是一个伟人。缅因、马里兰和康涅狄格的很多镇都以他的名字命名，马萨诸塞还有汉普登县。18 世纪 60 和 70 年代的激进小册子作家们经常用他的名字做笔名。坊间还流行着他在新英格兰生活的故事（但很有可能是杜撰的）。北美爱国者们在阐述“无代表不纳税”的原理时，直接援引汉普登反对查理一世征收造船税的证据。战争爆发后，他们用“汉普登”命名了美国海军首批战舰中的一艘。

　　汉普登情节对于我们理解第二次盎格鲁圈内战非常关键。在17 世纪 30 年代的财政、宗教和税收等一系列斗争中，汉普登领导议会展开了对斯图亚特王朝的斗争。现在，同样的三个问题重新被提出来，他的意识形态的继承人们正召唤他的灵魂，寻求他的帮助。

钱、宗教和权力

我们大多记得美国革命是从纳税人抗税开始的。然而，我们常常忘记纳税人抗税是从大不列颠开始的。需要 18 世纪的政府忙活的事儿，远不像他们的现代继任者那么多。那时候政府没有保健或者教育基金，维持社会安全的费用通过本地税收来支付，中央政府的钱主要用在军队身上，昂贵的外交政策有可能给纳税人施加沉重的负担。

1756 年到 1763 年，盎格鲁世界向它的老对手法国和西班牙发动了第一次真正意义的世界战争。[1] 战火蔓延至亚洲、非洲、北美和西印度群岛。在每一个战场，英国获胜的捷报频传。加拿

1　1756 年 5 月 17 日，英法"七年战争"爆发，战争断断续续持续到 1763 年，当时世界上的主要强国均参与了这场战争。欧洲两大军事集团：英国－普鲁士同盟与法国－奥地利－俄国同盟之间彼此对立，汉诺威与葡萄牙为英普的盟友，法奥俄的盟友则为西班牙、萨克森与瑞典，为争夺殖民地和霸权而进行大规模战争。战场遍及欧洲大陆、地中海、北美、古巴、印度和菲律宾等地，造成约 90 万到 140 万人死亡。在各国历史中，这场战争依照其所在区域发生的战斗被赋予了不同的名字：在美国被称为"法国－印第安战争"；在加拿大法语区称为"征服之战"，而在加拿大英语区则被叫作"七年战争"（1754—1763）；普鲁士与瑞典之间的战争称为"波美拉尼亚战争"（1757—1762）；普鲁士与奥地利之间的战争称为"第三次西里西亚战争"（1758—1763）。这场战争对于 18 世纪后期的国际战略格局的形成和军事技术的发展均产生了深远影响。

大被征服，印度群岛、非洲和加勒比的大部分法属殖民地紧随其后，马尼拉和哈瓦那从西班牙属地中脱离出来。现在，没有人怀疑大英帝国是世界上最强大的国家，至少全体英吉利人是这样认为的："我们从未遇到过敌人，但我们希望他们存在；他们从未遇到过我们，他们希望我们不在。"在庆祝军队凯旋的仪式上，当时经常演奏的这首海军军歌《橡树之心》（Hearts of Oak）用戏谑之词传达出了大英的豪气。

"提刀而立，为之四顾，"踌躇满志的辉格党政治家查尔斯·詹姆斯·福克斯（Charles James Fox）向他的议员朋友们夸下海口，"看看我们大都市的辉煌，帝国疆界的广袤，看看我们经济的繁荣，人民的富足。"

但是胜利绝不是廉价的。国债从 1755 年的 7200 万英镑上涨到 1764 年的 1 亿 3 千万。英语民族第一次有了"帝国过度扩张"的意识（就在那时，爱德华·吉本着手写作里程碑式的巨著《罗马帝国衰亡史》）。除了必须保护偏远省份不受法国、西班牙的反攻报复，盎格鲁世界开始首次吸纳外来人口。但他们的忠诚并不能自动产生。英属魁北克接纳了 7 万讲法语的天主教徒。印度的穆斯林和印度教徒也多次投入盎格鲁圈的怀抱。这个新全球帝国在各地的驻防费用使得高额的战争债务雪上加霜。

到战争的最后阶段——英国人把这场战争称为"七年战争"，美国人叫"法国－印第安战争"——大英帝国的居民人均每年要为此承担 25 先令的税款。但是北美居民人均仅需支付 6 便士，只有前者的五十分之一。按当时的标准，北美纳的税几乎可以忽略不计：从历史学家罗伯特·帕尔马（Robert Palmer）的统计数据来看，北美交纳的总税额大概是全英格兰税额的二十六分之一。英国纳税者拒绝把这些议会想尽办法加在他们身上的公民负担用于为北美殖民地提供防务。

17 世纪 30 和 40 年代的财政争议进一步引发了更深层次的讨论。伦敦行政部门在税务问题上的处理真是愚蠢得可以，首当其冲的就是《印花税法》（Stamp Act）。该法案规定，凡出售印刷制品都需要获得许可，包括扑克牌、法律文件以及让人匪夷所思的报纸。然而，引发的激烈反弹使行政部门不得不很快收回成命，《印花税法》在生效一年后就被废除了。

其他一些法律——比如《食糖法》[1]——也陆续出现在控诉革命前种种苦难的清单上，这可算得上是拉弗曲线[2]的早期例证。议会现已放弃宣布名义上的高税率的做法，因为这只会引来走私者普遍逃税。当局想做的是降低关税，同时还能收得上来——这自然也是被那些走私者整怕了。

1　1764 年，英国议会通过了《食糖法》（Sugar Act），对运到北美的食糖和葡萄酒征税，同时经由英国运往北美的其他产品的税率也提高了两倍。

2　美国供给学派经济学家亚瑟·拉弗（Arthur Laffer）在 20 世纪 70 年代中期研究了战后美国税率变化对经济的影响后，建立了一个反映税率和税收之间函数关系的模型，这就是著名的"拉弗曲线"。根据拉弗的理论，如果政府调低针对利润、收入和资本的税率，反而会得到更多的税收。上世纪 80 到 90 年代期间，这一理论在里根政府执政期变为经济政策，对于帮助美国经济摆脱"滞胀"、获得高速增长、刺激投资等方面起到了积极的作用。

　　事实上，激怒波士顿茶党进而引爆战争的，正是立法机关调低了北美进口茶叶的关税。

　　尽管我们一直想要抵制揪住财政动机的诱惑，但还是可以得出以下结论：殖民地人民因为"无代表不纳税"原则所遭受的挫折感，远甚于实际被征收的税钱。相比起盎格鲁圈其他地区，北美的税率已经出奇的低了，即使比起同时期的欧洲，也要低得多。

　　那么，为什么对税收的不满后来演变为暴力冲突呢？因为，说一千道一万，这个问题从根本上讲从来就不是一个钱的问题。激烈反对各种税目的记者协会、秘密行会以及参加审议《印花税法》的议会代表们，自小就对反对斯图亚特王朝斗争的坊间野史耳熟能详，他们的祖辈也曾参加过这样的斗争。他们反复引用汉普登在船税事件中的抗税名言，意在唤起英语民族记忆中反抗暴君的传统："英国国王无权要求的事物，英国臣民就有权反对。"汉普登说过的这句话回响在整个18世纪60和70年代。北美的辉格党人就像英格兰的辉格党人一样，坚信这些新的负担限制了他们的自由，贬损了他们作为英国人与生俱来的权利。

　　我们已经看到，詹姆斯一世和查理一世时期的财政争议相当复杂，因为这些个讨论又缠上了宗教分歧。同样的情况也出现在18世纪60和70年代。在这两起事例中，王室都发现自己身处论战的尴尬境地，而且经常面对同样的对手。

　　美国革命的宗教维度常被大多数历史学者所忽视，几乎没有人重视殖民地好战的新教主义。著名的英美史教授 J.C.D. 克拉克（J.C.D.Clarke）曾有过这样的论断："北美大众对于天主教的敌意和反抗是殖民地历史中一直被压制的主题。"

反对这一观念很不容易。我们曾经提及在魁北克承认天主教堂合法化后遭到的激烈反对。1774 年，出席第一届大陆会议的代表们愤怒地声讨他们眼中可耻的背叛：

> 这一法案使得加拿大自治领进一步扩张……从欧洲来的天主教移民大量涌入，人口激增。他们因此效忠行政当局，而当局又对他们的宗教优遇有加。由此，他们可能成为当局手中强大的工具，用以把自古就有的自由的新教殖民地降为和他们自己一样的奴隶制国家。

这里，我们有必要再提醒前已述及的"反天主教主义总体上是政治的，而非宗教性的"这一观点。就像在大不列颠的情况一样，北美殖民地民众普遍认为，天主教徒不是值得信赖的爱国者，他们最终效忠的是外国势力。美国国父之一的约翰·杰伊（John Jay）后来成了最高法院第一任大法官，他曾经使用了与洛克几乎完全一样的理由来论证他的家乡纽约州应给每一个教派以完全的宗教宽容，但是，

> 除了那些罗马天主教的教牧——他们就不该得到土地，或者被允许享有和吾国中其他成员一样的公民权利。

除非这些人能到吾国最高法院来最庄严地发誓，他们是发
自内心地相信：教皇、教士或者任何外国当局都无权解除
吾国国民对本国的忠诚。

第二任总统约翰·亚当斯提出了质疑："一个自由政府能和
罗马天主教共存吗？"

亚当斯的继任者、第三任总统托马斯·杰斐逊相信，天主
教和政治独裁主义有着千丝万缕的联系："每个国家，每个时期，
神父都是自由的天敌。他们只会和独裁者结盟，支持他的暴政，
以作为受到保护的回报。"

这些观点虽然流传甚广，但也不见得人人都接受。第四任
总统詹姆斯·麦迪逊似乎就没有什么宗教偏见，乔治·华盛顿也
看不起任何一种宗派主义。事实上，美国自建国之始，就不光是
一个非集权化的共和国，而且还是一个法律上不设宗教偏见的国
家，这很大程度上要归功于第一任总统政治上的远见卓识。

华盛顿一直很注意为他那些容易头脑发热的国人树立一个
良好的典范。他遇到过很多宗教顽固分子，深知那些人的世界观。
他们把国家的兴亡看作上帝恩宠或者责难的结果，军事胜利则是
天命所在。

在当今的时代，我们已经很难再有那种心态，也很难理解为
什么讲英语的天主教和高教会成员会对教徒独自阅读《圣经》和
自行决定敬拜仪式如此紧张。事实上，信仰只能在当时代的具体

场景下才能得到完全地理解。

与某些固执地追求其信仰的新教徒宗派的斗争，使得很多天主教徒和圣公会教徒相信：脱离语境和缺乏具体指向地传播教义，只会带来混乱。《圣经·启示录》就是一个典型例子，它宣布，当"大淫妇巴比伦"被推翻后，一个"新耶路撒冷"将会降临。当时有一些人把这些章节看成政治申明而非神学教义，把任何碰巧不喜欢的人都冠以"大淫妇巴比伦"之名。同样，如果缺乏语境和解释的话，《新约》的部分章节说不定也可以煽起千禧年暴力。

对很多人来说，有充分的理由可以解释：为什么数个世纪以来，人们都不被允许任其喜好地生吞活剥《圣经》文本，而是必须按照经院派发布的标准拉丁文本分章节地阅读经文。他们警告说，一旦用本地语言写成的《圣经》广泛流行之后，你就可以看到会发生什么。

17世纪诗人塞缪尔·巴特勒（Samuel Butler）曾经言及他那个时代的清教徒是如何"依靠使徒的敲打，来证明他的教义的正统性"的。

马萨诸塞在18世纪所发生的一切就是这样。只不过一些新教徒士兵把"大淫妇巴比伦"换成了包括罗马在内的任何宗教活动过度仪式化的基督教派别。

就像17世纪的英国清教徒怀疑圣公会投靠罗马教廷一样，他们来到北美大陆的后裔也怀着同样的想法。在部分殖民地上建起的圣公会教堂，成了公理派、长老派和其他宗教少数派切齿痛恨的靶子——他们认为圣公会是专制政府的最后堡垒。

对于这些圆头党和盟约派意识形态上的继承者，同时也常是血缘上的直系后裔来说，战争发生在精神领域——这是一场反对偶像崇拜和迷信的十字军东征。在他们眼中，乔治三世时期的英国教会的腐败已不可救药，他们压制心灵自由，就像托利党人总是不死心想要压制政治自由。《魁北克法案》（Quebec Act）使长期以来还有些半信半疑的非国教徒不再怀疑，圣公会的高教会派，连同他们的圣坛围栏、主教以及国家团契等，都显示了与罗马教廷结盟的全部动机和目的。

对于这些唱赞美诗的人来说，围绕《食糖法》和《印花税法》展开的议会斗争正是上帝指示他们奔赴的战场，就好像税收问题是法利赛人诱惑耶稣的鱼饵。宗教维度有利于我们更深刻地理解财政争分。美国宗教史专家威廉·沃伦·斯维特（William Warren Sweet）有过精彩的论断："英国教会与持异议者之间的宗教分歧积累起了足以燎原的燃素，而印花税、茶叶税和其他税种的争议及管制所起的作用不过是点火的火柴而已。"

到17世纪30和40年代，两种争议混在一起，已近燃点。此后，财政和宗教斗争被挤压进一场主权归属的大讨论中。

在这一背景下，历史学者们因为知道争论的最后结果，所以都倾向于强调留存在教派分歧中的宪法争论。然而，在当时人的心目中，有关财政、教派和民主的辩论只是同一个议题的不同方面。新教主义、低税率、财产权以及议会控制下的政府被熔铸进一块自由主义的合金中，而这块合金现在已经无法再析出什么单独的元素了。

议会独立被大多数美国人视为由他们的先辈带到普利茅斯岩[1]的与生俱来的权利；同时，也被视为保证他们的宗教、财产权利的最可靠的途径。这就是为什么随着争论的分歧越来越大，殖民地逐渐超越了税收和美利坚主教的产生方式等问题（这些问题到 1775 年时，基本已经得到了圆满解决），开始转向并最终集中到议会主权的问题。

回顾 1800 年，麦迪逊，这位未来的总统，清晰简洁地总结了独立派人士的宪法目标："（美国）革命的基本原则是，殖民地能在属于同一主权的帝国中成为与不列颠拥有平等地位的成员，并且，立法权被完整地保留在美利坚国会中，跟保留在不列颠议会中的一样。"

应当说，这一番立论相当温和，不列颠岛很多人也是这样看的。下议院中的辉格党开始考虑同意殖民地提出的要求。1775 年，老威廉·皮特（William Pitt the Elder）提出一个议案，要求撤销北美独立派反对的那些议会法案：从《食糖法》到承认大陆会议——其实这个会议也就相当于不列颠的北美议会了。

即使到了这个时候，如果议案获得通过，那么，很可能缔造

1　Plymouth Rock，又称为"移民石"，上刻"1620"字样，传说是欧洲新移民踏上美洲大陆的第一块石头。

出一个统一的盎格鲁国家。北美殖民地本来可能通过非暴力的方式最终走上和加拿大、澳大利亚一样的独立之路。美利坚王国今天可能就是英联邦成员国的一部分了。

但是上议院、托利党和行政当局不愿对他们所认为的反叛行为作出妥协。皮特的提案被 61 票对 32 票否决，政治和解的最后一次机会丧失了。

不列颠议会两院制衡的传统不应蒙蔽我们，使我们看不到对殖民地苦难的同情。这种同情不光是抽象意义的，而且是在同一个政治国家内的。那个时代最伟大的国会领袖在美利坚议题上站在了一起：皮特本人、激进派领袖查尔斯·詹姆斯·福克斯和盎格鲁保守主义传统之父埃德蒙·柏克。事实上，美利坚是惟一一个让三巨头结成统一战线的议题。

有必要提醒一下：争吵在这个时候仍被各方看作家庭内部矛盾。我们不能带着今人的眼镜打量过去发生的一切，把英国国内对北美爱国者的热切同情视作对外国势力的支持。辉格党在这个单一的政治体中已经形成了独立的派别，此刻感受到政府决心要重返斯图亚特托利党路线的威胁。

皮特在数年前撕毁《印花税法》时宣布："看到北美人已经奋起反抗，我有多振奋！如果三百万人对自由已经麻木、自甘为奴的话，那就只配成为制造更多奴隶的工具！"

议会史上无出其右的雄辩家柏克代表殖民地人民做过精彩演讲。显然，他始终坚决支持那些远在大洋彼岸的同胞们。事实上，在柏克看来，美国人是比留在母岛上的英吉利人"更英吉利"的人，因为他们如此珍视作为英语民族独特特征的自由观念："拓殖者在你的这一部分特征处于最强势的时候开始了移民活动，他们在脱离你的掌控之时就带着这样根深蒂固的偏好与明确坚定的指引。因此，他们不光忠于自由，而且是按照英国人的观念、英国人的原则投身自由。"

柏克毫不怀疑美国激进分子在拥抱权利的过程中，保留而不是抛弃了他们的英国遗产。他告诉议会议员，美国的宪法发展演变为税收问题，它从斗争中赢得的自由巩固了"惟人民选举的代表方有权征税"这一原则，而这一原则正是惟英格兰才有的特征："殖民地是你们设置的，携带着你们身上的血缘、理念以及原则。他们对于自由的热爱，正如你们一样，在税收这一点上体现得尤为强烈和执着。"他们一方面看重他们的民族身份，另一方面也特别珍视与政治自由有着千丝万缕联系的宗教信仰："殖民地人民是新教徒，这一类人的心智和观点是最难以屈服的。这一特征不光易于导向自由，而且本身就是自由得以生长的基础。"

柏克认为惟一可以平复动荡的做法就是承认殖民地人民拥有完整的英国公民的权利："我们不妨接受一个美利坚帝国，这样就能接受美利坚财政。英国人的权利有哪些，他们就有哪些。只要能给他们英国人的权利，问题就解决了。"

柏克的观点在国内很受欢迎，但它们在下议院获得的支持却很少，因为下院议员是通过严格的选举程序筛选出来的，有的情况下，选举人需要夸张的效忠国王的忏悔仪式，而忠诚正是晋升与优俸的不二法门。在查理二世复辟一个世纪之后，古老的裂痕在羊皮椅上依然可见。一项研究表明，那些反对废止1776年《印花税法》的少数派议员们，他们的名字大多跟在一串骑士家族的姓氏后面：巴戈特（Bagot）、寇松（Curzon）、格罗夫纳（Grosvenor）、哈利（Harley）。

政府打算就新税种的税率做出让步，但在有权向殖民地征税这一原则问题上绝不妥协。在乔治三世和他的僚属看来，要解决分歧决不能手软。他们相信，他们为满足殖民地的宗教和财政要求已经做得够意思了，绝无可能再交出英国议会的主权，因为这是整个盎格鲁文明国家的最高议事机构。他们认为，可以考虑在殖民地颁发本地议会的特许状；但是，权力下放与封建制度是有区别的。

大臣们承认，波士顿地区在下议院中的确没有代表。但是他们又说，别忘了，很多地区的人都没有代表啊，比如伯明翰、英格兰，这叫"实质代表"。也就是说，他们在议会中可以有一些支持者和同情者。独立派们也反击说，伯明翰也应该有真正的代表啊。皮特称"实质代表"这一概念是"最容易忽悠人的词儿，连认真反驳都不配"。

但是诺斯勋爵（Lord North）和他领导的政府则继续顽固地坚持己见。就像每个时代中每一个不受欢迎的政权一样，大臣们相信他们要做的就是处理一小撮麻烦制造者，只要秀肌肉，以无声胜有声，民众自然就服帖了。然而，这回他们的算盘怕是打错了，就像 17 世纪 40 年代发生的那样，事情已经有了他们自身的力量。争议的焦点不再是税收或者宗教，而是权力，要求盖奇将军（General Gage）解除马萨诸塞民兵的武装的决定和查理一世控制英国民兵的企图简直如出一辙。在整个新英格兰，人们涌向街头参加武装组织，共同抵抗统治者。第二次盎格鲁圈内战开始了。

第二次表亲战争

战争一旦打响，王室在新英格兰的事业便已失败了一半。要控制一个武装起来闹革命的民族，唯一的办法就只剩下镇压。这在英语世界来说是从来不可想象的，即使对这个政权的最忠实支持者也是如此。接下来的战争实际上是要决定其他哪些殖民地会追随新英格兰，以及殖民地和帝国就脱离问题能达成何种条件。

大不列颠的大部分居民并不赞同对北美实行恐怖统治，相比而言，他们更同情独立派而不是王室。政府发现兵源短缺，尤其在英格兰征不到士兵。跟斯图亚特朝的国王们一样，乔治三世不得不到苏格兰、爱尔兰，甚至欧洲去招募军队——尤其最后这一个地方，再度刺激了反抗他的那些北美温和派人士。

前总督卡姆登伯爵（Earl of Camden）作了一个睿智而准确

的预言，作为对皮特在 1775 年发表的诉说殖民地苦难的著名演讲的回应：

> 这片 1800 英里的大陆上拥有 300 万民众，他们如今都同仇敌忾地团结在辉格党人信守的自由与公正的战线上。要征服这块土地似乎不是一个可以贸然作出的决定。先生们，你们不能鼓动军队或者财政去完成镇压美国人的任务，但是法国人和西班牙人能不能被策动？这些作壁上观的看客倒是值得诸位好好考虑。

战争是一种强化双方观点的催化剂。就像 17 世纪 40 年代的圆头党那样，北美独立派不久就发现自己走上了一条不屈不挠的共和主义道路，因为他们不可能今天把国王当作军事上的敌人，明天又邀请他回来继续统治。伦敦方面的心态也转变得很快，尤其是新英格兰人在 1775 年夏天进驻加拿大以后。当初通过《食糖法》和《印花税法》时，议员们的看法是尽量降低大不列颠本土的土地税；如今下议院的乡绅们一致同意将土地税提高到 4 先令以支付战争费。

第一次盎格鲁圈内战把英语民族统一在一个单一的国家中，第二次盎格鲁圈内战则结束于分裂。由此造成的一个后果就是，后世历史学家们倾向于各自记录他们这一边的情况。我们已经看到，在美国，保罗·列维尔夜骑的故事被篡改成美国人和不列颠人之间的战斗，而这一观念在当初那个时代是根本没有的。"独立战争"这个名字本身就存在相当的误导性，因为它暗示在美国这片疆土上，正有另一个国家在统治；某种意义上，这等同于刚果被比利时统治。

大部分美国历史学家都把目光聚焦在他们这一侧的大西洋沿岸发生了什么，偶尔会提到亲英派（他们中很多强硬分子都在战后离开了美国），但是极少关注英国国内的亲美倾向。大部分英国历史学家也犯了同样的错误。就是说，当他们在探讨英国激进分子的动机时，总是把这些人对美国辉格党的支持看作一种对海外事业的同情，好像后来的英国激进分子支持西班牙共和派或者南非的反种族隔离运动。

前里根政府官员凯文·菲利普斯（Kevin Phillips）是一位能用通俗语言揭示矛盾冲突的作家，他认为内战在盎格鲁圈内有其内在根源。1995 年，因为厌恶克林顿时期华盛顿的俗艳，菲利普斯退休后回到康涅狄格家中著书立说。他在一本书中问道，假如"英国人"在 1777 年萨拉托加战役中更狠一点，那么美国革命是不是有可能就被阻断了？！随着对革命年代研究的深入，雄心勃勃的作家展开了他的研究计划。当菲利普斯在考察英国将军们为什么这么积极地投入对美作战时，他开始意识到，美国革命的根源事实上必须要到英伦岛上去发掘。当他在萨拉托加和约克镇战场遗址上流连时，他很快得到了与在纳斯比和马斯顿摩尔（Marston Moor）战场上一样的结果。（要知道，不像是在美国，英国早就冷落了这些历史遗址。美国的战场遗址基本都保护得很好，竖起各种纪念碑。英国的战场遗址往往变成了萝卜菜地或者被新辟出的路拦腰斩断。）

作为一个政治战略家而不是一个职业历史学者，菲利普斯抓住了某些更能吸引专业人士的东西，也就是那些在两场盎格鲁内战中具有连续性的特质。在这两场战争中，那些叫以赛亚（Isaiah）、俄巴底亚（Obadiah）等名字的新教徒士兵在为反对他们眼中的腐败、独裁、秘密的天主教统治而战。在这两场战争中，战火几乎燃遍了盎格鲁圈每一个角落：英格兰、苏格兰、爱尔兰和北美。而且，这些地方往往都是按照地理和宗教界线来分界的。

事实上，菲利普斯把他的结论推进得更远。在他看来，美国内战同样也是前两场盎格鲁圈内战的延续。他再度发现，美国内战中最常采用的作战队形和新英格兰扬基人领导的反对查理一世和乔治三世的战斗一样，都是受他们的"战神"护佑的新十字架型。他还发现，南部西班牙地产拥有者使用的正是当年保王党用过的论据，声称他们保卫的是一种有序的、稳固的、自然的生活方式，反对所有煽动者和狂热分子。他甚至发现，当托利党人看好一个新联盟，党魁们寄望拥维多利亚为王以换取大英的承认时，不列颠的一些派别又和非国教徒、支持邦联的天主教徒站在了一起。

所有这些研究成果后来都凝结在菲利普斯1990年出版的《表

亲战争：宗教、政治以及盎格鲁的胜利》（*The Cousins' Wars: Religion, Politics, and the Triumph of Anglo-America*）一书中。该书揭示的中心议题是，英国内战、美国革命和美国内战是同一场持续冲突的三次爆发。这一观点一经如此直截了当地说出来，总让人觉得有点不踏实。但菲利普斯是做了很多功课的。他考察了三场战争中若干教会团体，甚至是个人及家庭，发现了其中一以贯之的政治延续性。要知道，一个有说服力的新观点的标志往往是：尽管最初看上去有点别扭，但最后会被证明是显而易见的。一旦我们把美国革命理解为是一场内战，那么，很多问题都会水落石出、各归其位了。

菲利普斯详细地考察了当时的美国人如何选择站边；随后他发现，在大多数情况下，他们的情感立场根源于三国战争。最坚定地支持爱国者事业的，是新英格兰扬基人，马里兰、弗吉尼亚、北卡罗来纳殖民地低教会派的绅士们，以及北爱尔兰清教徒。在乔治·华盛顿一生中最黑暗的时期，也就是他领导大陆军残部从日耳曼敦战役和布兰迪万河战役的惨败中撤离的那段时期，他发出绝望的哀叹："这一路屡战屡败，我惟有从自己的家乡弗吉尼亚和苏格兰－爱尔兰人一起发起最后一击了。"

忠实地站在王室这一边的，是圣公会高教派信徒、德国路德教派、爱尔兰天主教徒和苏格兰高地人（杰斐逊曾经特意将《独立宣言》中攻击苏格兰的一段文字删去）。

不必说，这只是一个泛泛的归类。几乎每个县都分裂了，有些家庭也因此陷入争吵，有些人开始希望能置身事外。约翰·亚当斯当时说："我们大概有三分之一是托利党人，三分之一胆小怯战，还有三分之一才是真正的蓝血。"这一评价并非虚言。现代历史学者最好的估计是，13 个殖民地中，大约 20% 的白人是亲英派，40% 是独立派，另有 40% 左右的人持中立立场。正是乔治三世在暴躁与虚弱两极间来回切换，最终把很多"胆小鬼"推向了辉格党阵营。

就像内战中经常发生的情况一样，族群矛盾有时候掩盖了本地冲突，使得原有的冲突反倒面目模糊。如果某一团体选择了某一边，那当地的对手往往就会选择另一边。举个例子，很多北美土著人为王室而战，因为他们将其视为反对那些贪婪的侵占土地的殖民者的联盟。但是他们的决定将某些与之有世仇的部落推到了独立派一边。很多奴隶保王党人一起战斗，是为了求得自身的解放，这就把奴隶主逼到了一个更激进的位置，使他们不得不成为"更坚定"的独立派。就像一个亲英的美国历史学家所说的那样，"在每一个陷入长期争斗的社区，他们（亲英派）都是本地对峙双方中的一方。因为从战争一开始起，就始终伴随着一些与之无关的冲突，这些冲突迅速地、几乎是随机性地发展为辉格党与托利党的对峙"。

对英国来说，一个尤其致命的错误是：王室在莱克星顿和康科德战役首次打响后，没有立即大规模占领殖民地。内阁举棋不定，寄望调停，但实际上只是导致了武装反抗很快蔓延到马萨诸塞以外。菲利普斯对于这一结果毫不怀疑。

> 从 1775 年 5 月，莱克星顿和康科德事件发生后，到
> 1777 年 11 月，萨拉托加大捷的消息传来，13 个殖民地的
> 绝大部分地区在近 30 个月的关键时期内都处于非占领状
> 态。英国没有派驻军队阻止反叛力量的联合，也没有分配
> 任何人手负责地区税务的征收、本地军力的掌控以及食品、
> 武器和军需物资的采购。这真是史无前例的镇压革命的方式。

事实确实如此。但是，问题出在乔治三世的内阁。大不列颠
几乎没有兴趣去应付一场镇压她的同胞的战争，而这些同胞的苦
难刚刚才震动过大部分国民。

几位在北美参加过对法作战的高级将领——阿莫斯特勋爵
(Lord Amherst)、亨利·康威爵士（Sir Henry Conway）等——
拒绝带兵作战。那些接替他们职位的继任者也没多大热情。盖奇、
卡灵顿（Carleton）和豪（Howe）将军都明确表示他们不愿参战，
结果遭致美国托利党人的痛恨；伯戈因（Burgoyne）和克林顿
(Clinton) 将军对于镇压反叛需要的军力甚至无动于衷。我们基
本可以得出这样的印象：这些人哪里是在为胜利而战，不过做一
天和尚撞一天钟罢了！

英军的厌战情绪在岛内蔓延开来，然后又像 17 世纪 40 年
代一样迅速分化。当然，情绪这东西很难用科学测定。英国议会

的议员是通过极其有限的选举资格被选出的，未被代表的阶级的观点因此不能准确地评估。但是，我们不妨从当时立场鲜明的新闻报纸，从强硬派和妥协派提交议会的请愿书，从议会少数派的态度（当时的议会选举体制仍是拜占庭式的，较之1832年理性化改革之后更少代表性）中得到一些认识。

我们的发现很有说服力，英国国内的民意与殖民地上的情况惊人地相似。大约25%到30%的人在倾向上倒向托利党，其余的则属于不同程度的辉格党。北美议会比英国下议院总体上更为激进的主要原因，依然是老调重弹：在北美，土地的分配更趋平均，因为殖民地议会的选举比例在男性人口中更高，他们作为一个整体更能够代表民意。

不列颠岛内部分化的地缘特性更是令人惊奇，因为我们再次看到第一次盎格鲁内战局势的完整翻版。坚决支持北美反抗的地区也是当年最激烈反抗斯图亚特王朝的地区：苏格兰低地（尤其是西南部）；伦敦及周边城镇；克伦威尔起家的老东部清教徒平原区；非国教徒们占多数的纺织城镇；以及北爱尔兰地区，这里一贯尚武的居民很快组建起军队，模仿他们的宾夕法尼亚表亲进行操练。

相反，英格兰地区则急切渴望压制，起码我们从提交给议会的请愿书可以得出这样的判断。诸如西米德兰兹郡，尤其是兰开斯特，都是老斯图亚特王朝的最后堡垒。因为在英格兰境内征兵赴美作战日益困难，诺斯勋爵不得不转向爱尔兰和苏格兰高地这些老詹姆斯党的大本营去寻找兵源。

詹姆斯二世的继承人绝不可能坐视皇权旁落。18 世纪上半叶见证了詹姆斯党人持续不断的卷土重来，尤其是 1715 年和 1745 年的全面反攻；而 18 世纪下半叶则终结于对詹姆斯党人的清洗。美王子查理（Bonnie Prince Charlie），詹姆斯二世的孙子，那个汤婆子故事男主角詹姆斯·斯图亚特的儿子，兵败卡洛登沼泽地，宣告了斯图亚特家族重返英王宝座的幻想彻底破灭。这场战役被绘在罗马风格的圣餐盘上：护手大刀的寒光，石楠花丛间升起的轻烟，穿格子呢裙的王子仓皇出逃。但是那个时代大多数讲英语者对此的反应只是微微一笑。对他们自由和财产的威胁，或者更掉书袋的说法，对他们的新教主义和经济成功的威胁早已升级，这些见惯不惊的王党叛乱又算得了什么？！

随着詹姆斯党的覆灭，苏格兰高地人又将当初送给斯图亚特王朝的刻板的忠诚转而奉献给了汉诺威王朝。在七年战争中，他们以令人胆寒的英勇同前盟友法军作战，事实上，从那时起，他们参与了大英扩张的每一项事业。老威廉·皮特在 1766 年写道：

> 我四处寻找美德。我可以骄傲地说，我是第一个想到要寻找它并真的在北部山间找到它的首相。我呼唤它，最终发现它就在那群英勇无畏的人身上。那些人曾作了你们的敌人的阴谋诡计的牺牲品，参加了那场想要颠覆国家的战争（1745 年詹姆斯党人叛乱）。如今，那些参加过那场

战役的人正与你们并肩作战，他们忠诚，你们勇猛，就这
样征服了世界每一寸土地。

北美动乱对于那些在卡洛登（Culloden）战役中战败者的儿
子们来说，是一个重新证明忠诚的机会；同时，也是他们打击老
对手盟约派的后代的好机会。苏格兰高地人成了北美战场上正规
军的主体，最少组建了 10 个兵团。此外，还有若干流落海外的
苏格兰高地人组成的志愿军团。很多在七年战争后复员回家的苏
格兰高地人在殖民地购买了土地，有一部分沿着哈德孙河谷，其
余则分布在卡罗来纳。现在，这些人纷纷响应国王召集应征入伍，
有人的软帽上甚至还别着詹姆斯党人的白帽徽。他们组建了几个
托利党的后备团：北卡罗来纳高地人兵团，不列颠北部皇家志愿
军，以及女王的高地人突击队。最后这个连队变成了一个加拿大
团，即女王的约克突击队，连队中很多人后来死在了北方，没能
活到共和时期。

爱尔兰基本上也是拥护王室的。为此能搜集到的证据必然很
零散。因为天主教被排除在政治生活之外，议会和市镇团体反映
的仅仅是作为少数派的新教的、同时大部分也是激进辉格党人的
观点。然而，如果我们再次去翻看那些天主教神父们所写的各种
请愿书，以及再看看志愿军的数量，你就不能否认爱尔兰对皇室
事业的热诚了。尽管，爱尔兰裔美国人的后代自然会竭力否认这
一点，然后顾左右而言其他，或者偶尔嘟囔一下苏格兰－爱尔兰

人与爱尔兰人其实差别很大呀！欧文·杜德利·爱德华兹（Owen Dudley Edwards）和康纳·克鲁兹·奥布莱恩（Conor Cruise O'Brien）的研究结论相当有权威性。他们说，爱尔兰天主教徒绝大多数都是亲英派，因此他们的忠诚至少赢得了自从野鹅流亡后想要惩罚他们的议会的谅解。美国战争期间通过的很多法案改善了爱尔兰天主教徒长期以来受到的歧视性对待，恢复了他们参军入伍的权利。

菲利普斯的书并没有什么新的重大发现。书中列出的所有事实都来自公开出版的历史文献，有部分是 20 世纪早期的著作。然而，把所有这些资料汇总在一个开放的头脑面前，菲利普斯给出了一个被众多学术史家忽略了的理解盎格鲁圈内战（也就是表亲战争）的新视角。

和第一次盎格鲁圈内战一样，第二次内战打得也是相当"斯文"——不仅按当时的标准是如此，即使按普遍的内战标准也是如此。几次中规中矩的会战，随之而来的屠杀（如果按 20 世纪 30 年代西班牙内战的标准，这完全不能叫屠杀），以及任何一方的失误都极具新闻价值，因为这样的情况实在不多见。部分托利党人的财产被褫夺，有些不受欢迎的官员被粘上颜色羽毛或者涂上油污。但是，就像在英国内战中一样，地方政府，包括郡守办公室，始终运转如常。

在这样的时代背景下，伤亡之轻，几乎难以置信。按照美国国防部的统计，那时辉格党一方计有 4435 人死亡，其他伤亡人数为 6188 人。托利党方面的损失则更轻。想想那时英法战争中死掉的上万的士兵，约克镇围城一役简直就是小菜一碟。

尽管好莱坞的种种大场面可能会让我们不相信上述数据，但双方的军事当局都尽力表现得相当有侠士精神。当魁北克总督盖伊·卡尔顿（Sir Guy Carleton）被问到为什么对辉格党俘虏如此仁慈时，他答道："就算我们不能让他们把我们当成亲兄弟，起码在送走他们的时候，让他们觉得我们是堂兄弟也好吧。"这一回答多多少少反映出当时的实情。

当然，所有战争都会有烧杀抢掠，但这种人祸在双方的正规军中都没有发生，它们只是那些与民族冲突没多大关系的本地同室操戈的结果。

最受华盛顿器重的纳撒内尔·格林（Nathanael Greene）将军在南卡罗来纳对他看到的埋伏战和牛群袭击深感震惊，他说："这个国家中辉格党和托利党之间的仇恨将使他们的处境变得更加悲惨，长此下去，他们早晚会成为自身野蛮行径的牺牲品。辉格党是不是打算要将托利党斩草除根？！托利党似乎也要置对方于死地而后快。"

当然，辉格党最终占了上风。和 17 世纪 40 年代的情况不同，现在到了他们终于可以秋后算账的时候了。80% 的亲英派留了下来，而那些更死忠的托利党人或者自愿或者迫于社会压力迁移出去：离开南部州的人通常带着他们的奴隶到佛罗里达、西印度群岛或者巴哈马重新定居。大部分离开中部州和新英格兰的人向

北挺进，部分去了魁北克，更多的则去了新斯科舍，最后在那里
建成了一个新省：新不伦瑞克省。有少数人走得更远，来到了不
列颠群岛。

哈佛历史学者玛雅·贾撒诺夫（Maya Jasanoff）估计，总
共有 6 万托利党人（包括 1 万名亲英派黑人）迁徙出去。这当中，
3.3 万人在新斯科舍和新不伦瑞克定居；6600 人在魁北克；5000
人在佛罗里达；还有 1.3 万人（包括 5000 自由黑人）到大不列颠。
有一批托利党黑人最后在塞拉利昂建立了定居点。

与此同时，美国独立以后，开始迎来了从大不列颠来的辉格
党和激进人士的移民浪潮。自《独立宣言》发表后的一个半世纪
中，大约有 500 万不列颠移民横渡大西洋来到美利坚。绝大部
分移民是出于经济考虑而来，美国对不列颠激进人士而言，比其
他任何移民目的地都更具吸引力。

托利党和辉格党的对峙局势尽管在不同地区有不同表现，但
始终存在于整个盎格鲁圈。然而，1776 年后，辉格党赢得了一
部分英语世界的政治控制权。随后，辉格党哲学体现在美国宪法
中，尤其是在《权利法案》中达到了最高峰。

所有国家都是依照它们在孕育之时就被植入的 DNA 生长起
来的。美利坚合众国建立在以下一系列前提之上：集权必致腐败；
司法需分散；决策者应负责；非经民选代表同意且法律批准不得
征税；行政听命于立法。

在费城老议会大厅开会的那群人决心要防止他们生活的那

个年代权力滥用的悲剧重演。最终，他们制定出世界上最成功的宪法，那部迄今为止仍然在有效地控制政府、壮大公民的宪法。美国政府模式的特殊之处在于：州权；几乎每一个公共职位的直接选举；负责任的司法系统；预选制；投票表决；财政预算规则；任期限制，等等。所有这些都出自杰斐逊式的分权最大化理念。如果第二次盎格鲁圈内战是遗传型的，那么，由宪法建立的美国政治构架则是表现型的。

然而，我们需要再次提醒我们自己：国父们始终以保守主义者自居，从不认为他们是革新派。在他们眼里，他们所做的一切都是在捍卫他们作为英国人自始就有的自由的遗产。他们没有创造新的权利，而是在重申自光荣革命以来，历经第一次盎格鲁圈内战、西蒙·蒙特福特运动，甚至前溯至《大宪章》的盎格鲁-撒克逊式自由的习惯权利。

我曾经多次表达过，他们这样一种历史观经常被说成是近乎于不切实际的幻觉。但是，诺曼征服前的英格兰，其特殊性是完全真实的。事实上，英语民族正因他们的政治结构而显得与众不同。然而，从某种意义上，最重要的还是，这些东西被相信是真的。

殖民地流传最广的历史著作——纳撒尼尔·培根（Nathaniel Bacon）的《统一的英格兰政府的历史讲稿》（*Historical Discourse of the Uniformity of the Government of England*）、亨利·卡尔（Henry Care）的《英国的自由》（*English Liberties*）、卡姆斯勋爵（Lord Kames）的《古代英国》（*British Antiquities*）——

讲述的都是同样的故事：1066年，一个自由的民族因为大陆入侵者丧失了自由，其后就是为了恢复自由而进行斗争的历史。甚至就在美国独立期间，有一些明知自己没有英国祖先的美国人仍然热衷于为自己购得一个盎格鲁－撒克逊政治身份。

这一身份现在已经绝迹。17世纪"砸碎诺曼枷锁"运动最终证明了自身的合法性，征服者威廉和他的军官以及托利党后代消失在历史的尘烟中。

大西洋两岸都有不少人为这样的统一成就最终分裂而深感遗憾。杰斐逊在起草《独立宣言》时，曾写下过这样一行："我们原本该是同一个伟大而自由的民族。"这句话在《独立宣言》最后一稿中被删掉了，我认为这该是其中最美的一句。

然而，到了那时，局势已经变了。正如卡姆登伯爵的预言，法国和西班牙在战争中可不是什么"老老实实、作壁上观的看客"。这对老冤家的卷入对英国原本的温和政策产生了影响，英王乔治三世做了一个糟糕的决定：对殖民地派出德国雇佣军。

法国在1778年正式对英宣战，西班牙于1779年加入战争。战场很快从加勒比扩展到直布罗陀，从印第安到中美洲。在这场新的世界大战中，北美成了一个枝节问题。甚至连乔治三世这样低智的人也意识到他在殖民地的统治已经终结："还想在宾夕法尼亚或者新英格兰待下去？开玩笑吧？"英王承认，"它们已经没了"。

晚至1775年，建立某种形式的盎格鲁－美利坚联邦的跨洋构想在外国滑膛枪的连排齐射中灰飞烟灭。盎格鲁圈的分裂已成事实——尽管英国托利党人能在感情上接受这一事实之前，还有1812年一仗要打。他们必须要面对这样的事实：美国是一个完全独立的国家，而不再是天朝皇恩之下的受保护国；它也有和其他国家一样的海权；移民到那里的英国臣民如今已是外国公民，不再是征兵的对象。

英语民族的政治联合真是红颜命薄。第二次内战后，盎格鲁圈变成了一个法律的、文化的和语言的共同体，不再是一个单一的国家。

分离给双方都带来了好果子。在英国，腐败的诺斯政府倒台后，旋即迎来了激进的行政改革：君主制和特权衰落，议会扩张，更加注重精英主义和效率。老皮特的儿子小威廉·皮特（William Pitt the Younger）在1783年当上了首相，时年24岁。除了其间一次中断，小皮特领导政府一直到其英年早逝的1806年。这位唐宁街10号主人以其勇敢威武、冷静理智和永不松懈，振兴了国家财政，为1807年废除奴隶制做好了准备，击败了试图卷土重来的法国。

美国的独立后来被证明给盎格鲁世界的军事霸业送了一份大礼。英国不用再在北美耗费大量军力和物资，转而集中对付其他战线，因为他们知道美国人可以依靠其主权主张而对法国和西班牙进行有力施压——事实上很快就把这两位从大陆上扫地出门了。

分裂加速了从重商主义、垄断到自由贸易的转换。盎格鲁－美利坚经济在1785年恢复到了战前水平，在1792年时翻了一番，随后进入持续强劲的增长阶段。

分离还直接刺激了盎格鲁圈中两大核心成员的殖民化运动。亲英派人士大批离开，去到加拿大，使其成为盎格鲁圈的重要组成部分。要是没有这4万讲英语的人挺进冰雪覆盖的北方，那么，这片地区的语言和文化依旧还是高卢人的天下。佐治亚殖民州素来是英国流放那些身强力壮的重刑犯的目的地，但丢失佐治亚又提出了寻找新流放地的需求。1770年，也就是承认美国独立前五年，英国宣布将罪犯流放到宜居的澳大利亚东部去定居。

在所有成就中，最重要的是，由这场战争的性质以及在战前就开启的种种讨论所创造的最伟大的宪法。这部宪法在深察人的堕落本性的前提下被制定出来，旨在防止权力集中。在现今大多数国家宪法每隔几十年就得翻新一回的情况下（更有如南美国家的宪法，几年一变），美国宪法提供了一个可以超过两个世纪的范本。这个范本确保政府受到制约而人民是自由的，司法权分散，任何会影响到民众的决定都尽可能贴近民众，并且，权力均衡受制。

这部宪法并不仅仅是美国人的成就。就像它的起草者们热切申明的那样，它是英语民族奉守的信条的终极表达和见证。法治、代议制政府以及个人自由的理念在塔西佗所描述的那些古老的森林部落大会中便种下了基因，如今，它们在这部宪法中有了完整和最高的表达。

第七章

盎格鲁圈在全球

此前我一直认为帝国是无法产生民主的。

——克里昂（Cleon），

引自修昔底德《伯罗奔尼撒战争史》，公元前 5 世纪

不列颠的殖民地与其他国家的殖民地相比，总是享有更多的内部自由和政治独立。这也正是它们得以繁荣的原因之一。

——亚历西斯·德·托克维尔，1835

从盎格鲁到盎格鲁圈

　　我写作此书时，联合王国正在筹备定于 2014 年 9 月举行的全民公投。勇敢者罗伯特在班诺克本（Battle of Bannockburn）战胜爱德华二世已经过去七百年了，苏格兰却想要离去。国外的朋友和我讨论起此事时，他们通常觉得苏格兰人希望独立，而英格兰人则希望联合。然而，民调结果恰恰相反，苏格兰人有三分之二不愿独立，而英格兰人却是五五开。

　　当然，17、18 世纪还没有民调这东西。但有证据表明，除了如 20 世纪 70 年代初苏格兰石油工人罢工那段极短的时期外，这两个古老王国中，北边（指苏格兰）相较南边（指英格兰）总是更倾向于联合。而存在"联合就是英格兰占便宜"这种想法，更多地反映了我们这个时代对权力框架的认识和某种被害妄想的心理，而非实际发生的事实。

　　所以，我有必要再来讲讲苏格兰和英格兰联合的历史。要知道，盎格鲁圈可不仅仅是一个英格兰的放大版本。

　　传统角度上，国籍依照语言和民族定义，因此在不列颠群岛内划定国界并无多少意义。爱尔兰地区（Gaeltacht）一带将说爱尔兰语的泥炭地和其他岛屿分隔开来。但在此处划界可能有争议。19 世纪时，那里淳朴的民族主义中产阶级不时带着他们的孩子乘坐小船前往不列颠群岛，学习祖先的语言。耸立的威尔士群山定可划作边界，那里还能听到古老的不列吞口音。或许赫布里底群岛和高地乡村地区周围还可再分出苏格兰的高卢人。

　　散落在上述世外桃源且仍旧操着前撒克逊时代语言的人们，通常被说英语的邻居们奚落为落后的乡下人。直到 19 世纪，浪漫主义复兴，这些古老的口音才再次流行，引起民俗学者和词典编纂者的关注。

　　尽管学校里可能还在教一两种古老的语言，但现在的不列颠群岛已经基本成为统一的盎格鲁圈疆域。如今，只有不到 1% 的人口在家中说凯尔特语。爱尔兰的孩子学习爱尔兰语，就像是英格兰的孩子学习拉丁语和希腊语，是为了完善自我，而非作为日常交流工具。

　　必须承认，不列颠群岛内有繁多的英语口音，有些外人很难听懂。我自己沉迷于传统的低地苏格兰口音，又称"辫子苏格兰"（Braid Scots）、"多利安苏格兰"（Doric Scots）或"拉兰"[1]。这种方言正符合我母亲家族的脾气，还和我最喜欢的两桩苏格兰法官冷面如石的轶事有关。一个故事中，巧言善辩的被告出人意料地把法官说愣了；法官遂回应他："你个门槛精！那给你个舒服点的绞刑可好？"另一位法官在审判一起煽动叛乱案时，辩护人声称耶稣也曾受到同样的指控，法官恼羞成怒，说："没错！看到伊的下场了吧？伊还被绞死了！"

　　过去二十年间，苏格兰众多公共部门都把低地苏格兰语和苏

1　拉兰（Lallans），苏格兰语"低地"（lowlands）的变体。

格兰盖尔语定为少数民族语言。这简短怪趣的英语文字能被保留下来当然是好事，但这仅仅是英语的一种形式而已。当我们看到纸上印着这样的文字，哪怕是最通俗的形式，也觉得它们好像是英格兰达勒姆郡或爱尔兰多尼戈尔郡的语言。

不列颠群岛的人通过文化和语言结成一体。他们看同样的电视节目，在同样的连锁超市购物，吃同样的食物，一样地饮酒作乐，看同样的报纸，穿同样风格的衣服。但这些还构不成他们的国家认同。联合王国比绝大多数欧洲国家更乐于接纳其他种族、语言和宗教信仰——不仅仅是写在纸上的公民籍，而是发自内心的真诚的认同感。这一传统在新兴的盎格鲁圈国家得到发扬，并在美国达到巅峰。为何这样的认同感显得如此自然？这是因为尽管可以像其他民族一样通过地域和种族确切地定义英格兰和苏格兰，"不列颠"却无法如此定义。

这种对联合王国的认同感从一开始起就是跨越地域疆界的，它建立在政治而非种族的基础上。这么多年来，人们已习惯于把"不列颠"叫作"英格兰"，反正没几个人会说"大英帝国"。甚至在盎格鲁圈的价值观传播到海外之前，它就已突破了单一国家的界限。这种认同感模糊了母国和殖民地之间的界限，使盎格鲁圈国家占得竞争对手的上风。如果国籍主要通过一系列政治观念来定义，那么基于此，任何认同这些观念的人便都属于这个国家。现在，这个概念可能并不那么新奇；但在欧洲诸国兴起的时代，这无疑是革命性的。

难道不是上帝最先统一了这些王国？

当 1603 年苏格兰国王詹姆斯六世摇身一变成为英格兰国王詹姆斯一世时，他想要统治一个全新的主权国家，而不是两个古老的王国。当新君主莅临下议院，发表首次演说时，他宣称：

> 难道不是上帝最先在语言、宗教信仰和习惯上统一了两个王国吗？是啊！他让我们生活在同一个岛屿，被同一个海洋环绕，自然环境无法分隔，甚至在国境两边居住的人们本身都难以区分、意识或辨别出他们自己的界限。

许多苏格兰议员表示赞同。虽然越境突袭几个世纪来已见惯不怪，高地（苏格兰）和低地（苏格兰）间的文化鸿沟却远比低地（苏格兰）和英格兰之间的边界更难跨越。

我们现在把格子花呢短裙和风笛视为苏格兰的民族象征，然而，这个文化符号实际上是 19 世纪作家沃特·斯科特（Walter Scott）的个人发明。在他之前，在大多数低地苏格兰人——也就是大多数苏格兰人眼里，只有小偷才会这副打扮。

真正的疆界是苏格兰内部的语言和地理分界线。"撒克逊"（Sassenach）一词，现在是苏格兰通用的对英格兰人的蔑称。但是在 20 世纪以前，这个词被高地苏格兰人不加区分地用来统称低地苏格兰人和英格兰人。低地苏格兰人觉得他们和邻居的风俗语言截然不同，反而跟英格兰人更为接近。

许多苏格兰人认为与英格兰联合好处多多：联合意味着得到财富、庞大的本土市场和海外殖民地。此外，有个苏格兰血统的国王在位罩着，在官府里也容易混个一官半职。

英格兰人则不这么看：没有土地的苏格兰领主、乡绅跟着他们的君主蜂拥南下，疯抢闲职头衔，还反倒觉得自己被侵略了似的。

詹姆斯一世想正式合并他的国家，并自称"大不列颠国王"。他对自己的历史知识感觉良好，并在即位之初就抓住时机，让他的英格兰臣民们回忆起过去的七国时代。他说："这个王国曾经一分为七，还不算威尔士？难道我们忘记了？！而联合不是使它变得更强大吗？威尔士的加入可不是锦上添花么！"

英格兰的议员可不买账，他们否决了国王自封的名号。不过，尽管名义上英格兰和苏格兰仍为两个独立王国，实际上政治和文化的融合却加速了。

上一章提到，17世纪民权和宗教上的分歧给两个国家带来了巨大的裂痕。这些分歧并未使英格兰人仇视苏格兰人，而是激起了两国以及爱尔兰和美利坚中的激进派和保皇派之间的斗争。

对英吉利民族的认同感早在1707年两国正式联合以前就形成了。这不是说所有人都欢迎联合，远远不是那样。人们往往会对现行制度产生强大的依赖性，米尔顿·弗里德曼[1]后来将其

1　米尔顿·弗里德曼（Milton Friedman，1912—2006），美国著名经济学家，1976年诺贝尔经济学奖得主，被认为善用"最简单的语言表达最艰深的经济理论"。

称为"现状的专制"。不过，有必要再强调一下：对联合的抵触，英格兰比苏格兰更为强烈。

1698 年苏格兰在巴拿马达连（Darien）的一次失败的殖民行动，成了要求国家立即重新立法的导火索。许多苏格兰人觉得，西班牙、葡萄牙、法兰西、英格兰以及尼德兰都在横跨大洋大肆建立基地和贸易口岸，单单把他们落下了。所以，他们编造了一个诡异的计划，说要在巴拿马地峡处建立一处苏格兰殖民地，叫"伽勒多尼亚"[1]。殖民地将控制地峡要塞，对往返大洋之间的货运骡车课以繁多税名。但没人解释如何让西班牙人对此事睁一只眼闭一只眼，也没有人问起英格兰为何要冒着激怒西班牙的风险去支持一个只有利于苏格兰人的殖民地。

整个计划是个彻彻底底的悲剧。皮肤白皙、习惯了寒冷天气的殖民者根本不适应热带丛林气候。很多人死于热带疾病、痢疾和饥饿。少数活下来的人向前来清剿殖民地的一小部西班牙军队投降。2500 个拓殖者从利斯出发，挤在甲板下逃过英格兰人的检查，最后活着回来的不到四百人。

但那时候，苏格兰上流社会和中产阶级中不少人已经砸锅卖铁投进了这笔生意。殖民达连的失败不仅仅是国家耻辱，对苏格兰很多名门望族来说，这更是一场财务灾难。在爱国主义和个人利益的驱使下，苏格兰人寄希望于巴结阔气的英格兰邻居，请求

1　伽勒多尼亚（Caledonia），本为罗马帝国时代对苏格兰的称呼。

他们来帮助自己稳定货币并勾销债务。

跟 1603 年一样[1]，英格兰方面迟疑不决。英格兰人想搞明白，他们为何要给一个不及他们繁荣的政府救市背黑锅？苏格兰人关他们什么事？还有，要是让苏格兰人进入他们的殖民地市场，能有什么好处？

安妮女王则像斯图亚特王朝的所有先辈一样，下定决心统一两个王国。英格兰当局指定了一个强大的统一游说团，最终促成了协议：苏格兰将保留它的教会组织、立法机构和教育系统，但须在商业和政治上与英格兰全面联合。爱丁堡议会自行解散，苏格兰的议员们统一前往威斯敏斯特就席。

议会当然不会轻易投票解散自己。要让这个联合方案分别在英格兰和苏格兰议会通过，少不了对议员巴结奉承甚至直接行贿。双方议员皆得到了大量政府闲职、世袭爵位，还有赤裸裸的数千英镑现金。

奇怪的是：对这次行贿耿耿于怀的不是英格兰人，反倒是苏格兰人。罗伯特·彭斯（Robert Burns）写过一首讽刺诗，挖苦这群"被英格兰的金银收买"的"酒囊饭袋"。不过那时英格兰要是有公投，联合方案一定会被多数票否决。苏格兰人虽然现在遍布不列颠，但当时人口仍在少数。让英格兰和这样的邻居联合，

1　1603 年，苏格兰国王詹姆斯六世同时成为英格兰国王詹姆斯一世。

当时特威德河 [1] 两岸的人都觉得不可思议。

　　一直到 18 世纪下半叶，英格兰内部都还有一小股势力对苏格兰人的入境愤愤不平。18 世纪 60 年代，苏格兰人的典型形象第一次出现在英格兰剧场上。现在回头看挺有意思：激进的辉格党人把苏格兰人全部描绘成保守的托利党和神秘的詹姆斯党。而当时的英格兰漫画不约而同地把苏格兰人描绘成穿短裙戴毡帽的人——这身行头实际上在苏格兰早就过时了，只因在英国军队的高地兵团中得以保留而显得格外惹眼。

　　琳达·科莱在其名著《不列颠》（Britons）中称，英格兰人的焦虑无疑是非理性的。相较英格兰的同侪，彼时苏格兰大学培养的博士和工程师出色不少。这些才俊自然而然跑到南边来工作。苏格兰人在军事和殖民地要职中占据了与其总人口数不相称的巨大比例。1775 年后的十年里，苏格兰人占到派往孟加拉的文职人员和管理者中的 47%，以及在那里合法居留的商人中的 60%。而高地苏格兰人的文化背景使辉格党人认为苏格兰人倾向独裁。这种偏见也非全无道理：北美很多有影响力的保皇派政府官员都有苏格兰的詹姆斯党背景。

　　联合带来了苏格兰文化上的复兴。大卫·休谟在哲学上，威廉·罗伯逊在历史学上，以及亚当·斯密在经济学上各领风骚，整个盎格鲁圈都因苏格兰的启蒙而熠熠生辉。爱丁堡新城的街道

1　特维德河（River Tweed），英格兰和苏格兰界河。

和广场是 18 世纪 60 年代的古典主义风格的建筑杰作，它们以自己的名字——诸如王子街、乔治街、女王街和汉诺威街——来标榜这联合的时代和造就这联合时代的汉诺威王朝。

鲁本斯在国宴厅天花板上的画作所描绘的预言实现了。战争的武器和工具投进了熔炉。对当时的人来说，往事已有年月。人们很容易忘记，当初关于联合最大的争议在于它是否可以终结数世纪以来两国边界上的频繁摩擦。而联合真的做到了。英格兰和苏格兰从此停止争吵，将力量一致对外，而非内部消耗。

英格兰人也渐渐尝到了甜头。苏格兰人在为自己创造史无前例的财富的同时，也为整个盎格鲁圈带来了财富。今天，50 英镑纸币上印着詹姆斯·瓦特（James Watt）和马修·博尔顿（Matthew Boulton）的头像，以纪念这位杰出的格拉斯哥工程师和他的英格兰搭档。瓦特的发明造福了苏格兰，也造福了英格兰的新型工业城市——他定居的伯明翰。要是这张 50 英镑的纸币一撕为二，任何一半都值不了 25 英镑。

英格兰人和苏格兰人开始视彼此为同胞，祖上的恩恩怨怨渐渐演变成善意的戏谑，持续至今。两个民族的关系开始像英格兰的约翰逊博士和他的苏格兰传记作家詹姆斯·包斯威尔（James Boswell），他们相互挖苦、竞争，偶尔抱怨，但本质上相互敬爱。一位经历了 1940 年敦刻尔克大撤退的高地苏格兰士兵对他的长官说："要是英格兰也投降了，这会是场漫长的战争。"他的话正是这种关系的生动阐述。

我们已经知道：在面对真正的异类时，人们通常会建立起认同感。18世纪的不列颠亦是如此。当时的不列颠人把一切不属于欧洲大陆尤其是法兰西王国的东西定义成自身的文化属性。欧洲大陆人颓废、专制、谄媚、迷信又无知；相反，英语国家的人民坦诚、爽快、独立、敢想又敢为。

难能可贵的是，美利坚、苏格兰、威尔士以及爱尔兰新教地区，将这种自我形象发扬光大。在赢得对詹姆斯党的最终胜利后，上述地区的民众觉得他们自己是忠诚于辉格党和自由原则的最坚定、最无条件以及最热忱的信徒。如果说英国全境属于新教文化，则还有更"新教"的地方：新英格兰有公理会，苏格兰、阿尔斯特和宾夕法尼亚有长老会，威尔士有不信国教的新教徒。他们不都更"英国"吗？！

那为何今天见到的情形却恰恰相反？为何我们会认为是英格兰对周边地区施加影响力，而不是"非主流"的周边地区主导了新国家的方向？

造成这个问题的部分原因是人口的绝对数量。1750年，英格兰人与苏格兰人口比为五比一；一代代移民之后，如今这个比例上升到八比一。《联合法案》通过之时，伦敦成为一个超级城市，远比当时其他的欧洲城市庞大。史学家至今仍找不到很好的解释。大都市吸引周边的贵族和专业技术人员，造就了英格兰、苏格兰和盎格鲁爱尔兰家族的第一次大融合，形成了一个统一的英国统治阶级。在很多英格兰人看来，这似乎是凯尔特人咄咄逼人的胜利。但从苏格兰、威尔士和爱尔兰的佃农们看来，这一切不过是他们的主人得以进入英格兰，并成了英国人。

人口比例和社会地位的双重不平衡，有助于理解盎格鲁圈内民族认同的另一个重要方面，那就是对左派所推崇的爱国主义的抵制。在大多数欧洲国家，祭起民族主义的大旗是最容易笼络民心的做法。但是在盎格鲁圈，民族主义和支持弱势一方、构建一级级的受害者等级关系等问题纠缠在一起。无论英国还是美国，都很难算作弱势群体吧，英格兰尤其不是。苏格兰和威尔士的民族主义者因此将他们的事业重新定义为保存各自小国自身的独立身份而进行的斗争。联合更有利于小国——这样的理念尽管在18、19世纪广泛传播，却并不符合我们今天的偏见。

比如常见的错误：把"联合王国"说成"英格兰"。这种随意的叫法遍及欧洲，甚至在盎格鲁圈内部也不少见。20世纪末之前，联合王国自己也普遍使用"英格兰"。直到伦敦放权给爱丁堡、加的夫和贝尔法斯特后，英国人才开始注意他们的用词。

不过，人们对此的反应却相当有意思。在我小时候，哪怕强烈拥护统一的人都觉得用"英格兰"指代联合王国的所有四个国家是对英格兰以外的其他三国居民的挑衅。当某人指出说话人的错误时，通常会得到一句随随便便的道歉："不好意思啊"，"我落伍啦"，"都差不多啦"，或者"哦，没有别的意思"一类，而这只会令听者更加恼怒。

然而，从18世纪中叶到20世纪，反倒常常是苏格兰、威尔士和爱尔兰的文字工作者作这样含糊的省略。他们明知道两者不同，却辩称刻意区分是迂腐之举。比如苏格兰人麦考莱或者约翰·布肯（John Buchan）、爱尔兰人帕默斯顿勋爵（Lord Palmerston）或奥斯卡·王尔德……几乎所有的公众人物都下意识地自称"英格兰人"。

尼尔森上将（Admiral Nelson）在 1805 年特拉法加战役前对舰队下达的命令恐怕是海军历史上最著名的命令："英格兰希望人人各司其职。"［副将柯灵伍德（Collingwood）的回答不甚为人知，但却更符合民族性格："尼尔森别再发号施令了，我们知道该干什么。"］那时候没人觉得这是对联合王国的另三个国家的冒犯。正如一个苏格兰议员在下议院所称："我们习惯把不列颠的臣民称为'英格兰人'，无论他们是英格兰人、苏格兰人还是爱尔兰人。因此，我希望，今后用'英格兰人'这个词称呼国王陛下的任何臣属都不算冒犯，也不要误以为这是针对联合王国任一地区的影射。"

人们何时开始觉得这是冒犯呢？大约是在 20 世纪后半叶，当大英帝国日暮西山、不列颠品牌备受嘲弄之后。权力和受害者的等级体制再次起作用。尤其苏格兰和威尔士，受重工业衰落的打击最大，故把"英国特色"和那些遥不可及的精英——保守党政客、圣公会地产主、伦敦官僚们捆绑在一起。

到 20 世纪 90 年代，联合王国四个组成部分的人们重新拾起了以前的爱国热情。1996 年，恰逢英格兰主办欧洲杯，英格兰和苏格兰队在一场比赛中相遇，整个体育馆内扬起了圣乔治的红白十字旗。在此之前，英格兰球迷在赛事中一直使用联合王国的米字旗，这面英格兰国旗已基本废弃不用了。从那以后风气大转，英格兰国旗成了主流。

这就回到我们一开始讨论的民调结果。显然，两方面都牢骚满腹。苏格兰有人抱怨他们力挺中派政党时，老被英格兰的多数票搞成了保守党执政。而英格兰人反过来抱怨他们缴纳的税款流到北方，除了换回来几个社会主义议员，啥都没干成。

然而，这些问题不像车臣和科索沃等地的国家分裂问题那么严重。无论苏格兰是否从联合王国独立，都不可能导致动武。原因很简单，苏格兰人和英格兰人之间并没有车臣人或科索沃阿尔巴尼亚人和他们的母国之间的种族和宗教信仰差异。联合王国不仅仅是亲近民族间形成的联盟，更有共同的英吉利认同感作纽带。

应当承认，和每个成员国内部的认同感相比，不列颠更偏向于一个法理概念。它很难敌得过诗词、歌曲中的英格兰情结、苏格兰情结或威尔士情结。当联合王国的民众想起各自家乡的风景、田园诗中出现的地名、热闹的传统赛事，那些古老的爱国主义情结便自动复活了。与之相反，不列颠唤起的，则是对政治和宪法制度的认同，它们主要来自于共同的政治制度和价值观。

事实就是如此。《联合法案》通过后，英格兰人和苏格兰人的融合进程加快，新国家的公民产生了不容置疑的自豪感。18

世纪以后，这种"不列颠自古以来是一家"的自豪感在所有阶层和两性中都得到了广泛认可，苏格兰和威尔士尤甚。对此，琳达·科莱曾有过详尽的描述。

不能不说，这种超越了血缘和土地的爱国热情是多么难能可贵。不列颠人将自己视为拥有独特制度的群体，包括议会主权、普通法系、不可侵犯的财产权、独立司法、受国家行政控制的军队、新教，以及最重要的，个人自由。

我们经常说，美国作为一个"成功国家"是独一无二的。但这一切并非凭空出现。早在独立宣言以前，共同的信仰而非种族身份，就令大西洋两岸的不列颠人引以为豪。英格兰和苏格兰两个长久相互独立甚至彼此敌对的王国的联合，多多少少是顺应了两国民众认同他们的新政治身份而非种族身份的需要。

英国正是以全新的统一多民族国家的姿态建立起了帝国事业。某种意义上，美利坚也被英国人拉入了这个联盟。后来建成的殖民地无疑都是英国式的。这里有一点很关键：没有人把"大英帝国"称作"英国"。

从一开始，在帝国的管理者中苏格兰人的比例就高得出奇，而殖民地驻军中不光苏格兰人比例高，爱尔兰人的比例甚至更高（相较于他们的总人口）。到19世纪初，不列颠群岛内，英格兰人、苏格兰人和爱尔兰人的人口比约为6：1：3。然而，在孟加拉驻军，这支大英帝国最庞大的军队中，英格兰人占了34%，苏格兰人占了18%，爱尔兰人占了48%。

尤其是苏格兰人，早早就看到了大洋对岸的机会，毫不犹豫地把它抓在了手里。苏格兰人口占到了大英帝国澳大利亚殖民人口的 15%，加拿大的 21%，新西兰的 23%（爱尔兰人的比例分别是 27%、21% 和 21%）。

由于英国人的国家认同来源于政治信仰，殖民者也必然把这种认同传递给被殖民者。如果说法律前人人平等、代议制政府、财产权和其他种种定义了英国人，那牙买加人、马耳他人和马来人在成为帝国的一部分之后，他们自然也变成了英国人。

这正是大英帝国最终会自发解体的关键。成为英国人不问出身，无论你是德国人还是波兰人。英国人代表的是一系列政治权利。只要接受这些价值观，任何人都可以成为英国人，就像任何人都可以成为美国人。而因为这些价值观中包括了代议制议会，那么，就只能发展出两种可能性：要么帝国议会被人口占压倒性多数的印度人占领，要么每个殖民地最终独立为国家。

帝国的建立，乃是混乱之中、意料之外的产物。按维多利亚时期作家 J.R. 西莱（J.R. Seeley）的说法，它是"为了填补心灵的空虚"。尽管如此，英国的政策制定者们在 19 世纪就已经意识到他们的角色与管家无异。一旦殖民地的政治制度发展到一定水平，英国就应当帮助他们成为享有独立主权的同盟者。

激进派议员 J.A. 罗巴克（J.A.Roebuck）在 1849 年说："每一个殖民地都应当被我们视为注定要独立的国家。假以时日，一旦时机成熟，就应当由他们自己管理自己。"他的观点在 1856

年得到托利党人亚瑟·米尔斯（Arthur Mills）的响应："现在我们公认的殖民目标和政策，应当是帮助这些殖民地尽早在社会、政治和商业方面成熟起来。母邦应最大限度地提供一切帮助，授权他们自我管理，并最终帮助他们独立。"

现在仍有很多前殖民地的人更愿相信他们的独立是自我抗争的结果，而非帝国给予的权利。这种感情可以理解。事实上，这一过程中确实有很多不愉快的例子，塞浦路斯和巴勒斯坦都发生过战争，而肯尼亚的战争尤为惨烈。

但是，兵戎相见只是例外。大多数殖民地的独立是通过协议的方式和平实现的，而新独立的国家也乐意继续保持与英联邦和盎格鲁圈的联系。只有一个被伦敦视为联合王国不可分割的而不是什么未来的主权国家的地方，反倒拒绝如此。那就是爱尔兰。爱尔兰没能通过和平协商，而是由一场血腥的起义，以及随之而来的两场内战完成了独立。南部一役短暂而激烈，而北部的战事则断断续续地持续了很久。

爱尔兰共和国本是盎格鲁圈最不舍的部分，但它的早期领导者一心想同其他英语国家断绝联系，以建立一个自给自足的经济市场，并且复兴爱尔兰语，使得爱尔兰在名义上脱离盎格鲁圈。

现在回首，这一切不过是上世纪的事！如威廉·巴特勒·叶芝（W.B.Yeats）所说："一切都变了，全变了。"

第一个殖民地

2011 年，女王和爱丁堡公爵访问爱尔兰共和国。这是乔治五世以来在位的英国君主首次访问爱尔兰。1911 年乔治五世加冕时，爱尔兰还是联合王国的一部分。女王和公爵访问了克罗克公园（Croke Park）。1920 年，爱尔兰皇家警卫队在此向一群观看爱尔兰式橄榄球的观众开枪，十四人丧生。女王向在那不幸年月中丧生的人们敬献了花圈，并在爱尔兰共和党人的精神圣地科克（Cork）结束了访问。

访问取得了巨大成功。这标志着联合王国和爱尔兰在长久的政治破裂之后，尽弃前嫌，重新结盟。除了有极左翼团体酸溜溜地抵制女王的访问，几乎所有爱尔兰媒体都盛赞此次访问，尤其为女王用爱尔兰语为其官方演讲开篇而感到振奋。

但政府间的分歧从未影响到两国公民的良好关系。1921 年分裂以来，生活在英国政府管辖下的大不列颠岛上的爱尔兰国民一直都比在北爱尔兰的多。就在分裂之后，两国都给予对方互惠社保权、大学录取权，甚至投票权。没有哪个英格兰和苏格兰城镇和爱尔兰切断了联系，也没有哪个英国人觉得爱尔兰人是外国人。显然，除了政治之外，两国就是一家人。

需要再次强调，不要用现代人的眼光去看待历史，不要因为爱尔兰二十六县在 1921 年脱离了联合王国，就老是不由自主地把从抵抗亨利二世入侵以来的每个事件都看作分裂的证据。

英格兰人——更确切地说是诺曼人——对爱尔兰的征服，事实上是欧洲历史的大势所趋。更早以前，北部民族凭借其先进的军事技术占领了欧洲大片土地。爱尔兰这片土地和从苏格兰到塞浦路斯的广大疆域都处于其军事统治之下。1169年，被废黜的爱尔兰国王，伦斯特的德莫特·麦克默罗（Dermot MacMurrough），从英格兰和威尔士引来诺曼人来帮助他夺回王位。这些诺曼人虽然挂着骁勇善战的金字招牌，实际上却不过是雇佣兵。他们接受了德莫特的条件，渡河破敌，得到了封赏的土地和城堡。亨利二世担心其中的一个男爵企图控制全岛，兴师伐之。1171年，他亲率部队登陆，并得到了爱尔兰地主和主教的拥戴。接下来的8个世纪，英格兰和爱尔兰都在同一个君主的统治下。

然而，无论你怎么想，这恐怕都不能算作共和人士口中流传的"英格兰压迫"的开始吧。当时，英格兰和爱尔兰跟欧洲许多其他民族一样，都受到诺曼贵族的压迫。这些贵族，后来被弗里德里希·尼采夸张地称为"在每一支贵族家族"中都找得到的"高贵血统的禽兽"。

在诺曼人入侵之前，爱尔兰从未统一过，再往前追溯就没有独立的爱尔兰一说。两国间的紧张气氛大致是在宗教改革后才开始形成的。宗教改革颠覆了大不列颠，却几乎没有触及爱尔兰。我们知道，从伊丽莎白女王继位一直到滑铁卢最终击败拿破仑，英格兰始终处于对西班牙和法国长期作战的状态。爱尔兰在整个这一时期都是软肋，因为天主教军队很有可能在此登陆进犯并得到当地教徒的支持。伊丽莎白女王和詹姆斯一世在位期间，新教徒被安插在爱尔兰的北部和东部沿岸各地，以防范这种入侵。这些教徒部分来自英格兰，大部分来自苏格兰。

从此以后，爱尔兰就不断发生宗教派别斗争、叛乱和血腥的镇压。不过，再次强调，我们可不能犯关公战秦琼式的错误。要知道，爱尔兰天主教在盎格鲁圈第一次内战中力挺查理一世，在第二次内战中又效忠王室。总的来说，16、17 和 18 世纪的爱尔兰民族主义，并不是要寻求从王国中独立出去。

从伦敦方面说，爱尔兰问题很简单。要知道大部分爱尔兰人并未享有完整的民主权利；但赋予他们这些权利，就相当于赋予天主教徒更多政治权利，这可能牺牲岛上占少数的新教徒的利益。

小威廉·皮特提出了一个可行的解决方案：他许诺在合并不列颠和爱尔兰议会时给予天主教徒更多的投票权。这样，爱尔兰天主教徒就可以在更大的选举系统中平等地享有完全的政治自由，又不至于去侵夺他们的死对头——新教地产主们。

小皮特的方案在上议院受阻，所以它到底能否解决爱尔兰问题成了历史悬案。《联合法案》通过后，爱尔兰议会解散，议员迁往威斯敏斯特，但是天主教解禁则是三十年后的事情了。

这是恶性循环的开始。英国迟早会解决爱尔兰问题，但永远慢一拍。伟大的自由党首相、支持爱尔兰地方自治的威廉·格

莱斯顿（W.E. Gladstone）抱怨说，爱尔兰问题的麻烦在于每当
找到解决方案的时候，他们又切换主题了。他说的没错，因为伦
敦的政策总滞后于爱尔兰的诉求。一开始，爱尔兰独立运动要
求解除天主教徒在民权上受到的限制。等到处理了民权，问题
又转移到土地改革。终于，土地问题被纳入议会讨论了，但这
时运动又变成了要求地方自治。地方自治权终于在1912年不顾
阿尔斯特新教徒的强烈抵制而姗姗来迟。这些新教徒效仿他们
17世纪的苏格兰先辈，订立了《阿尔斯特圣神圣盟约》（Ulster
Covenant），坚决抵制任何形式的爱尔兰自治。但跟小皮特的方
案一样，我们永远无法知道1912年的立法是否能解决这一问题，
因为第一次世界大战在法案实施前爆发了，于是就任由事态自行
发展了。

　　可以确定一点：直到1916年以前，爱尔兰民族主义者的诉
求始终是恢复一千八百年前国王治下的爱尔兰议会的状态，共和
主义处于边缘位置。领导爱尔兰党派发起1916年复活节起义的
约翰·里德蒙（John Redmond）曾希望爱尔兰和英格兰尽可能
不分离。一战爆发时，他恳求爱尔兰人民参战，与其他英语国家
的盟军并肩作战。爱尔兰确实也派出了大量军队。

　　尽管现在共和党人想证明曾经得到民众支持，历史记录则另
有说法。1900年4月，维多利亚女王访问都柏林，想要赞誉爱
尔兰官兵在南非战争中的英勇。当时的情形，有一段时文是这样
记载的："我们进入都柏林，万人空巷，每一个窗口甚至屋顶都

挤满了人。我经历过许多类似的访问，但还从未见过像都柏林民众这样热情甚至可以说疯狂的场面。"

也确有异议的声音，但不多。亚瑟·格里菲斯（Arthur Griffith）创办的《爱尔兰人联合报》（*United Irishman*）在访问两周后酸溜溜地评论："这奇怪而苦涩的一课，请诸位不要忘记。就因为短短几周的背叛，我们需要用无数的努力来为这片土地赎罪。"

格里菲斯眼里的"赎罪"，十六年后实现了。一战在许多方面助推了复活节起义。共和党领导人害怕一旦在盟军服役的大量爱尔兰士兵归来，全面独立的梦想将无法实现。尽管少有人提及，但在索姆河战役第一天中牺牲的、着英国军装的爱尔兰南部天主教徒，比起义中死掉的还要多。

英国当局则视复活节起义为令人发指的叛乱，而此时的英国军队中尚有数十万爱尔兰士兵在法国战场上出生入死！纵有千万个理由，当局的反应在当时的情况下也极不光彩，且下手之重，可谓愚蠢至极。大批反叛者在数周内被击毙，有些还只是青少年。爱尔兰的民意瞬间反转，并且再也无法挽回。

有人指出，复活节起义以致最终承认爱尔兰自由邦，可以一路上溯至反对托利党人并同意地方自治的历史。也许吧。但当维多利亚女王完成都柏林的正式访问时，联合王国的破裂并非必然，更别说之后的暴力和流血事件。正是由于八百年压迫的种种议论，以及无数历史事件积压并释放出的血腥暗流，最终汇集成混乱的大爆发。

　　"血会白流吗？"叶芝问道。也许会的。因为整整一个世纪中大部分时期，爱尔兰问题已吵得整个不列颠群岛的民众精疲力竭。直到近十年来，双方关系才恢复到其本应有的正常状态。

　　事实上，在大部分英国人看来，尽管爱尔兰是一个独立的国家，却不是外国。爱尔兰人和我们书同文、衣同服、食同肴（悲惨啊，连喝的都一样），电视节目、足球队、购物品牌都是相同的。我们一半正经一半玩世不恭的交谈风格，甚至和盎格鲁圈的其他国家相比都与众不同。

　　不列颠和爱尔兰除了政府出台的政策，在其他方面，比如历史和地理、习惯和思维、贸易和结算、血缘和语言，几乎都是共通的。然而，尽管民间的通婚和融合从未间断，两国政府却顽固地坚持长期分裂。这种情况下，在政府部门和职位上经常听到的爱尔兰口音，无疑具有重大意义。

　　最初的分裂可能无法避免。早先的爱尔兰领导人，就算不是事事反对不列颠，起码也竭力避免做不列颠人做的事情以拉开他们同不列颠的距离。（尽管在二战期间，许多爱尔兰公民一改常态，纷纷应征加入不列颠军队，并且获得了780枚勋章，包括7枚维多利亚十字勋章。）我个人认为，爱尔兰政界和欧盟走得太近，最初的部分原因就是基于对不列颠的疏远。虽然不久以后，他们也跟所有政客一个德行，寄望从体制中捞一票。

　　21世纪后，以前的对抗不复存在了。欧元危机迫使两国重新联合，女王的访问更强化了两国的同盟。

2010年的民调显示，43%的新芬党选民（Sinn Féin voters）希望把欧元换回英镑。此次危机中，其他欧元区政府对爱尔兰政府的冷酷和英国政府可谓天壤之别。欧元区指责爱尔兰税收过低，要求提高企业税，而英国则毫不犹豫向爱尔兰提供金融援助。

和解几乎每天都在发生。两次世界大战中为盎格鲁圈浴血奋战的爱尔兰人终于得到了官方的认可和嘉奖。2012年伊始，爱尔兰进一步平反了二战中为不列颠作战而抛弃己方军队的5000名爱尔兰士兵。恩达·肯尼（Enda Kenny）政府释放这个信号有重大意义：他们要尽其所能否认埃蒙·德·瓦莱拉（Éamon de Valera）的中立政策。这5000名士兵怎么说也是违反法令了，现在给他们恢复名誉，意味着当年的法令不得民心。他们本应当作为爱尔兰军队的一部分，加入同盟国对抗法西斯主义。

这5000名士兵是很特殊的，因为他们已经隶属另一国的军队。二战中，还有超过7万南爱尔兰的天主教徒涌进北爱尔兰的征兵所，另有更多爱尔兰人奔向英格兰。

先父祖籍是阿尔斯特的天主教徒。在意大利服役期间，他待在一个有多宗教背景的北爱尔兰骑兵团，亲身经历过这种情况。有次我曾问他是否想得起士兵中的宗教差异。他唯一能想起来的，就是有一次，有一些人轮流哼唱起爱尔兰亲英派和独立派的歌曲。而在面对共同外敌时，他们的分歧涣然冰释。

爱尔兰自由邦对20世纪20年代提出的各种帝国邦联方案

非常头疼。在澳大利亚、加拿大、新西兰和南非人热衷于如何维续各种形式的政治联盟时，南爱尔兰则铁了心要走相反的路。想要继续留在联合王国中实行自治的人和寻求完全独立的人在爱尔兰南部爆发了残酷的内战。起初，独立派处于劣势，后来逐渐取得决定性优势，并且希望把胜利带回家。

英国当局不愿接受一个缺少爱尔兰的主权协议，各种邦联方案最终不了了之。这就是为什么，现在爱尔兰首相和英国首相一起站在唐宁街 10 号宣称联合王国是最重要的盟国却不引起任何骚动是多么重大的事情。靠攻击不列颠外交政策而博取任何爱尔兰政党集团欢心的时代一去不返了。这个国家不再犹豫，爱尔兰已经重返盎格鲁圈。

旧日的荣光

1877 年印度的一场政治集会，光芒甚至盖过莫卧儿帝国的君王们。是年 1 月，400 个印度当地的亲王、侯爷、公主和领主带着他们的随从齐聚德里，每个人都尽力在同僚前炫耀：满目都是珠光宝气的头巾、长袍和饰带；拿着饰有圆形装饰盾牌和弯刀的黑胡子保镖走来走去；威武的大象背上覆着金色坐垫，坐垫顶棚的银色流苏随风摇曳。

同这些本地领主们会面的是 1.5 万名身着红黄制服的不列颠士兵，以及佩戴着羽饰和勋章的帝国官员。现场还有帝国所依靠的本地部队：高大的印度骑兵身着绿色、蓝色和赭色相间长袍，亮丽的三角旗在他们的矛尖飞舞。

在德里召集的这次杜巴节[1]是为了庆祝维多利亚女王成为印度女皇，也是为了向世人集中展示皇家的权力与稳定。"此前，印度还是一堆散石。现在房屋已经建好，从屋顶到地下室，每块石头都找到了自己正确的位置。"印多尔大公（Maharajah of Indore）如是告诉总督利顿勋爵（Lord Lytton）。这位总督既是浪漫主义诗人，也是托利党人。

鲁雅德·吉普林曾写过一篇短篇小说，其中描写到前线的蛮族人目睹了眼前印度前线军队的严明纪律，大为震惊。一个部落首领问当地官员，你们甚至连上缰的牲口都能行动如一，这奇迹是怎么做到的？那位当地官员自豪地回答：

> "它们和人一样遵守命令。驴、马、象和牛听赶车人的话，赶车人听中士的，中士听中尉的，中尉听上尉的，上尉听少校的，少校听上校的，上校听领导三个团的准将的，准将听上将的。而上将服从总督的命令，总督则效忠于帝国。这样，事儿就成了。"
>
> "真希望阿富汗也是这样啊！"那位首领说，"在阿富汗，我们只听我们自己的。"

1　杜巴节，即皇室聚会。

　　"正因如此，你们不愿服从的埃米尔[1]必须到这儿来听命于我们的总督。"那位官员弄着自己的胡子说道。

　　德里杜巴盛会的排场几乎无人能及。而四分之一世纪之后，它在同样是浪漫主义的托利党人寇松侯爵任上以更大规模再次上演，以庆祝英王爱德华七世登基。不过，不管盛会有多辉煌，也不能代表英国的统治规则。他们所象征的统治，如大排场、君主制度和军事化，任何一个帝国都可以做得很好。而那些相信英国的独特性是建立在自由价值基础上的人士，对这样的集会实在不可能抱有好感。

　　我们可以看到，17世纪以来，英语世界分化出两大政治取向：一种强调个人主义、代议制民主和盎格鲁圈的独特性，简单起见，不妨称之为辉格党——尽管它的党徒并非总使用这个名号；另一种强调稳定、等级制度和秩序，同样为简单起见，称为托利党人（可能有些过时）。

　　当英语民族在建立他们横跨大洋的新家园时，也带去了这两种取向。在美利坚，这两种取向在第二次盎格鲁圈内战（美国革命）中演变为独立派和亲英派。不过，它们也传播到了具有更古老的本土文明的地区，印度最为明显。

　　在不列颠政府统治下且拥有大量本土人口的地区，辉格党和

────────────

1　Amir，伊斯兰国家对王公贵族、酋长等的称谓。

托利党争论的焦点在于当地人的政治地位。辉格党人希望当地人也能建立威斯敏斯特式的代议制民主，并视教育为关键。托利党人则认为当地人不可能接受外来不列颠文化和价值观，不如转而寻求传统权力结构，拉拢本地首领、王公进行统治。

德里杜巴就是托利党人方案恢弘的视觉呈现，尼尔·弗格森（Niall Ferguson）称之为"托利主义"。然而，还是辉格党人的方案，最终塑造了今日之盎格鲁圈——一个由独立国家依靠对自由和财产的共同信仰而非政权结构组成的联合体。这个方案已将殖民地一个一个变为独立的代议制政府国家。这终将也会在印度实现。

真正的爱国者

1796 年，悉尼第一家剧院开张（现址在布莱街上，Bligh Street）。一个几乎全部由刑满释放人员组成的剧团上演小爱德华（Edward Young）的悲剧《复仇》（*The Revenge*）。演出并不成功。一点也不奇怪，观众席里到处是扒手，剧院不久也倒闭了。这场演出现在还能被记得的，是开演前会朗读序幕中的两行诗：

> 因为要知道，我们才是真正的爱国者，
> 我们离开祖国，是为了她好。

这两行诗通常被认为是爱尔兰演员兼窃贼乔治·巴林顿（George Barrington）所作。他的惯用伎俩是装成牧师行窃。多次被捕后，他在 1790 年被判七年流放。实际上，这两行诗不是巴林顿的风格，几乎可以肯定是伪作。但是剧本在流放地写成本身值得一提，而澳大利亚后代也喜欢这出剧。

一个由罪犯营地建成的国家如何变成了世上最富有、最自由的土地之一？一个由不列颠嫌弃的人组成的殖民地如何反而成为不列颠不可缺少的坚定同盟？直到现在，到澳大利亚旅游的英国人仍就会为众多的两次世界大战纪念碑和成千上万年轻人拿起武器效忠国家的精神而动容，即使他们中很多人的先辈是戴着脚镣流放到这片土地上的。澳大利亚在一战中派出了 40 万人、二战中派出了近 100 万人与英国一同作战，这样的忠诚怎么解释？

这与伦敦方面吸取美国殖民地的经验教训有很大关系。诺斯伯爵内阁的班子和政策被彻底抛弃。现在没人敢讨论不列颠海外臣民不应当享有和本岛臣民同样的政治权利这一问题了。

可以想见，殖民地面临各种问题：距离遥远、环境陌生、如何处理与原住民的关系。以上种种，皆困难重重。尽管如此，威斯敏斯特迅速达成共识，认为不列颠的殖民地应当建成承认英国王室权力的议会制自治政府，这之后被称为"负责任的政府"。

早期的澳大利亚人很希望自治。违法者构成的人口主体并不妨碍其政治发展。相反，那个年代的罪犯其实相当有闯劲儿，他们并非是我们现在所理解的底层阶级。事实上，对他们量刑之重尤使我们震惊。我们已经提过，英语社会非常看重个人财产权，这种极端的重视程度也反映在刑事司法系统中。数千人被判七年的流放仅是因为入店行窃，其他被流放的包括政治激进分子、抗命的海员以及爱尔兰民族主义者。

1787 年，第一批十一艘满载流放者的船队离开英格兰朴茨茅斯港驶向布塔尼湾（Botany Bay）。船队上载有 696 名犯人和 348 名官员、水手、海军，还有货物、医疗物品、手铐和脚镣，以及为统治者预制的玻璃窗房屋。最后一批流放者则于 1868 年抵达西澳大利亚。在此期间，一共有 16.4 万名男女和孩童（其中一些是在旅途中孕育出生的）从不列颠群岛抵达澳大利亚，同时还有一些来自加拿大、印度和加勒比的捣乱者。

行程险恶，许多人命丧途中，而上岸后的情况也不见得好到哪里去。除了严刑，他们还要面对未知的奇异植物、有毒的动物、恶劣的气候以及长期敌对的原住民部落。

然而殖民地仍旧繁荣了起来。犯人们在刑期届满后可以得到 30 英亩的土地。不久，当地的经济开始起飞，首先基于牧羊，随后发展起了各种商业、旅馆和其他第二产业。这些犯人绝大多数出身脏乱的贫民窟或者处境更糟的贫农，但他们发现，在这里可以相对容易地成为土地拥有者。他们建立了新的家园，并成为坚定的个人主义者。

原住民成了他们成功的牺牲品。澳大利亚的殖民者和原住民之间的技术差距之大，在其他任何地方都不存在。那些原住民还生活在旧石器时代，载满罪犯的船队给当地人带来了巨大的灾难：原住民失去了狩猎的土地和水源，在牛羊牧场受苦役，以及最悲惨的，他们被未知的病原体感染。尽管伦敦的政客们想尽办法帮助原住民融入英国社会，当地白人殖民者却认为这些个所谓的方案不过自作多情。不管怎么样，威斯敏斯特出台的法令并不能使本地人逃过麻疹、肺结核和天花的袭击。

正当殖民者沿澳大利亚海岸线扩张时，一个类似于北美的社群开始形成。在同时代欧洲大陆人看来，这样的社会具有明显的英国特征。历史上，英国人就出了名地敢于反抗统治者，他们把个体的地位看得比国家甚至家庭都更为重要，尊崇独立和自力更生。

澳大利亚人则秉承了这些品质。和美利坚的殖民者一样，他们的土地上没有地主贵族。土地广袤，并且还在扩张，都是属于不列颠的移民自己的。这片伟大的红色大陆，不是一个被"挤走"的不列颠，而是一个不断壮大的不列颠。

任何赴澳旅行的游客都会惊异于澳洲人的性格：不拘小节，固执己见，个人主义，自力更生。澳大利亚作家萨利·怀特（Sally White）制作了一本小册子，向外国学生介绍澳大利亚人的民族性格。册子中写道："澳大利亚人尊重他人，不仅仅是因为他们的社会地位或者出身。只要一个人的行为不影响到其他人的活动或者信仰，澳大利亚人待他总是宽容和友善的。"

简单说来，这是活生生的密尔的自由主义哲学，也正是我们一直期望的。因为，尽管夸耀他们出身罪犯的祖先的人也对自己充满信心，但终究抵不过大批前来淘金的冒险者。这些淘金者和流放犯人一样，绝大部分是男性。因此，这更加强化了被游客和澳大利亚人自己与国家文化联系在一起的个人主义精神。

第一大批淘金者 1851 年登陆。此后的二十多年里，澳大利亚人口从 43 万增至 170 万。新发现源源不断。整个 19 世纪后半叶，金矿开遍了新南威尔士（New South Wales）、维多利亚（Victoria）和昆士兰（Queensland）。最后一大批冒险者在 1893 年抵达卡尔古利（Kalgoorlie），开启了西澳大利亚淘金的大潮。我有一位远房亲戚帕迪·汉南（Paddy Hannan）也是淘金者，他从爱尔兰克莱尔郡（County Clare）移民过来。和数以千计横跨半个世界前来的人一样，他是一位实业家，一位永远信心满满地追求财富的探险家。澳大利亚人不是一群等着"感谢政府"的人。

澳大利亚人创造出了一种把他们离开的地方远远抛在身后的卡通画。漫画中的不列颠，阶级固化，挑三拣四，充斥着繁文缛节。尽管很少有其他盎格鲁圈的游客这么认为，但在澳大利亚人的眼里或许真就是这样的。

然而很少有澳大利亚人质疑他们和不列颠的联系。在 20 世纪前，这种联系就叫"家"，哪怕很多人其实根本没有踏上过"家"的土地。他们知道，尽管和英国人有分歧和对抗，但大体上他们仍享有共同的政治文化。尽管往返两个国家要跨越半个地球，但旅行者会发现一样的法庭程序，一样的议会，而维系社会运作的不成文习惯也相互兼容。正是这些相似之处，而不是体育、电视、食物等，构成了国家认同的核心，并继续吸引来自南欧和亚洲裔移民争相融入。

直到 20 世纪 60 年代，大部分澳大利亚人都同时视自己为不列颠人和澳大利亚人。这种认同后来逐渐消失，大致有三个原因：一是随时间自然地淡化，二是大批其他地区的移民涌入，三是英国 1973 年灾难性地决定加入欧洲经济共同体（现在的欧盟），两国间传统的贸易往来被欧洲关税同盟取代。

即使现在，许多澳大利亚游客在不列颠机场落地时心里都不好受。他们眼睁睁地看着那些曾经和不列颠对抗的国家的公民可以走欧盟通道，自己却要和其他国家公民排在一起。"打加里波利（Gallipoli）战役时都没排过这么长的队！"他们这么抱怨。在 1915 年试图打通黑海的那场惨烈的战役中，有无数澳大利亚和新西兰士兵牺牲。

加里波利战役惨败时，澳大利亚和新西兰士兵的地位和他们的不列颠战友没有差别。事实上，不列颠人比澳大利亚人的伤亡率还高一点点。这一点有必要强调一下，关于这场战役的一些传言不可信，尤其是 1981 年梅尔·吉布森（Mel Gibson）主演的电影《加里波利》（*Gallipoli*）中，称澳大利亚人在海峡上因喝着茶的不列颠冷血军官的命令而蒙受了不必要的损失。

　　加里波利注定是澳大利亚（和新西兰）人建国史上的关键时刻。澳新军团日（ANZAC Day）的纪念活动规模也超过了其他盎格鲁圈国家在类似 11 月 11 日退伍军人节的活动。但如果说纪念活动的重要性在于疏远和不列颠的关系，所有参战的人都会觉得荒诞不经。毫无疑问，加里波利战役指挥无能，执行不力，但是那时人们不会怀疑英语国家民众并肩对抗独裁暴君的事实。

　　跟 1776 年不同了，有着大量不列颠人口的殖民地的独立运动并非起因于殖民者。正是因为从第二次盎格鲁圈内战中吸取了教训，伦敦方面总是试图先于殖民地一步，给予比殖民者所要求的更多的自治权。

　　1931 年通过的《威斯敏斯特法案》就已经废除了不列颠议会对自治领的所有立法权限。不过南非直到 1934 年才批准，澳大利亚等到了 1942 年，而新西兰一直拖到了 1947 年，加拿大则一直在争论联邦和行省的权力问题，直到 1982 年才批准该法案。

　　19 世纪的不列颠政策制定者都很关心这些伟大的国家由从属国演变成盟友国的演进历程。在澳大利亚这里，这是一个漂亮的胜利。2000 年是 6 个自治殖民地联合成澳大利亚联邦的 100 周年庆。5 位澳大利亚总理——约翰·戈顿爵士（Sir John Gorton）、高夫·惠特拉姆（Gough Whitlam）、马尔科姆·弗雷泽（Malcolm Fraser）、鲍勃·霍克（Bob Hawke）和约翰·霍华德（John Howard）——来到不列颠下议院，这是通过联合法案的地方。数月后他们又回到这里，在市政厅参加了国宴并在威斯敏斯特教堂做了礼拜。女王参加了仪式，因为在前一年的修正案公投中决定保留女王作为国家元首。澳大利亚当时肯定也有纪念活动，然而在联合王国本土为如此重大的澳大利亚民族纪念日举行仪式，意义非凡。

约翰·霍华德于2003年回到伦敦，参加了一个纪念馆开馆仪式，纪念两次世界大战中为英语国家民众的价值观而战的数十万澳大利亚人。仪式进行时我碰巧路过。两小时后我再次经过，看到媒体早就散去，而这位和蔼质朴又非常成功的澳大利亚领导人仍在那里和众多身在伦敦的澳大利亚人握手交谈。

霍华德，第一次公开使用"盎格鲁圈"这个词的政府领导人，对纪念馆所铭记的历史深信不疑。英语国家的民众曾两次在孤立无援的情况下为了自由并肩战斗。在他眼里，他们现在仍旧会这样。正如2010年他对美国听众所说的："我从政治生涯中发现，我们的社会之间明显存在内在相似性和紧密性。这或许在政府最高级领导人之间最能得到体现。毫无疑问，世界上最紧密的情报共享体系就是由盎格鲁圈的5个成员国——美国、澳大利亚、英国、加拿大和新西兰组成的。打击恐怖主义，及时的情报极为重要。因此，十分庆幸我们有着重要的关系，并信任彼此的合作和可靠性。"

在同一篇演说中，霍华德也热情地提到了印度具有盎格鲁圈的特点。那么，他是如何定义"盎格鲁圈"的呢？是通过对个人自由、普通法系、代议制政府，以及在他个人眼中非常重要的一点，就是随时准备部署相当的战力保卫这些价值。"保卫自由是悠久而丰厚的遗产。"他总结道。他是对的。

她依然忠诚

矛盾的是，正是加拿大让 19 世纪的殖民地政策制定者最为头疼。连澳大利亚那些顽固的个人主义者都乐于接受不列颠的国籍，但前往加拿大的美利坚人却抛弃了一切，并不效忠不列颠的王权。1837 年和 1838 年，在上加拿大的英语人口（一些人向往美利坚的共和）和下加拿大的法语人口（一些人向往法兰西的共和，更多的只是不喜欢生活在不列颠治下）中爆发了起义。

这让美国兴奋不已。因为美国在革命初期入侵加拿大，并在 1812 年再次入侵。或许，乔治·华盛顿的泛大陆共和国的梦想就要实现了。

这一次，伦敦方面没有像诺斯伯爵那次那样恼怒而强硬地回应。甚至当局开始镇压起义时，还暗示他们准备回应殖民者合理的诉求。

不列颠的辉格党政府给加拿大的方案与六十年前老威廉·皮特对美利坚提出的如出一辙。他们将认可一个效忠于国王的议会制自治政府。加拿大起义的一些头目被遣送至澳大利亚，一小部分被绞死了。在判刑时，大法官约翰·罗宾逊爵士（Chief

Justice Sir John Robinson）采用了标准的洛克式理由。他说，这些反叛者完全有理由信奉共和主义，但是拿起武器反对合法统治，便损害了其他人的自由和财产，因而对社会造成了不良影响。

杜伦伯爵（Earl of Durham），因其推广大面积特许经营权的运动而被人称为"激进者杰克"。这个软弱却又极其好战的辉格党人被派往处理加拿大的申诉。他建议上加拿大和下加拿大联合（成功了），并统一采取法语国家的政治和语言（没有成功）。他也建议成立责任制政府。这成为后来一个接一个的殖民地相继变革的目标。先是新斯科舍省（Nova Scotia，1848 年）和爱德华王子岛（Prince Edward Island，1851 年），然后传到新西兰（1856年）和南澳大利亚（1857 年），最终波及西澳大利亚（1890 年）和纳塔尔（Natal，1893 年）。

不列颠立法者不再寄望永久控制他们的海外领地，但他们想要维护他们良好的声誉。1891 年，一个帝国邦联的代表团求见首相索尔兹伯里勋爵（Lord Salisbury），希望不列颠的殖民地能够效仿德意志的关税同盟。这位托利党的元老，曾一度通过撰写德语书评补贴家用。他在大胡子后回答道，关税同盟很好，但他真正想要的是一个军事同盟。他做到了，为全人类带来了福祉。

在日益看重辉格党和自由原则的盎格鲁圈中，加拿大一开始显得格格不入。毕竟，它是在反对这些价值观的情况下建立的。1783 年后，美国几乎没有人还会自称托利党人。不过这个词在北纬 49 度以北的地区得以保留至今。起初，这个词指流亡的忠王党和他们的后代；后来变成指代那些跟随不列颠而非美国外交政策的人；现在这个词则是保守党支持者的代称。

加拿大的托利党背后有魁北克省的天主教和封建领主文化撑腰。虽说讲法语的人不喜欢不列颠，但他们对美利坚的革命者更加不屑一顾。一些美利坚的流亡者非常希望他们的新家园可以沿着托利党的路线发展，建立强有力的主教团和殖民地贵族阶级。诚然，所有忠王党都在 1789 年被多尔切斯特勋爵（Lord Dorchester）、不列颠的北美总督盖伊·卡尔顿授予世袭头衔：

> 这些忠王党拥护帝国的统一，并在 1783 年《巴黎条约》[1]签订前就加入了王室旗。他们所有的子孙后代，无论男女，在其名字之后都应当加上大写 U.E.，以彰显他们维护帝国统一的荣光。

尽管现在许多加拿大人还拥有这个名号，但没人拿它当一回事，因为加拿大始于托利党，但迅速演变成了精英主义和个人主义的社会。这个发展过程的代价就是社会前沿飘忽不定的属性，以及魁北克人和忠于联合王国的人被大批英格兰新教徒、苏格兰和阿尔斯特的长老会教徒以及德意志和斯堪的纳维亚的路

1　Treaty of Separation，又称 The Treaty of Paris，是 1783 年北美与英国在巴黎签订的和平条约，结束了北美独立战争。

德教徒稀释的事实。这只是英语国家的一个普遍趋势而已。大部分加拿大人仍旧记得他们的历史，效忠于不列颠国王。但如果这层形式上的效忠变为实质效忠，他们定会像最激进的威尔科斯（Wilkes）和潘恩（Paine）的支持者一样愤怒。

但也不应把失败的忠王党的托利主义误读为中央集权或奴性。许多人逃离刚建立的美利坚，不是因为他们是没头脑的忠王党，而是因为他们担心暴民的统治会走向社会主义。马萨诸塞州流亡者丹尼尔·布利斯（Daniel Bliss）说："生活在千里之外的一个暴君的统治下，总比生活在一里之外的千个暴君的统治下要好。"他后来成为了新布伦瑞克省（New Brunswick）的首席大法官。

我在写作本书时曾到访加拿大，这次访问纠正了我以前的一些偏见。我曾经完全误读了这个国家。加拿大人震惊了我。我从小到大都以为这片广袤的土地是一个情感丰富版的美国，充满了多元文化和联合国的权威。无论是外交政策还是本土政策，渥太华政府似乎都更倾向于斯堪的纳维亚而不是盎格鲁圈。加拿大作家罗伯逊·戴维斯（Robertson Davies）在他的三部曲中塑造了一个瑞典人形象，称他在另一个社会主义君主国中感受到家的气氛。插一句，个人以为戴维斯是 20 世纪后半叶最精细的小说家。

《辛普森一家》（The Simpsons）有一集中，霍默对女王说："我知道我们并不经常打电话联系，我们也不像那老好人兄弟加拿大那样举止得当。顺便说一下，他从来没有过女朋友。我就是说说

而已。"美利坚强大的流行文化让一些加拿大人都开始这样看待
自己。

许久之后我才意识到这个"老好人"有多大的偏颇。1968
年皮埃尔·特鲁多（Pierre Trudeau）上台前，加拿大人自豪于
比邻居美利坚更为强硬和独立。与美国相比，他们的移民政策基
于更优惠的税率，用以补偿更恶劣的气候环境。他们不像富兰克
林·罗斯福或奥巴马一样挥霍无度。因此，他们的省和国家行政
支出占全国国内生产总值的比例要比他们南边的州和联邦政府
要少。

当然，若要深究，我们不列颠人便知这个"老好人"加拿大
是装出来的，马克·斯坦恩（Mark Steyn）调侃为"特鲁多症"。
我们记得战场上的加拿大人。随便找个不列颠士兵，他都会告诉
你加拿大士兵的冷酷和英勇是出了名的。德怀特·艾森豪威尔曾
经说过（当然是私底下）他们是他指挥过的最棒的部队。在维米
岭战役（Vimy Ridge）、帕斯尚尔战役（Passchendaele）和索姆
河战役，加拿大损失了7万人。他们的总人口才700万。二战中，
又有4.5万名加拿大军人长眠于意大利和法兰西。而这都是为了
一个他们中大部分人都没有见过的母国而战。我们不列颠人，应
当高兴他们回归了他们原来的样子。

真的，以前的他们又回来了。在做了三十年的北美洲的小欧
洲大陆之后，加拿大确切无疑地重返盎格鲁圈。2006年起就任
并且支持率一路上升的斯蒂芬·哈珀（Stephen Harper），或许

是世界上最亲英和亲美的领导人了。

哈珀在他的总理就职演讲中动情地对伦敦听众说，他的国家建立在不列颠的政治传统上是多么幸运，普通法系内秉承的民权是加拿大自由的基石。作为历史事实的陈述，他的立场非常清晰。但是这等于和前任的加拿大领导人们划了一条激进的分界线，不同意说他们的国家是原住民、阿卡迪亚人（Acadians）、非法移民和其他各种人的欢乐大本营。不过，不光是那些强烈支持他的少数派保守党人，大部分加拿大民众对此都还挺能接受的。

的确，2010 年加拿大选举时，移民比本土加拿大人更倾向于支持保守党。想想这个结果是多么令人振奋。在世界上大多数国家，新移民几乎压倒性地支持左中翼政党，各种原因有很多：新移民开始时通常身无分文，因而希望政客支持并代表穷人说话；他们倾向于生活在左翼政客代表的社区，而这些政客是帮助他们了解新国家政治系统的第一人。当然，还有一点，左翼党派常自诩为所有少数种族的代言人。

加拿大保守党的成功归因于他们在少数种族和新移民中强有力的政治宣传。但是，这一点也得益于英语国家社会不依靠种族而建立的认同感。

是盎格鲁圈，不是盎格鲁人

联合王国本身就是多民族的融合体，它很早就通过观念而非种族来定义国籍。这并非说不列颠社会不存在种族主义，远远不是。但是法律中不涉及肤色，而国籍早已与出身或祖先脱钩。这和大部分欧洲民族国家是相反的。二战后，联合王国接纳了大量非白人移民，比周围国家早得多也成功得多。这次移民潮并不是什么对海外工人的善意邀请，它是自发形成的，因为无论归化者来自亚丁湾还是牙买加，不列颠都给予所有人相同的国籍和居留权。

盎格鲁圈的核心国家现在都是多民族的，不过他们总体上却未受到严重的种族冲突的困扰。只有南非有过严重的种族问题，而且，阿非利卡人[1]当时在白人群体中占多数。假如占多数的是英裔南非人，情况肯定会不一样。

我们现在把种族隔离的结束视为南非黑人的解放，这是毫无疑问的。但我们忘了，这也解放了说英语的白人。我们也忘了，种族隔离期间最严重的一次骚乱，是因为政府在 1976 年企图强行将布尔语也定为学校教学语言（与英语一样）。南非的黑人视阿非利卡人的语言为压迫，而视英语为机遇。

2011 年到 2012 年访问盎格鲁圈各国期间，我一再惊异于我的听众的民族构成，尤其是在加拿大、澳大利亚和新西兰。这些听众是自发前来的，来听我颂扬英语民主国家的联盟。然而他

1　Afrikaner，南非白人，又称"布尔人"，南非的荷兰人等欧洲移民的后裔，多说混杂了荷兰语、法语、德语、马来语等的布尔语。

们也代表了当地人口的种族构成。尽管他们的祖父辈可能来自韩国、越南或乌克兰，但他们自发地意识到成为澳大利亚或加拿大人不是简单的接受陪审团审判、多党制民主以及契约的效力；同时还意味着与其他坚守了这些价值观的国家建立特殊的关系。令人心酸的是，盎格鲁圈中向移民灌输这些价值观最失败的，恰恰是联合王国自己。

种族向来是史学家的一个难题。有些评论家坚持用当代标准去评判历史事件，常常化身事后诸葛来臧否杰斐逊、丘吉尔或几乎任何一个历史人物。

无疑，英语民族的到来对殖民地诸多原住民来说是个灾难。北美洲和澳大利亚的原住民人口大量减少，而加勒比的原住种族几乎完全消失。这主要是殖民者带来的病毒造成的，而非人为的政策使然。

不管怎样，殖民者的无情在我们这代人看来是骇人的。生于加拿大的认知科学家和畅销书作家斯蒂芬·平克（Steven Pinker）的观点很有说服力：在过去几个世纪中人类的暴力不断减少。我们在更大的范围内建立相互的责任，故而因谋杀和战争而死亡的人数不断减少；而这样的责任范围在 17 世纪时还是很小的。

看看本书多次提到的辉格党英雄洛克是怎么描述处在互惠范围之外的人的。

以政府理论闻名于盎格鲁圈的约翰·洛克认为野蛮人和罪犯一样，不受社会契约的保障："故而，那些野蛮人也可以像野兽一样，像狮子或老虎一样被杀死。人和他们在一起没有安全保障。"

"上帝在那些地方的土著人中散布瘟疫，好使剩下的居民少一点。"马萨诸塞湾的朝圣殖民者领导人约翰·温斯罗普（John Winthrop）为了给他们殖民地的扩张找一个理由，这样写道。而那些活下来的，"他们没有圈定土地，也居无定所，更没有耕牛来耕种土地，进而除了自然权利，不该享有国家的其他权利。所以只要我们给他们留一点生活必需品，就可以合法地拿走剩下的了"。

伟大的议会领袖爱德华·柯克爵士，他的贡献造就了长达两个世纪的盎格鲁－美利坚司法的传统。柯克在信仰基督教的外国人和野蛮人之间划分了明确的界限。他说，讲英语者可以在双方都理解的道德和法律前提下以礼相待；而对后者，"所有异教徒都是法律上永远的敌人（因为法律永远无法教化他们），因为在他们以及统治他们的恶魔与基督徒之间没有和平，只有永久的敌对"。

因患传染病、丧失狩猎土地和战争而死亡的美利坚原住民人口数量很难估计。人类学家亨利·多宾斯（Henry Dobyns）估计前哥伦布时代美国领土上的原住人口为 1800 万，其他统计资料的估计从 210 万到 700 万不等。但我们可以确知的是，这个数值在 1700 年降到了 75 万，1800 年降到 60 万，而到 1900 年，则降到了 30 万。

在澳大利亚，殖民者登陆布塔尼湾时还有75万人口的原住民，到1900年只剩下9.3万。

在新西兰，原住民大多死于疾病，其次则是不列颠人带来的技术落差。一些毛利人部落搞到了毛瑟枪，于是在崇尚勇气和武力的文化中，部落间的战争演变成了对没有相应武器的部落的大屠杀。

尽管如此，新西兰的不列颠人热衷于将毛利人完全同化入当地的社会和政治结构。原住民的搏击技能备受推崇。本地军——一支由毛利人组成的本地军——参加了1915年的加里波利保卫战。而在二战中，毛利营在希腊、北非和意大利都参与过行动。毛利人迅速被赋予与殖民者同样的政治和公民权利，包括投票权。

新西兰殖民者的政治文化和普通法传统对于那些在法律上被列入单独目录的毛利人是不可想象的。但在同一时期，生活在欧洲大陆帝国殖民地中的原住民也是如此。19世纪中期后几乎所有的政策制定者都以全面同化原住民为目标，有些甚至更进一步。1903年，独立派国会议员威廉·赫里斯爵士（Sir William Herries）就希望新西兰出现一个"根本没有毛利人，而是白种人加上少许世界上最精妙的肤色的人种"的时代。

请不要站在现代政治对话的标准上，而要回到当时的语境中体会那种情绪。原住人可以完全平等地融入白人殖民者中，这样的想法在当时任何其他帝国的殖民地中都是难以想象的。

不是讲英语的国家的人在种族问题上比比利时人、意大利人或德国人更开明，只是，他们的制度塑造了他们的态度。因此，历史的真正英雄是普通法。

1772 年，英国法律体系实现了一次飞跃：通过了授予每个不列颠臣民更高的社会地位的法案。一个名叫查尔斯·斯图尔特（Charles Stewart）的海关官员在波士顿逗留（挺悲剧的），买了一个叫詹姆斯·萨默塞特（James Somersett）的黑奴。在他们回到英格兰途中，萨默塞特先是逃跑，然后又被抓回来。废奴运动者争论说议会没有通过支持奴隶制的法案，所以一个人对另一个人的所有权在不列颠的土地上自动废除了。这个案子没有先例，因此法官曼斯菲尔德勋爵（Lord Mansfield）决定从普通法原则中去"发现"判决理由。他的收获毫无争议：

> 任何道德或政治上的理由都无法推出奴隶这种状态。奴隶制只能由实在法（议会法案）来规定。因为法律一经制定，即可独立于创制时的理由、情境和时代本身，长期有效。但奴隶制如此可恶，不值得牺牲任何事物来支持它，除非有实在法规定它合法。因此，无论这个判决会造成多大麻烦，我还是要说，这个案子没有得到英格兰法律的允许或通过。因此，这个黑人必须被释放。

这个判决是在不列颠帝国完全废除奴隶制六十年之前、美国废除奴隶制九十年前做出的。它值得所有盎格鲁圈的民众为即将开启的废奴运动而自豪。

奴隶制违反了英语民族自视为独有的原则。显然，它与个人自由以及自由市场所依赖的自由劳动力交换势同水火，尤其触怒了辉格党新教徒的神经。废奴运动是由福音教会和非国教教会团体领导的。此次运动中很多手段都非常现代化。著名的异见者乔赛亚·威治伍德（Josiah Wedgwood）在运动中创立了同名陶瓷品牌，其出品的纪念章上印有一个带着镣铐的奴隶的形象，并配有一句口号："我就不是男人和弟兄吗？"这些纪念章成了抢手货：贵妇们把它戴作项链坠或者耳坠，大点的则被挂在墙上。

1807 年，议会回应民众呼声，禁止奴隶交易，并开始了一场旷日持久的严打奴隶主的运动。这是由选民推动人道主义外交政策的一个早期例子。联合王国劝说或者说迫使欧洲诸国以及非洲国王们一致同意停止跨大西洋贸易，并派遣皇家海军打击奴贩。在 1808 年到 1860 年间，1600 余条船只被扣，15 万名非洲人获得自由。

英国没有在扣押行动中谋利或者捞取政策资本。事实上，甚至在和拿破仑苦战期间，它仍给废奴运动分拨资源。

这些事实应该再次受到重视。因为直到现在，在奴隶问题上，对盎格鲁圈的批评者仍旧站在道德至高点上。但必须强调：奴隶制度在任何时代、任何社会、任何大陆上都存在；而英国值得称道的一点，不在于他们蓄了奴，而在于他们废了奴。

有些批评家在 1833 年废奴行动中奴隶主得到补偿这件事情上，为他们的偏见找到了证据。一份不列颠左翼报纸《星期日独立报》（*Independent on Sunday*）在 2013 年称这些补偿款是"不列颠殖民的羞耻"。布莱尔政府设立的联合王国平等与人权委员会总部称其为"可能是这个国家历史上最为严重的不公"。

真的吗？人们准备为消除奴隶制的错误而掏钱显然是好事，怎么就成了丢脸的丑闻？！轻轻松松说句"奴隶制不好"又不会害腰疼；然而，如果说"奴隶制太邪恶了，如果能去除它，我个人愿意做些牺牲"，又是怎样的情形呢？

三十年后，美国开始废奴行动，没有付一分钱，相反，爆发了一场骇人的战争。[1] 由此造成的种族紧张关系持续了一个多世纪。国会众议员罗恩·保罗（Ron Paul）提出，如果美国人也能学习不列颠的做法，从奴隶主手里和平地赎出黑奴，或许对所有人都更好。可是，他却遭到了世人耻笑。

的确，除了极少数特例，奴隶本身没有得到任何补偿。这是个严重的错误；但这个错误并不与赎奴政策相抵触。

当然，如果你的出发点在于不列颠和合众国是邪恶而强大的殖民国家，那你总能找到批评的地方。整个争论的可笑之处在于，我们其实要么是奴隶的后代，要么是奴隶主的后代，非此即彼，概莫能外。人类社会其实本来就如此。

1　即南北战争。

奴隶制普遍存在于农业社会，贯穿了每一个早期文明：乌尔（Ur）、苏美尔（Sumer）、埃及、波斯、古印度和中国的夏朝，哪个早期文明中没有奴隶？它存在于整个古代社会，直到中世纪。

奴隶制在非洲和阿拉伯社会中也普遍存在。从 17 世纪到 19 世纪，大约有 1100 万到 1700 万奴隶被从非洲运走。在新大陆也一样。奴隶制从人类定居伊始就存在，玛雅、阿兹台克和印加文明都有奴隶。

尽管奴隶制有时带有种族色彩，但它并不在乎种族。穆斯林奴隶主之间买卖基督徒奴隶：格鲁吉亚人、切尔克斯人、亚美尼亚人等；而基督徒又奴役摩尔人[1]。晚迄 16 世纪，数十万穆斯林奴隶在西班牙的种植园做苦工。南北战争前夕，美国境内有 3000 名黑人奴隶主。

换句话说，我们谁也脱不了干系。这个星球上每个人都是奴役者或被奴役者的后代。正因此，什么认罪啊、致歉啊、补偿一类的争议才显得如此愚蠢。我们都同意奴隶制是可憎的罪行。从现代角度看，人类社会竟然可以容忍它似乎不可思议。我们的祖先曾热衷于此；想要为逝者讳的心态是可以理解的，可地球上所有人的祖先都曾如此。在这种情况下，如果非要把盎格鲁圈的国

1　中世纪伊比利亚半岛（今西班牙和葡萄牙）、西西里岛、马耳他、马格里布和西非的穆斯林居民。

家单列开来，那我们更应该强调的是他们在消除这项罪恶方面的不懈努力。

我说的所有这些，并不是要遮掩英语民族在奴隶贸易中的所作所为，以及南部美国长期的蓄奴史。我只是想强调看问题的角度。回到当时的时代，而非用现代标准来评判，盎格鲁圈之所以能成为盎格鲁圈，正在于它对自由的尊崇。如果我们老是拿反美者的指控说事儿——一个奴隶只相当于五分之三个自由民[1]、废奴之后种族隔离仍旧继续，等等，那仅仅是给了历史一半的公平；而另一半呢？我们也应该看到废奴运动者的热情和愿意付出的代价，为了自己的信仰哪怕战死沙场也在所不惜。

国际和国内有很多声音指责美国表里不一，就是完全无视了这一点。表里不一是说我们没有按照心中的理想原则行动，可人类都这样啊。要抠字眼，哪一个社会如果表里如一，就等于没有原则。

指责美国说一套做一套，只不过是承认国家是由人组成的罢了。理想是激励人们敢于尝试的动机，而美国确实去做了。美国人正是因为知道理想和现实的差距，才会首先废除奴隶制，然后逐渐地废除合法的和灰色地带的种族隔离。马丁·路德·金在演讲中很少诉诸普世理想，但一直呼吁美国去实现自己的理想。

1　指五分之三妥协，是 1787 年美国南方与东北方在美国制宪会议中达成的协议。妥协将奴隶的实际人口乘以五分之三，以作为税收分配与美国众议院成员分配的代表性用途。

他的演讲振聋发聩。"我们会在伯明翰和全国赢得自由，"他在1963 年写道，"因为美国的目标是自由。"你会说，他们做到了。

其他盎格鲁圈国家也差不多。在《不列颠帝国史》一书中，尼尔·弗格森提出了一个显而易见但几乎从未被认可的观点：殖民统治带来的好处——公路、诊所和法庭——都是有代价的；但对于每一个被殖民的民族来说，如果不接受不列颠帝国的殖民，那就得接受其他人的征服，法国人、日耳曼人、土耳其人、意大利人、俄国人、日本人，或者最糟糕的，比利时人。

毫无疑问，和所有其他选项相比，还是加入盎格鲁圈更好一些。不列颠的统治（在太平洋地区为美国统治），至少最终目标是实行民主制的自治领。绝大多数不列颠殖民地最终在独立时，都没有开过一枪。

例如，马来亚联合邦（Malayan Federation）1957 年独立时，总理东古·阿卜杜勒·拉赫曼（Tunku Abdul Rahman）将前政府官邸连同其周围 40 英亩土地献给不列颠，"作为马来亚民众对女王陛下政府敬意的象征"。有个反殖民主义的部长抗议说，如果不列颠人接受这么堂皇的殿宇，马来亚的后人会忘记为争取独立所作的艰苦斗争。议会桌前一片尴尬的沉默——本来就没有斗争一说。

大量不列颠后裔人口聚居的殖民地构成了今日盎格鲁圈的核心地区。殖民地原住民最终要面临两个选择：被同化，或者继续生活在保留区。殖民后期，尤其是非洲的殖民地，英帝国的统治一开始是有权威的，当局也不乏真诚努力想要实现本地独立。只是，英国在二战后元气大伤，匆忙从非洲撤离时，留下了不成熟的烂摊子，造成了一些后续麻烦。

在此两极之间，是帝国广袤的领土。这些土地原本不是不列颠的，却接受了它的民主、普通法和个人主义价值观。它们形成了盎格鲁圈，一个左右了本世纪历史的国家集团。

麦考莱的孩子们

印度到底是盎格鲁圈民主国家的成分多一些，还是亚洲超级帝国的成分多一些？这或许是我们时代最重要的地缘政治问题。

许多有教养的印度人在家说英语，通晓英国文学和哲学。他们觉得这个问题有点冒犯。随手举个例子，塔克莎什拉研究所（Takshashila Institution）怒斥澳大利亚政客将印度移出盎格鲁圈国家列表：

> 印度是地道的英语国家。英语不光是中央政府和大学的用语，也是国家正式语言之一。不止在官方场合，它还是全国知识界和部分商界交流的媒介。印度也享有联结盎格鲁圈国家的其他社会文化特征，比如建立在普通法上的法律系统、代议制民主以及多元的宗教和种族。除了美国、英国和前英国自治领，很少有其他国家能拥有全部这些特征。

　　没错。同样，全世界也没有几个国家的军队完全在行政当局的掌控之下；进而，少有国家的权力可以通过选举在政党间实现和平更迭而不至于驱逐或处死失势方。另外，必须注意印度还是世界第三大伊斯兰国家，却相对很少闹出圣战组织的麻烦事。

　　盎格鲁圈国家远不仅限于同享语言、普通法和多元宗教。盎格鲁圈是多种金属熔铸成的合金，其中有的成分在中世纪就已埋下，历经 17、18 世纪各种内战的洗礼。这种多重特征随后被讲英语的使者带到了北美、部分加勒比地区、好望角、澳大利亚和新西兰。不过，有着非常不同的早期历史的印度又是如何融入盎格鲁圈的呢？是否能够把这片广袤大地上被贾瓦哈拉尔·尼赫鲁称之为"不断重写"的世代更迭的社会观念，纳入其他盎格鲁圈国家标志性的"辉格－托利"的辩论式政治取向？是否能够通过明确的盎格鲁圈式的方式，实现个人主义，振兴实业？

　　要回答这些问题，不妨想象一下，如果是法国东印度公司（Compagnie des Indes）而不是英国东印度公司（East India Company）在商战中胜出会是怎样的情形？这两家公司有着相似的名字和相似的业务——贸易，但是他们的架构截然不同。法国东印度公司由国家创建，由法兰西君主投资，公司高层也由政府任命。相对的，英国东印度公司则是私人企业，对其股东负责。无疑，英国东印度公司的办事机构会恪守财产权和契约自由。正是对此的坚守使今日的印度在周围国家中显得与众不同。

　　在英语民族标榜其"例外论"的时期，印度也和其他盎格鲁圈国家一样遵循"辉格党－托利党"式的辩论。诚然，这样的辩论大多发生在不列颠血统的精英圈子里。在英国统治期间，绝大多数印度人不说英语，约翰·洛克的政府论对他们来说也如星辰远在天边。然而，大多数盎格鲁圈核心国家其实也是如此。政治永远是少数人追逐的猎物。揭竿而起的美利坚爱国者中也很少有谁听说过洛克，尽管如此，他的教诲还是影响了他们的一生以及他们子孙的生活。理想，终将改变现实。

我在本书中多次提到最伟大的辉格党历史学家麦考莱男爵，他编纂的光荣革命编年史在出版后一个半世纪内不断再版。他同时也是一个政治家，1834 年到 1838 年间出任印度总督，住在当时英属印度首府加尔各答。他预见到，随着科学、现代医学、代议制政府和个人自由等不列颠文化渗透到印度民众中，民众就会燃起独立的期望。回想起来，他支持独立前景的理由无可辩驳：

　　　　对于我们这样的贸易和制造业大国来说，人类任何部分取得的知识，获得的进步，以及由此带来生活的改善，财富的增长，都至关重要。欧洲文明输出到人口巨大的东方世界所产生的利益无法估量。哪怕从最自私的角度看，印度民众拥有一个良好并且独立的政府，也远远好过一个糟糕而依附于我们的政府。他们有自己的国王，却身穿我们的绒布，使用我们的刀具，这远好过让他们向英格兰的税收和行政官额手行礼，也好过愚昧无识或者穷得买不起英国货。和文明人做生意，比统治野蛮人不知要好上多少倍。

麦考莱的想法启发了许多不列颠管理者。他们希望将印度最终领向自治。尤其在孟加拉，提供不列颠式教育的学校流行起来。公务员职位也向印度人开放，通过考试竞争上岗。铁路开始铺遍全国。一个热情的支持者曾说，这是"摧毁种姓制度最有力的工具"。

随着教育的普及，越来越多的印度人进入行政系统。1908年，立法会通过法案设立由印度人组成的选举制地方议会。1934年，《印度法案》（India Bill）确定了走加拿大或澳大利亚模式的自治道路，由一位不列颠自由派人士创立的国大党领导印度走向独立，并在此后多数选期内执政。

虽然辉格党总体上期望印度最终实现自治，但他们相当文化沙文主义。他们认为印度宗教迷信落后，期望这些宗教会在西方理性前逐渐萎缩。麦考莱1837年称："没有一个印度人在受过英式教育后还会执迷于他的信仰。"这句话的最大过失在于他的傲慢。但英国当局还是着手对厌恶的行为实施直接干预。一个著名的事例讲到不苟言笑的职业军人查尔斯·纳皮尔（Sir Charles Napier）。一个印度教神职人员的代表求见他，抱怨英国禁止寡妇在丈夫葬礼的柴堆上活活烧死的习俗。据他的兄弟称，纳皮尔如是回答：

　　　　行啊。烧死寡妇是你们的习俗，准备柴堆去吧！但是
　　我的国家也有一个习俗：一个人要是把女人活活烧死了，
　　我们就绞死他，并没收其所有财产。看来，我的木匠该立
　　起绞刑架。寡妇殉葬一刻，也就是你等受刑之时。你们可
　　以遵守你们的习俗，我们也得遵守我们的习俗。

　　与在美利坚和澳大利亚一样，伦敦当局和当地政府之间也有
矛盾。议会担心不列颠官员会被本地化——换言之，丧失他们对
独立和自由的信仰，成为典型的东方君主；而那些干实事儿的东
印度公司职员，则鄙视那帮对印度毫无概念的蠢货。

　　尴尬的地方在于印度是靠一系列明抢暗偷的勾当得来的，这
一点双方都心知肚明。随着当地统治者花钱请东印度公司出兵帮
助他们解决纷争，以及英国希望抢在法国之前控制更多的亲王领
地，最初的商贸公司渐渐变成了行政机构，不由自主地走上了以
本地亲王的名义控制领地的殖民之路。

　　征服中贡献最突出的罗伯特·克莱武（Robert Clive）很瞧
不起被他打败的印度王公们。他说："印度王国永远都是绝对独
裁的政府。尤其在孟加拉，被统治的居民奴颜卑躬，自轻自贱，
而统治者则骄奢淫逸，暴戾恣睢，奸狡诡谲，优柔寡断。"

　　克莱武是东印度公司里最早一批被传唤到国会前，要求解释
其滥用职权行为的人。靠着一系列交易和军事同盟关系，他把孟
加拉的大部分税收都揣进了自己的腰包。

他把东方描述成奢华和独裁的国度，迎合了国会议员的偏见。诚然，这证实了议员们的担忧。也就是说，像克莱武这样的人，没能提升印度人；相反，他们丢失了新教徒的道德坐标，忘记了自己的英国人身份，堕落为印度人。辉格党领袖罗金汉侯爵[1]谴责东印度公司在孟加拉"欺压劫掠"。该党议员约翰·伯戈因将军（General John Burgoyne）建议用"不列颠宪法原则和精神"统治印度。这个伯戈因，正是那个后来在美国独立战争中不愿对美作战的伯戈因。

很多托利党人认为这样的想法太天真。其中的代表是理查德·韦尔斯利（Richard Wellesley）。他曾于1798年至1805年间担任印度总督，也是后来威灵顿公爵的哥哥。就像他那个时代的很多盎格鲁—爱尔兰裔贵族一样，韦尔斯利挺势利的。"我希望印度由王族而不是公司来统治，"他写道，"遵从王公而非那帮倒卖纱布和靛蓝的贩子的意志。"

他那更出名的弟弟阿瑟，曾在他当总督期间在印度服役。阿瑟同样对辉格党希望印度接受不列颠的自由理念的想法不屑一顾。1833年，这位滑铁卢战役的英雄反对在印度废奴，争论说不列颠必须"维持当地的古老法律、习俗和宗教信仰"。

宗教问题是英国统治的最大挑战，1857年印军哗变就是因此而起。英国传教士团的福音活动让印度教徒和穆斯林的不安持

1　Lord Rockingham，第二代罗金汉侯爵查尔斯·沃森—文特沃斯，两度出任首相。

续升级。英军中的印度籍士兵（又称印度土兵）中流传着这样一个传闻：说他们用的李恩飞步枪用牛油和猪油润滑枪膛。这对两大本土宗教来说都是不洁的。

英国当局被叛乱打了个措手不及，随后进行了疯狂镇压，甚至炮击反叛的士兵。一如所有突发事件中发生的那样，双方都越发偏激。托利党人指责辉格党人引起了暴动，尤其针对他们不尊敬当地传统宗教领袖这一点。辉格党人则反过来指责当时已归国有的东印度公司贪污腐败，因为印度再怎么说也是正式归英国政府管理的。

然而，"收归国有"并未终结现代化支持者和"托利主义者"之间的争吵。负责筹办首届德里杜巴节的托利党总督莱顿伯爵到死都坚信英国的精英主义和自由精神不可能在印度的土地上移植成活。他说："我想象不出比一帮吵来吵去的印度佬统治印度更糟糕的未来了。"

这群"印度佬"被英国人叫作"巴布"（Babu），尤其在孟加拉，他们构成了主要的专业人才队伍。他们是教育改革的产物，理性，说英语，忠诚于他们所受的教育，赞同印度自治——尽管很快有批评指出，他们的背景恰恰妨碍了他们成为统治阶级。

与巴布们不同，王公拥有天然权威。筹办了第二届杜巴节的寇松侯爵，在任期末对伦敦听众的演说中提到，他希望看到当地的王公们被视为"统治者、活生生的管理者，在行政系统中承担起真正的作用，而不是傀儡"。

不过，不列颠最终还是在其自身的政治文化逻辑推动下，接受了印度的独立。可是好莱坞再一次制造了一个假象——这次，是一个直到被赶出之前都死死抓住印度不放的强硬的不列颠。事实上，自治原则早在十三年前就确立了，虽然因二战迟迟未能实施。一小部分极端主义者把注压在了从囚犯中招募的日本兵身上，但是绝大多数印度人乐意为盎格鲁圈拿起武器。和日本扶持的4万印度国民军相比，将近250万印度人在欧洲、亚洲和非洲为盎格鲁圈国家作战。这是历史上最大规模的志愿军。尽管他们中大多数倾向印度自治，但仍毫不犹豫地为了盎格鲁圈的价值观而不是轴心国的价值观而战。在他们心中，印度已经成了自由、法治的民主国家，尽管事实上数年之后印度才真正实现这个目标。

莫罕达斯·甘地，在他的国民信众中一直被视为"圣雄"，他毫不怀疑英国最终将兑现承诺。甘地早年在德兰士瓦(Transvaal)领导印度民权运动时，已经意识到了英国人和布尔人的不同态度。1915年他在马德拉斯律师协会（Madras Bar Association）的一次晚宴上说：

> 作为非暴力的抵抗者，我发现我（在布尔共和国）无法得到像在英帝国中的那么多自由机会。我发现不列颠帝国有着我深深爱上的特质，其中之一就是大英帝国的每一个人都享有最自由的机会来实现自身的能力。

因此他毫不犹豫地支持联合王国当时在欧洲的残酷战事。1918 年，当德意志侵略者总攻法兰西时，他告诉国会：

> 没有英国人就没有印度的今天。如果英国失败了，我们向谁去要求平等的合作关系？难道去找得胜的德国人，还是土耳其或者阿富汗人？我们无权这么做。当热爱自由的英国人看到我们为他们前赴后继时，他们一定会胜利。

当然不会这么简单。"平等的合作关系"的确切含义是有分歧的。有本地的王公因为担心他们在民主印度的地位受影响，而希望不列颠继续统治。还有宗教分歧，最终起了决定性作用，导致了印度的分裂，由此产生了独立的巴基斯坦。这些问题拖延了独立进程。印度人也因此在独立前第二次为盎格鲁圈献出了生命——240 万杰出的印度人为英语国家与法西斯主义作战。

直到英国统治的最末期，仍有极少数托利党人，包括温斯顿·丘吉尔，坚持认为印度不可能成为一个成功的民主国家。这拨人基本也正是当年反对在国内扩大选举权范围的继承人。而事实证明，他们对这两个问题的悲观预测都是错误的。

印度的民主制度空前成功。孟加拉的专业人士数量越来越多。他们不再仅仅是孟加拉人，不再是巴布，而变成了世界上最大的中产阶级、英语人口、消费者群体和民主人士。

麦考莱的诗歌或许比他的历史更出名。但如果要说他一生中做过的最有意义的事，就是决定在印度推行英语教育。理由或许充满了文化上的强势。他曾断言，整个阿拉伯语和梵语文本都不值得占据欧洲图书馆中的一个书架。然而，谁能否认这个决定造福了现在的印度？！谁又否认使用这种全球通行语言给印度带来的无价的好处呢？

麦考莱明白他做这件事的极限：

> 凭我们有限的手段，我们不可能企图教育民众全体。我们当下必须尽力造就一个阶级，使其成为我们和百万被统治者之间的中间人。这个阶级的人身体里淌着印度的血，心中却装着英国的魂。他们有英国的品位、观念、道德和学识。我们可以用这个阶级改造这个国家的本土语言，用西方的科学语言丰富它，使之符合本土的表达习惯，然后以此为载体，运送知识，传播给大众。

直到今天，在"中间人阶级"和"广大人口"之间仍旧存在着巨大的鸿沟。盎格鲁圈在线聊天的网络上常能看到印度中产阶级的身影，然而，印度乡村公路两旁住着的万千农人只求能有稳定的电力供应，更别说互联网了。

再说了，有多少在巴尔的摩或者格拉斯哥的廉租房里的住户会参与盎格鲁圈的网络聊天呢？政治本来就是小众的游戏。任何一个国家，有实际影响力的都是一小部分活跃的人。

印度的中产阶级急速增长，这个国家也明显地在变化。作家阿卡什·卡普尔（Akash Kapur）20世纪90年代初离开印度，就读于一所美国寄宿学校。他回国后感受到了这种变化，印度人突然之间开始在亚马逊网站购物，频频光顾星巴克，称呼对方为"伙计"[1]。

每个新兴的独立国家都会经过一个自我膨胀的过程，或者说至少会强调与前殖民统治时期不同的东西。英属印度的时代结束后，这个疏远过程表现为拥抱基于自给自足的传统经济政治，即自治运动和自给运动，以及试图将印地语定为国家语言。

但是，发起独立运动的最后一代人已与世长辞，再加上经济快速增长，印度已经不再需要证明什么了。我偶尔前往印度时也注意到了回国的卡普尔所注意到的。这不仅仅是因为英语更为通用，更是因为印度本国和其海外散居人口之间的往来已经日常化了。我最近一次在马德拉斯（Madras）游玩时，向一位穿着华美纱丽的异域女子问路。"唔，我不知道，亲"，她用一口伦敦腔回答道。和我一样，她也是个游客。

印度裔社区几乎遍及盎格鲁圈的任何一个角落，包括那些英国殖民者老早就撤出了的地方，比如斐济、南非、马来西亚、东非、加勒比地区、澳大利亚、新西兰和新加坡。印度人后裔在澳大利亚有50万，加拿大有100万，南非130万，联合王国

---

1 "伙计"（dude），美国口语称呼，通常有戏谑意或贬义。

140万，合众国320万。盎格鲁圈的印度人口分布由此壮观，并且还在继续增长。这庞大的说英语群体像光环般围绕在印度周围。

随着殖民时代从记忆变为历史，盎格鲁圈的认同感也不再同臣服或怀念殖民有关。撇去其他所有不说，这认同感现在更多地和美国流行文化而非英国流行文化联系在一起。

不过最终，所有这些担心都是次要的。盎格鲁圈建立于一种共同的向心力，一种全体都认同的感觉。跟几乎所有不列颠人一样，我在印度也感受到了这种向心力，而这种向心力在欧洲却很难感受到。（偶尔有例外：在斯堪的纳维亚和荷兰这些地方现在流行包括英语在内的诸多盎格鲁圈的特征，因此他们可以说是"荣誉成员"。）它或许就存在于一本大家都看的书，一个大家都懂的笑话，有时甚至只是共同的表情中，但它就在那里。

布鲁塞尔有一家印度餐馆，老板根本不说英语。每次我去那里，总觉得不对劲。老板人很好，但是我不由地感觉他们和我们不是一伙人。有次我邀请一个到访的印度议员和我在那里吃饭。"希望你不要见怪，"服务员点完单后我低声说，"不过我总觉着不得不跟一个印度服务员说法语很不自然。""你觉得不自然？"我的朋友说道，"敢情你觉得我就好受吗？"

也许，乔治·W.布什成功的外交政策就是在2006年承认了印度的有核国地位，把其拉回到英语民主国家的同盟当中。戴维·卡梅伦努力培植这种关系，但是巴拉克·奥巴马却忽视了它。

幸好，印度似乎准备好等待华盛顿态度的转变了。他们是耐心而大度的人。

跨洋联盟的失败

过去，把盎格鲁圈国家联合起来的努力受到来自四方面的阻碍。第一，交流。从未有任何文明在地理上如此分散。第二，政治。只要民众以政府统治的领土来定义统一，则不可能把政治文化上基于本地自治的地区联合起来。第三，种族。维多利亚时代整合盎格鲁圈的梦想受制于当时的种族观念。这一观念实际上将所有非不列颠血统的人排斥在外，使得魁北克人、毛利人、非洲人、南非人以及印度人无法拥有一个共同的国籍。第四，历史。爱尔兰和印度这两个盎格鲁圈核心区域都发生过独立运动。运动首先造成分裂，然后造成新国家对殖民时代诸多内外部特征的强烈抵触。

直到 21 世纪，这些阻碍才逐渐消失。远程距离问题被蒸汽轮船、电报、飞机以及互联网的全面普及一步步解决了，全盎格鲁圈的人随时都可以加入英语的交流。

一些左翼评论员对这些发展感到气馁。2010 年，英国自由派的高端报纸《卫报》发表题为"囚禁在盎格鲁圈"的专栏文章，哀叹互联网普及之后，不列颠人对澳大利亚和美利坚政治的兴趣大过了关注法国和德国时事：

网络信息时代理论上应该促进精神和文化的多元化，从而促进欧洲语言和文化（以及其他方面）的一体化。但实际情况恰恰相反。英语一下子成了世界给我们的礼物，也成了我们的诅咒。英语的魔力使我们沉迷被英语征服的网上盎格鲁圈，而不是去看看外面的世界。

文章写到这里，作者不自觉地表露了心迹。老牌媒体不光期望寻求有悖民意的欧洲一体化，还想抓住国际新闻的眼球。他们毫不掩饰对我们的鄙视，就因为我们这群"土鳖"更关注澳大利亚的选举（两党领袖都生在不列颠啊），而不是欧洲精英们表示很重要的北部－加来海峡的民调。

互联网重新定义了民众和国家的关系，冲淡了政府在19世纪时享受到的与公民的专属关系。不光从一个国家前往另一个国家的旅行变得史无前例的容易，我们甚至不需要转动座椅就可以虚拟这个过程。这样一来，我们只要借助语言和政治观念的一致性便可结成网络社区；而在此之中，通常根本无法区分种族差异。

用带有种族色彩的标准来定义盎格鲁圈，尽管往往都是少数派且短命的做法，但可以理解，这种倾向常会遭致反弹：那些祖先来自其他地方的人会觉得被排挤了。直到最近这一代人，盎格鲁圈所有领地的民族融合才达到了不可能从个人的政治观点中推测出其种族来源的程度。

与此同时，反殖民主义的思潮在消退。一开始一直强调其特殊性的印度，现在已经坦然面对盎格鲁圈的民主和法律体系了。它不再以强调其前殖民特征来反对前帝国政权。相反，它强调其议会制度和法治体系，以示与周边国家的区别。英语现在越来越被视为实现现代化的钥匙，而不是一个死去的遗产。

爱尔兰一度也曾是外围国家，它与中心的距离早就越过了远星点——离其他英语国家最遥远的位置。埃蒙·德·瓦莱拉和他那个时代的人梦想建成一个特立独行的爱尔兰：经济自给自足、天主教享有崇高地位和爱尔兰语得以复兴。现在看来，这个梦想仿佛来自远古。与此同时，在英国几乎没有人再把新教设为民族认同的门槛。按理说，就购物、饮食、体育和电视节目等日常生活内容而言，不列颠群岛上的人们从未如此相似过。世界其他地方到此参观的游客恐怕很难想象形势曾一度紧张到何种地步。

盎格鲁圈正在变成一个由权力下放的、灵活的、独立国家组成的共同体。它们依靠文化、商业和家庭而不是政府机构联结在一起。也许，直到现在，我们才明白这样的团结不需要国家纽带吧。

这是一个全新的视角。哪怕在 1776 年前，当盎格鲁圈还在同一个国王统治下时，也有多种形式的联邦和联盟存在。大西洋两岸的小册子作家和政客都提出各种方案，呼吁在不列颠疆域内偶然得到的群岛上建立一定程度的宪法秩序。有些人提议给予殖民地代表在威斯敏斯特的席位；更多的则设想设立一系列的本地议会，仅仅统一管理外交政策和国际贸易。比如，"异见大臣"

理查德·普赖斯就希望建立一系列独立的殖民地，并受一个行使"共同的仲裁者"角色的参议院监督。

亚当·斯密提出过类似方案，即"大不列颠及她的殖民地的宪法性联邦"——一个弱的联邦权威监督下的自治议会实体。他没指望用这个方案说服任何人。他预言，联邦机构一开始可能设在伦敦，但随着美洲人口的增长，中心迟早会移到大洋彼岸。

所有这些方案都被当时严酷的自然条件否决了。在一个跨洋航程需要至少花费 9 周的时代，任何形式的帝国参议院在物理上都无法企及选民，也就无法反映他们的意志。远距离产生的现实结果在 1812 年战争中出现了戏剧性的一幕：这次战争中唯一一场大决战在和平协议已经签署后大打出手，因为停战消息还没有及时传到大洋对岸。

18 世纪不可能建成跨洋帝国。埃德蒙·柏克以其一贯的雄辩揭示了这一点：

> 我们彼此间横亘着三千哩大洋。没有办法可以阻挡这距离对政府力量的削弱。从下令到执行，浪涛滚滚，岁月已逝。急切地解释命令的热望，足以击溃整个系统。你一定见过复仇的信使，他们带着你的箭镞呼啸而去，去那最遥远的海的天际线。但是一个神灵出现，扼住了这来势汹汹的狂怒，说："若既及斯，弗得益远。"

在 1775 年，这几乎是无法驳倒的反对意见。但是，也有一个暗示，如果将来有朝一日，能有方法克服距离的阻碍，某种政治上的联邦方案便会重新抬头。

显然，预言成真了。蒸汽轮船的发明把跨越大西洋的时间从 66 天缩短到 10 天。不过真正的突破是在跨洋海底电报线路架设成功之后。1858 年，在爱尔兰凯里郡（County Kerry）的瓦伦西亚岛（Valentia Island）和另一端纽芬兰岛的哈特康腾特（Heart's Content）之间，第一条跨洋电缆架设完成。两艘改装过的军舰，不列颠皇家海军的"阿伽门农号"（Agamemnon）和美国海军的"尼亚加拉号"（Niagara），从两岸出发，一路沉下用涂着沥青的麻布包裹着的铜线缆，并在相遇时对接。维多利亚女王愉快地向詹姆斯·布坎南总统发出了致美国的第一封电报，电报说："这是两个有着共同兴趣和相互尊重的友好国家之间的新纽带。"祖籍阿尔斯特—苏格兰，出生于宾夕法尼亚的布坎南甚至用更为盎格鲁圈的言辞回答："祝大西洋电报在神佑之下成为我们血脉相连的两国间永久和平友好的纽带，以及在神的旨意下向全世界传播宗教、文明、自由和法律的工具。"

就这样，数月之间，柏克时代"下令到执行"之间的数月缩短到了分钟之间。"消灭距离"这个词儿听起来非常现代，其实早在 19 世纪 60 年代就已经开始流行了。吉普林在他的诗《深海电缆》（The Deep-Sea Cables）中描述了世界如何被改变：

> 它们从永恒中醒来，
>
> 它们击败了时间父亲，
>
> 在幽暗中牵手，来自最后一线夕阳余晖。
>
> 嘘！如今人们通过废弃的泥浆说话，
>
> 一个新世界出现了，轻声说："成为一体吧！"

想要建成政治上统一的盎格鲁圈的人们很快发现了它的用处。1884 年，自由党领袖 W.E. 福斯特（W.E.Forster）发表的名为《帝国联盟》（*Imperial Federation*）的短评，就以通讯革命开头：

> 科学的发明克服了原被认为无法战胜的时空阻隔。我们不再是相互隔离的不列颠的孤儿了。向前看吧！我们彼此团结，和母邦组成了一个永久的大家庭。

19 世纪后半叶，政治家和评论家提出了各种名称的邦联方案。新西兰早期殖民者、律师弗朗西斯·德·拉比叶（Francis de Labillière）称之为"不列颠联邦"，小说家和历史学家 J.A. 弗鲁德（J.A.Froude）称之为"跨洋联盟"，不过最后流行起来的名字是由另一个自由党议员查尔斯·迪尔克爵士（Sir Charles Dilke）起的。他于 1868 年写了著名的短评《泛大不列颠》（*Greater Britain*），其中出现了"帝国邦联"。这一方案预备在澳大利亚、

巴巴多斯（Barbados）、英属圭亚那、加拿大、新西兰和联合王
国设活跃的分支机构。

　　和现在一样，那时对盎格鲁圈的范围也存在激烈争论。大部
分泛大不列颠的鼓吹者志在重新联合英语世界的两大力量：美利
坚共和国和不列颠帝国。杰出的盎格鲁-加拿大裔历史学家戈尔
德温·史密斯（Goldwin Smith）梦想联合"全世界的英语民族，
包括在美国的、仅仅因百余年前一次不幸的争吵而离开大家庭的
数百万英语人口"。

　　这个想法在合众国不乏支持者。1897 年，《纽约时报》在一
篇庆祝维多利亚女王登基钻禧的社论中说："我们是不列颠的一
部分，伟大的一部分。她注定要主宰整个星球。"

　　在泛大不列颠的支持者中也包括卓越的实业家安德鲁·卡内
基[1]，以及非洲冒险家塞西尔·罗德斯（Cecil Rhodes）。不过还是
有个隐忧。这些人写作的年代正是绝大多数公共知识分子（无论
立场左右）都受到时兴的种族决定论影响的时代。

　　泛大不列颠基本上是基于种族概念提出来的。比如，加拿大
记者约翰·道加尔（John Dougall）将美国和英帝国的联合视为
北欧-撒克逊人的重新结合："英格兰需要联盟，因为这个民族
的将来取决于与美利坚的联合；美国也需要联盟，因为这个民族
的过去不可分割地属于英格兰。"

1　Andrew Carnegie，卡内基梅隆大学创办人，20 世纪初钢铁大王，世界首富。

卡内基在他的《不列颠和美利坚的重新联合》（The Reunion of Britain and America）一文中明确指出要剔除非白人的殖民地，以促进盎格鲁圈核心国家间的"民族联合"。

塞西尔·罗德斯创立了可能是世界上最具声望的国际奖学金项目，资助殖民地、美国和德国的年轻人前往牛津大学学习。他将德意志条顿人和盎格鲁－撒克逊人视为同一民族，但他也该对受助来访的来自百慕大、肯尼亚、印度和赞比亚等教育系统中的佼佼者感到震惊。

以民族来定义盎格鲁圈的想法是一个相对短命的思潮的产物。哪怕在19世纪末，评论家也应该已经认识到盎格鲁圈的价值观建立在多民族的背景之下。这些价值观依靠知识交流而非基因播种得以传播。不过，在一个移民相对缓慢、社会结构相对单一的时代，用民族来定义国家可以理解。现在，随着20世纪大规模的人口流动，很少有人再以这种方式定义国家认同。

卡内基和罗德斯梦想的泛大不列颠严重忽视了美国迅速增长的非不列颠裔人口。美国在扩张过程中并入了大量非洲裔和墨西哥裔人口，移民人口的组成也从最初占绝对比例的不列颠群岛和西北欧洲人变得更为多元。

但是将盎格鲁圈视为扩大版的盎格鲁－撒克逊国家的最大问题，在于印度就无处可放了。泛大不列颠的一些支持者公然断言印度永远不可能加入，因为如克莱武所宣称，他们从根子里就是独裁、腐化和贪图享受的。与集中保留了不列颠辉格党式民主文化的殖民地不同，印度被认为只适合威权统治。因此，正如历史学家 J.R. 西莱在他的《英格兰的扩张》(*The Expansion of England*) 中所说："当我们问泛大不列颠未来如何时，我们必须更多地考虑我们的殖民地，而不是印度帝国。"

印度 1947 年后的发展给了西莱和其支持者一记响亮的耳光。尽管面对贫困、紧张的种族和宗教关系、分裂活动以及对外战争，印度仍旧挺了过来，成为成功的议会民主国家。它的法律系统向寻求公正的个体开放，而不仅仅是统治工具。和其他特征相比，这一点最能说明印度属于盎格鲁圈。印度的经济也日益自由和开放。

不列颠尤其留给了印度一份珍贵的遗产。不像帝国以前的其他殖民地，印度从一开始就有一个基本起效的市场经济，财产权得到尊重，纷争由独立的裁判法院仲裁。

不过印度独立后才最终实现从代议制政府走向完全民主。和大多数人一样，印度人在他们自己的机构管理下富裕起来。不列颠管理者一直希望保护印度大众不受本地寡头的强取豪夺。不过对于外国官员来说，无论他们多么热心，面对如此广袤的国家总是能力有限。不管印度民政系统多么努力，英国统治下的印度仍旧发生了 12 次饥荒，最后一次是在 1943 年。但印度独立以后，再也没发生过。

印度本土，与其在盎格鲁圈其他国家立足的印度社区一道，以多姿多彩的方式证明了盎格鲁圈的价值观是可以移植的。当帝国统一的支持者不愿将英国人的权利给予印度人时，他们自我安慰，觉得数量庞大的印度小农一定不适合自我管理。但是，也许他们内心深处惧怕的正是相反的情况。如印度作家尼拉德·乔杜里（Nirad Chaudhuri）指出的，如果泛大不列颠植根于其民主理念，那么它的政府中心应该迁至印度，因为三分之二的人口生活在那里。全方位绕过这个问题也许更容易吧。

现在，一系列事件让这个难题显得多余了。把盎格鲁圈变为政客控制下的统一集团的想法有悖时代精神，也不符合区别英语国家文明和其竞争者的价值观念。盎格鲁圈文化基于自治政府、地方主义以及个人高于国家的理念。

现代盎格鲁圈不需要统一的货币或者联邦议会或任何其他联合的国家机构，只需要一个灵活的军事同盟和免税区，或许还有劳动力自由迁徙法案。他们的目标是民众的联合，而不是政府的联合。

整个 19 世纪，围绕是主张促成殖民地民主独立还是把它们拉进某种形式的联邦，两派争论激烈，没有一方真正说服了另一方。

1901 年，评论家伯纳德·霍兰（Bernard Holland）写道，他的理想"不是联邦国家，也不是纯粹的军事同盟，而是介于两者之间"。这差不多正是 20 世纪发生的情况，自由因此得以幸存。

下一步是什么？英语民族的联盟会发展和演变吗？我们会

拥有盎格鲁圈的第三个世纪吗？要回答这些问题，需要分析促成它成功的种种元素，并回想将它们合成到一起的无与伦比的化学反应。

第八章

从帝国到盎格鲁圈

我所在的这个国家和欧洲其他各国截然不同。英格兰极度热爱自由，每个人都那么独立。

——孟德斯鸠男爵，1729

最贫穷的人即使身在茅屋也可以蔑视一切王权。茅屋也许单薄，屋顶也许摇晃，风暴闯了进来，风穿了堂，雨漏了屋，但是英格兰国王不准进门，他所有的部下也不敢跨进这破烂屋子一步。

——老威廉·皮特，1763

联合王国三届首相斯坦利·鲍德温（Stanley Baldwin，1867—1947）在其晚年被问及受过哪些政治哲学家影响时，这个一生从不受制于教条主义的人出人意料地说，他年轻时曾深受亨利·梅因爵士（Sir Henry Maine）的影响。梅因是鼎鼎大名的法官和史学家，其《古代法》（1861）被誉为阐释盎格鲁圈特质的经典之作。鲍德温称，从梅因伟大的文字中，他看到了人类"从身份到契约"的演进历程。随后他顿了一下，蹙着眉说："也很难说这个过程不是反过来的……"

这个故事能说明什么？再伟大的思想也会因时代反复而褪色。在鲍德温的年代，梅因的"身份—契约"理论正从深刻洞见变为迂腐的教条。现在它几乎已被遗忘，只有弗朗西斯·福山还在他的历史模型中一再说它是自由民主所向披靡的伟大胜利。

不过且慢，不妨欣赏一下梅因神一般的直觉。在几乎所有的历史阶段，人类的境遇生来就已确定。经济停滞不前的社会里，人们觉得资产总量固定不变，土地是唯一有保障的收入。那些幸运地拥有土地的人想方设法确保维续这一体制，好让他们的子孙后代承袭同样的利益。从新石器时代开始，几乎所有的社会都实行了等级制度，印加的武士祭司、印度的婆罗门、大革命前的法国贵族都是这种人类惯有的封闭、世袭的组织形式的受益者。奴隶制则无处不在。

过去的三个半世纪，人类在民主、人均寿命、自由、教育程度、食物供应、婴儿存活率、身高和机会平等上取得了史无前例的巨大进步。这主要归功于盎格鲁圈中发展起来的个人主义市场体系。

所有奇迹都源自承认个体的自由和法律上的平等地位，并相信个体能够自主地与他人订立互利契约。

20世纪，德国社会学家发展了梅因的理论，提出了从"共同体"（Gemeinschaft）到"社会"（Gesellschaft）的转变。这两个概念之间的本质区别在于个体是否可以自由地与他人就具体情况订立契约，而非被迫接受由血缘、宗教或惯例定义的人际关系。理性主义哲学家欧内斯特·盖尔纳（Ernest Gellner）称："转变造就了公民社会：人与人之间的关系尽管变得不确定、具体化、目的性强，却得到了有效的强化。"

社会科学的枯燥语言掩盖了这一概念的丰富内涵。任何农业社会中，掠夺的地位都优于生产。论投资回报率，抢别人的作物比自己种植要高得多。以什一制、税收、杂费等合法形式鼓励掠夺，是最好的奖励方式。农业社会倾向于寡头统治，大多数文明就困在这里止步不前。

只有一个地方打破了铁律。盖尔纳发现盎格鲁圈内部具有明显的移民迁徙特征，赞赏"这是处在农业社会的人类惟一一次踏上了一条曲折而又近乎奇迹的道路"。

17世纪后半叶，英语地区开始发生这样的转变。当时的荷兰也一样。若不是受制于地缘因素和路易十四的扩张野心，或许荷兰也会是成功转型的国家。

一旦踏上这条道路，便迎来了所有我们现在认可的现代、舒适、理性，从人权到消费社会，从普遍选举到女性平权。而且，不妨看看这个世界，这些观念哪怕在当下都是非常了不起的。

经济学人智库（Economist Intelligence Unit）发布的"民主指数"年度调查报告显示：在167个被调查国家和地区中，只有11.3%的人口生活在完全民主之下，而这些人几乎全部集中在盎格鲁圈，以及邻近的北欧及日耳曼欧洲的新教徒国家。除去这些，余下的完全民主国家仅剩7个：捷克共和国、乌拉圭、毛里求斯、韩国、哥斯达黎加、日本和西班牙。

是什么神奇的力量催化了身份到契约的转变？回顾历史，我们找到了五点：

第一，民族国家的发展程度，即，一个政权有能力在基于共同的身份认同而结成的群体中公正地实施法律。

第二，与共同的国家认同感相联系的强大的公民社会，即，一个介于个体与国家之间——活跃着大量的团体、协会和其他组织——的中间地带。

第三，岛屿国家。英语世界其实是一个不断扩张的群岛。除了北美和印度，它的疆域都是岛屿：加勒比共和国、爱尔兰、澳大利亚、新西兰、福克兰群岛、新加坡、百慕大，还有联合王国自身。

盎格鲁圈的本质是海上文明。"一个岛国如果不是英语国家，总让我觉得很荒唐，这不合情理。"19世纪的船长杰克·奥布里

（Jack Aubrey）在准备进攻毛里求斯时如是说。奥布里是帕特里克·奥布莱恩（Patrick O'Brien）小说中的角色。

尽管北美在地理上算作大陆，但政治上其实是孤立的。杰斐逊在 1801 年就职演说中说："幸而有宽广的大洋，天生远离（欧洲）毁灭性的打击。"

第四，新教背景下的多元宗教。它不仅鼓励不同教派的繁荣，还鼓励个人主义和民主思潮——而这比起其宗教根源来说，更有长久的生命力。

第五，也是最重要的，普通法。一个使得国家服务于人民而非反过来的独特法律体系。

如果以上假设正确，如果这些独一无二的特质在盎格鲁圈的形成时期保留下来，那我们就应该找得到当时的外国游客对这些特质的评价。

18、19 世纪有数位游历英国和美国的欧洲旅行者。从他们的旅行日记和往来信件中找到的证据，足够拼出一幅使他们大为震惊的全景图。这其中有几个主题反复出现，旅行者们发现英国和美国人缺乏等级观念，喜欢争吵，热衷挣钱，个人主义强烈，并且对外国事务不感兴趣。

这些特征自然是盎格鲁圈政治结构的副产物，而不是政治制度本身。有兴趣介绍英美政治和法律体系的外国人不多，但其中包括当时最鼎鼎大名的伏尔泰、孟德斯鸠和托克维尔等人。

在那一时期，旅行者倾向于把美国视为更宽泛意义上的"英国"或"盎格鲁－撒克逊"文明的一部分。现在，引用托克维尔来证明美国"例外论"几乎是美国保守党会议上的惯例。但是这位法国贵族不光学习美国，也学习英国。他两个国家都去过，还和一个英国妇人结了婚。英美两国都是他人类学调查的主题。

他相信英国和美国在文化上是连续的："我觉得海洋的阻隔并未把美国和欧洲分开及从欧罗巴隔离。美国人是英语人口的一部分，他们注定要去探索新世界的丛林。"

托克维尔是一个敏锐的观察者，这是他至今仍然流行的原因。他发现了美国很多卓越的特征：重商主义、个人主义、宗教多元和地方主义。这些特征在两个世纪以后仍将这个国家和其他国家区别开来，但托克维尔不认为这些特征是从新大陆产生的。在他看来，美国的核心优势在于他称之的"赢在'起点'"。英语社会的特征表现在代议制政府、对税收和国家权力的抗拒以及深入人心的物权观念。托克维尔相信这些倾向完全遗传给了美国人："美国把英国的反中心化体制发挥到了极致。一个教区形成了一个独立的市政单元，几乎相当于一个民主共和国。构成英国宪法基石的共和元素在这里自然呈现并且毫无阻碍地发展。"

换言之，美国殖民者并不是借用了英国的政治价值观和宪法；毋宁说，他们强化了它们。托克维尔深信，就像美洲的法国人加剧了路易十四时期的威权主义和封建主义，美洲的西班牙人复制了菲利普四世的腐败，美洲的英国人也放大了他们母国的自由主义特征。

这份遗产包括非政府组织和民间团体的繁荣：从私人基金创办的孤儿院到乡村乐队，一切的一切。盎格鲁圈的民众不需要政府颁发任何执照就能自行组成社团，这一点让包括托克维尔在内的几乎每位外国访客都感到震惊："个人主义的精神是英国特质的底色。团体可以成就个人努力无法实现的事业。……个体聚集到一起，结成社团也好，公司也好，任何民间的或政治的团体也好，还能有比这些更好的例子吗？"

这些被埃德蒙·柏克称之为"小连队"的私人组织，既是"强国家"的产物，也是"弱政府"的产物。说它是强国家的产物，是因为这样的国家对于公民的爱国热情自信满满；说它是"弱政府"的产物，则是因为它的存在无需立法，通过商业或慈善团体便可轻易实现。

但为什么这样的民族国家首先在英格兰，继而在盎格鲁圈帝国中兴起了呢？是什么力量在背后限制了中央政府，并使得私有组织得以繁荣？相比本地人，外国访客对这些问题的答案更感震撼：除非远渡重洋，不然到不了盎格鲁圈。

盎格鲁圈群岛

地缘阻隔促进了民族国家的形成，这一点在第二章已经讨论过了。更关键的是，这也意味着国家不需要维持一支常备军。国防大部分交给了海军，旨在拒侵略者于岛屿之外。除去战争时期，陆军的规模很小，而且大部分由地区防卫力量兼领。

无论海军还是陆军都无法轻易用来镇压国民，这样一来，政府发现自己和民众相比处在劣势：当它希望通过法令时，它必须依靠代理人来确保民众的同意；当它需要预算时，必须和声和气地向国会请求。

孟德斯鸠一定程度上也算一个地缘决定论者，这一点尤其体现在他所仰慕的英式自由中：

> 相比大陆，岛屿上的居民享有的自由程度更高。岛屿通常地域狭小；部分民众很难被调动起来去镇压另一部分民众；海洋把他们和大帝国分离开来；独裁者在有限范围内难以维持统治；征服者被海洋阻隔；而岛民则因为不受其武力影响，更容易保留他们自己的法律。

英格兰率先在 9 世纪形成了民族国家，不过它还不算是个岛屿国家，因为它和另外一个王国[1] 共享不列颠岛。英格兰毫无疑问在财富和人口上占绝对优势，有时候几乎把苏格兰视为藩属国，偶尔得到苏格兰国王含糊的效忠。尽管如此，两国直到1603 年才合并[2]，而两国议会一直拖到 1707 年[3]。

1　指苏格兰。

2　1603 年，英格兰伊丽莎白女王驾崩。苏格兰玛丽女王的儿子詹姆斯六世继位成为英格兰国王詹姆斯一世，从此英格兰和苏格兰共主，两国联合。

3　1707 年，《联合法案》签署，英格兰、苏格兰两国议会合并。

大不列颠最后的内部分界线不复存在，盎格鲁圈随之起飞。这样的奇迹并非巧合，伟大的苏格兰哲学家亚当·斯密看到了两者的联系。1763 年，他在格拉斯哥大学的一次讲座中，指出了孤立和自由之间的关系：

> 自建立伊始，法兰西和西班牙封建领主的绝对权力就不断增强。唯独英格兰，在事物自然发展的过程中建立起了不同的政治制度。英格兰的情况和局势完全不同。它在地理上与苏格兰是一个整体。海洋包围了整个岛屿，成为与邻国的天然屏障。因此，他们不用担心外国入侵。我们可以看到，自亨利三世以来，英国没有遭遇过任何外国入侵（除了某些叛军引发的骚乱）。

和当时大多数受过教育的苏格兰人一样，斯密所说的"英格兰"，既指狭义的英格兰，也是广义的大不列颠的同义词。然而，他的核心思想直指岛国上的常备军问题：

> 苏格兰人频繁起事。如果两国仍旧分裂，英国人很可能永远恢复不了他们的自由了。然而，联合王国把他们一起带离了侵略的危险。于是，他们不再需要维持常备军，觉得常备军没有任何用途和必要。但在其他国家，当封建武装和伴随的常备武力消亡后，他们便需要再建立一支常

备军队来抵御邻国。

斯密称，在波兰、法国和瑞典，国王可以废除立法机关："在那些国家，时刻待命的常备军使得国王的权力凌驾于国会、议会或者最高法院等任何其他权力机构。"英格兰以及之后的盎格鲁圈，则不同："既然主权者没有常备军，他只得召集国会。"

旧世界英语国家的政治倾向又一次在新大陆得到了发扬。美国人、澳大利亚人和新西兰人对维持常备军更加警惕，甚至过度紧张——他们深恐领导者假借对外作战的名义，暗地扩充在国内的权力。英国人视自由为与生俱来的传统。美国人决心消除这个风险，直接将不得维持常驻军和允许私人保有武器写进了早期宪法。

美国可能不算严格意义上的岛国，但是实际上，美国从建国初期开始就奉行"孤立主义"的不干涉政策。国父和他们的政策继承人把美国的外交政策与其地理环境联系在一起，他们是精神上的岛屿民族。

来听听上议院至今每年都还在宣读的乔治·华盛顿的告别演说：

> 我们与世隔绝的条件鼓励也允许我们追求另一条道路……为什么不抓住如此得天独厚的优势？为什么要离开自己的土地，踏上别国的土地？为什么要把我们的命运和欧洲其他部分的命运纠缠在一起，从而把我们的和平与繁

荣陷入欧洲的野心、竞争、利益、好恶和反复无常的罗网里去呢？

就像托克维尔所说："美利坚处在一片广袤大陆的中心，无尽的疆土正等待冒险家们去开发，这联邦好似四面环绕着大洋，与世隔绝。"

当时，盎格鲁圈内的政治理论将地缘上的隔离和责任制政府、贸易及和平联系在一起。现代许多政治学家也认可类似关联。爱德华王子岛大学的亨利·斯瑞伯尼克（Henry Srebrnik）曾做过一项综合调查，得出了这样的结论："一系列研究表明，无论经济发展水平如何，岛屿国家和其他国家相比更容易实现民主。尤其是不列颠群岛，在政治和公民权利方面做得非常好，并为活跃的公民社会提供了基础。"

无疑，岛屿并非全部原因。还有其他原因使得关岛有别于东帝汶，百慕大有别于海地，福克兰群岛有别于科摩罗，不过，这些原因还是和"起点"（出发点）有关。

新教伦理

福特·马多克斯·福特(Ford Madox Ford)著名的悲剧小说《好兵》(*The Good Soldier*) 中有一个场景，说主人公游历各处时，曾亲眼见到马丁·路德 1517 年反对罗马教皇的《九十五条论纲》

手稿，一位富裕的美国妇人郑重地说：

> 你知不知道这就是为什么我们新教徒被称为"抗议者"[1]
> 的原因？这就是他们用铅笔起草的抗议书。正是这页纸使
> 你成为诚实、冷静、勤劳、节俭、干净的人。如果不是这页纸，
> 你恐怕和爱尔兰人、意大利或者波兰人，尤其是爱尔兰人
> 没有两样。

在此前的三百年间，新教徒的品质可能已经被英语国家的
人说滥了。英格兰将自己视为欧洲反对罗马运动的领军人。早期
美国更进一步，自认"天定之国"，为上帝所造，肩负宗教使命。
新教主义是将旧有的英格兰身份、苏格兰身份和威尔士身份熔铸
成一个共同的英吉利身份的最大的催化剂。这一共同身份后来又
被带到英国各殖民地。

不过，直到 20 世纪，才有人试图用科学方法研究新教伦理。
在 1904 年到 1905 年间发表的一系列文章中，德国社会学家马
克斯·韦伯讨论新教主义和经济增长之间是否存在联系。在《新
教伦理与资本主义精神》中，韦伯认为两者显然存在关联，这源
于新教徒视勤勉和繁荣为神赋美德的独特观念。至此，韦伯指出，
基督徒需要放弃世俗的事物：要禁欲，无视财富，克制欲望。但

1　新教徒（Protestant），字面意思就是"抗议者"。

是清教徒相信，通过诚实艰苦的劳作获取财富是神恩的显现。

　　针对韦伯方法论的批评蜂拥而至。资本主义不是新教主义的专利。意大利北部城邦的资本主义萌芽早在荷兰人和英格兰人完善新教理论前就出现了。萨拉曼卡学派的天主教教义和新教一样崇尚自由。此外，韦伯的论著没有考虑进奥地利、巴伐利亚、捷克共和国和瑞士天主教地区同样推崇工作的伦理。而且，显然，不论福特·马多克斯·福特笔下的角色怎么嘲讽爱尔兰，这个国家在错误地选择加入欧元区之前，一直是资本主义削减税收的辉煌案例。

　　当然，韦伯的发现岂是轻易能驳倒的？！斯坦福大学一项针对 1500 年到 2000 年间经济数据的调查显示，排除其他因素的影响，新教国家从 17 世纪后半叶开始全面超越天主教国家，"到 20 世纪 60 年代时差距越拉越大"。1940 年，欧洲新教国家的人均 GDP 比天主教国家的高 40%，而美洲国家之间的差别还要大。

　　如何解释这么大的差距？韦伯著作中关于不同的职业伦理的论述很难把握。不过，还有相关的解释。其中一点是，新教主义因为以《圣经》为基础，所以尤其注重教徒的读写能力，由此，自我提升和自我教育成了鼓励教徒研习经书的应有之义。

　　文化的普及一开始可能由宗教虔诚所驱动，但很快，提高了的文化程度自己终结了宗教因素。在欧洲西北部，中世纪的魔幻世界逐渐被理性世界取代。

　　新教国家并非只热衷于学校，他们更推崇非教会性质学校。

也就是说，他们总体上更追求世俗主义。当然，很难分清楚这其间究竟有多少来自教义相信基督徒个体不需依赖牧师为中介来建立他和造物主的关系，有多少来自现实中单一教会垄断的情况被打破后不可避免的各教派繁荣。正如伏尔泰所说："如果一片土地上有两种宗教，他们会打得你死我活；但如果有三十种，大家反而和平相处了。"

即使是将新教确立为唯一国教的国家，也有逻辑上的原动力去实行宗教宽容，最后达到包括传教在内的各宗教全面平等。狭义上，许多存在多元文化的国家都实行了宗教宽容，包括奥斯曼土耳其等一些自由程度很低的国家。但是，全面的宗教自由在盎格鲁圈之外似乎是找不到的。即使在盎格鲁圈内，天主教的平等地位也是慢慢取得的。

尽管如此，从天主教欧洲来的访客常会不胜惊喜地发现还能有这么一个地方：人们可以自由地反对教权，也不会因为信仰而被捕。1726年，伏尔泰因触怒了有权势的贵族，逃亡英格兰。他对新家的方方面面赞不绝口。有一次，他被一群愤怒的伦敦民众当成法国间谍。他控诉道，没有生在不列颠是多么不幸！伏尔泰言辞恳切，结果这群人最后欢呼着把他扛在肩膀上带回了酒吧。后来他极力模仿他的新朋友的口音，写道："天——我太喜欢英国佬了！……我喜欢他们一点也不比法国人少，天——"

孟德斯鸠敏锐地觉察到，平等地对待不同宗教正是世俗主义的表现形式。因此，无论是否确立某一教派为国教，最终都会导致所有教派的繁荣：

> 说到宗教方面，这个国家中每个个体都是意志自由的。随之而来的，个人要么由他自己的意志控制，要么受反复无常的异想控制。由此，如果人们不加区别地求诸宗教，那他们就会皈依已有的教派；如果他们非常狂热，则可能创造出新的教派。

美国国父们再次把这种在盎格鲁圈其他部分形成的倾向直接变成了结论。美国一开始就规定不设国教，其产生的部分结果就是，宗教活动在这个国家比在欧洲更为活跃。国有化鲜有成功，它压制了创新，意味着低效。国家教堂衰落的同时，私人资金支持的教堂则欣欣向荣。

美国在宗教多元原则上建立近半个世纪后，英国才迎来了全面的宗教自由，取消了天主教徒和犹太教徒在公民权上的不平等待遇。比如，此前天主教徒和犹太教徒没有资格参选国会议员。这样的进步非同寻常，为了让大家有个概念，试比较一下：当盎格鲁圈全面拥抱宗教多元化的时候，西班牙宗教审判所正如日中天——直到1834年才废除。

在我为写作本书展开的研究中，最让我惊奇的发现就是新教主义在盎格鲁圈文化和政治认同上的中心地位。在今天，要想重新恢复新教的重要地位当然很难了，部分因为宗教整体上的衰

落，部分因为宗教改革时提出的纲领已经模糊。天主教会迅速承
认了早年宗教改革指出的明显弊端。此外，在一个基督教信众已
成少数群体的时代，不同教派之间也越走越近。天主教现在比以
前更强调《圣经》了，而新教反倒转向注重圣餐。尽管教义的区
别没有以前那么重要了，我们依然可以看到建立在盎格鲁圈始终
强调的个人主义之上的、由新教催生出的政治文化的发展轨迹。

　　这种宗教、政治和文化的内在联结也让托克维尔深感震撼。
他发现英语国家的民众非常忠于这种政治文化。他再次将此归结
到他的"起点"理论："所有这些我所观察到的现象都源于最初
的起点。由此，我可以从第一批登陆北美大陆的清教徒身上看到
整个国家的命运。"

　　这批最早坐船来到北美的清教徒和他们身后的同胞一样，自
然地划出公共和私人领域、政治和宗教、凯撒的王国和耶稣的王
国之间的界限。这种区分并非有意为之，因为麻省的公理宗教
徒 [1] 几乎是最晚才支持全面平等对待新教各教派的，更别说对待
天主教了。但是，不管是否有意，他们创造的政治体系注定了宗
教的多元化局面。

　　换句话说，宗教区分其实并不存在于天主教徒和新教徒个体
之间，而是存在于在天主教和新教国家之间。托克维尔曾经预言
澳大利亚的天主教徒和他的新教徒邻居一样信奉自由，而法国新

1　英国第一批到达美国的殖民者于 1620 年乘"五月花号"登陆麻省的普利茅斯。

教徒则和法国天主教徒一样认同强大的国家政权。他说："事实上，我没见过哪个英国天主教徒不和新教徒一样，珍视他们国家的自由制度。"

这或许可以解释韦伯理论没有覆盖到的巴伐利亚、瑞士天主教区和爱尔兰的政治文化。重要的不是人们对圣灵感孕说或者僧侣独身制度的看法，重要的是人们对个人自由、自由贸易和私人合同神圣的态度。新教主义也许在盎格鲁圈政治文化的形成中起了重要作用，但这样的政治文化一经形成，便释放出持久的影响力，进而无论在爱尔兰还是新加坡都能促进繁荣。

尽管如此，当我们用现代世俗化的观点回顾历史时，我们仍应向那些以其行动促成了宗教、产业和自由之间的联系的人（一直到 20 世纪中叶）颔首致敬。

比如英格兰的阿尔夫·罗伯茨（Alf Roberts），他的故事颇有代表性。阿尔夫 13 岁辍学，完全靠艰苦劳作，经营起了杂货商的小买卖。他是一个人缘很好的卫理宗牧师，把商业、信仰和政治视为一体。"一个人要是懒，"他在一次布道中说，"就丢了他的灵魂。"

罗伯茨每周都会多烤一些面包，和他的女儿一起送给需要的邻里。他还很小心地解释说"他烤多了，不然也要扔掉"，以免伤了别人的自尊。

20 世纪 30 到 40 年代，罗伯茨参加了很多盎格鲁圈中典型的公民组织。当他得知他热心支持的扶轮社（Rotarian）被纳粹

德国取缔那一刻，他意识到希特勒的邪恶。战争爆发后，他组织
了镇上受资助的餐馆为参战的人服务。

对市议员罗伯茨来说，繁荣、理智、勤劳不仅仅是新教徒的
美德，也是鲜活的政治原则。他是一个忠心耿耿的镇咨询委员会
委员，一直致力于削减开支，降低本地税收。他觉得他的社区，
尤其是店主阶级，艰难地生活在高高在上的精英扔出的税率和条
例之下；而他们才是不列颠真正的英雄。

他是对的。如马特·里德利（Matt Ridley）在《理性乐观派》
（*The Rational Optimist*）中所写，小企业者数世纪来都是进步的
推动者。生活在崇尚自由、实业和隐私的社会，相比崇尚武力、
尊贵和信仰的社会更为惬意。曾被嗤之以鼻的小布尔乔亚比任何
卫道士对人类幸福的贡献都要大，但他们大部分却从未得到过荣
誉、感谢和关注。

事实上，我们今天能够知道阿尔夫·罗伯茨的故事，惟一的
原因是他将他的价值观深深灌输给了他的女儿，而她成了 20 世
纪后半叶英国最伟大的领导人，以及可能是盎格鲁圈最热烈的拥
护者。她就是玛格丽特·撒切尔。

古代法

2000 年，时任法国外交部长的于贝尔·韦德里纳（Hubert
Védrine）在他的《法国地图》（*Les Cartes de la France*）一书中

列举了一个"欧洲国家"的一系列特质，而这简直就是对盎格鲁圈例外论的全面总结："完全自由的市场经济，对国家权力的抵制，反对共同体的个人主义，相信美国'不可或缺'的角色，以及属于盎格鲁圈、普通法和新教徒的观念。"

这是欧陆政治家除了在反美时期，无论在 1700 年、1800 年还是 1900 年都可能列出的一份清单。

海外游客发现政府职能相当有限，而非政府组织却很活跃。他们常常会有几分鄙视地谈起这个国家太看重贸易和挣钱了，同时也惊异于即使最贫穷的阶级也藐视权威——他们从未怀疑过自己生来自由的权利。如果这些游客来自天主教国家，恐怕他们还会惊异于不同教派的繁荣竟能够导致形式上的政教分离（美国）或者实质上的政教分离（英国）。

然而，对他们来说，最不可思议的，还是普通法的奇迹。相反，我们好几个世纪都身在此山，当然习以为常了。在游客所来自的国家，法律由政府起草，然后适用于具体案例。但是在盎格鲁圈（除了苏格兰），法律存在于一个又一个具体案例中，自下而上在人民中形成，而非由政权机构施加在人民身上。

担任过英国上议院高等法官及卷宗主事官的威廉·布莱特（William Brett）在 19 世纪末颁布的一条法令中这样写道：

> 普通法是由若干原则构成的。这些原则从一开始起就始终存在，直至被承认，成为普通法。法官不能用新的判

决来制定新的法律，他们没有这个权力。他们只能宣布什么是从一开始起就存在的普通法。

换言之，无论法官还是政治家都无权改变法律。法律如同传家宝一样，作为遗产代代相传。它像一条纽带，联结着活着的人、死去的人和尚未出生的人。正如 17 世纪的法官罗伯特·阿特金斯（Robert Atkyns）所说："我们当代人选择普通法，并接受最古老的议会法案。因为我们生活在千年前祖先的影响下，他们依然活在我们心中。"

在罗马法传统下成长的法律工作者恐怕到现在都很难理解这种观念。不过他们不可能对大众掌控下的法律系统的实际效果视而不见。访客们对司法独立、陪审制度和人身保护令赞誉有加。

孟德斯鸠认为普通法是日耳曼法律体系伟大的幸存者。在（日耳曼的）其他地方，贪图权力的国王用罗马法替代了日耳曼法。孟德斯鸠相信英格兰得以幸免是因为其岛国属性，然后英格兰又将这一独特的法律系统带到了殖民地。

托克维尔一如既往地相信美国人为他们的英国遗产找到了更稳固而纯粹的形式。他写道，没有任何其他地方，法律可以如此独立于国家的行政和立法分支，而且对本该服从它的民众如此负责。跟其他观察者一样，托克维尔除了赞叹陪审团制度，还痴迷于美国人用本地的管理系统成功地置换了中央指派的法官和官员的想法："美国人从他们的英国祖先那里引进了一个欧洲大陆从未有过的机制，即治安法官。"

亚当·斯密的老家苏格兰适用的是罗马法，所以他也同样感到惊奇：

> 自由的保障之一就是所有法官终身任职，并完全独立于国王。这样每个人才能受到独立和自由的判决。人身保护令也是避免压迫的保护措施。有了它，只要付得起路费，任何人可以在40天内前往威斯敏斯特取保。没有这条法令前，枢密院可以不用通过庭审就把任何他们想抓的人抓进监狱。

在本书中，我们可以多次看到普通法成为抵御国家权力的桥头堡。它英雄般地先是反对查理一世，然后是詹姆斯二世；它发现英国的空气如此纯净，以至任何在此中呼吸的人都不再为奴；它促成了美国革命。

总之，普通法已被证明是物权的最有力保障。如今，全世界的公司都宁愿为在普通法框架下签署协议多掏腰包。他们这样做，是因为他们相信这一制度的平等、安全和公正。

每年，美国传统基金会（Heritage Foundation）都对全球各国的经济自由度评级，考察指标包括企业税率、个人税率、所有权安全度以及创业所需的时间。2012年，经济自由度排名前十的有六个国家和地区属盎格鲁圈，前几名有新加坡、澳大利亚和

新西兰。或许只有我们这个时代才会觉得指出这一共同点失敬并
失策吧。

不走极端主义。谢谢

不过有一个盎格鲁圈的领导人从不在意"失策",那就是阿
尔德曼·罗伯茨(Alderman Roberts)的小女儿。有一次,玛格
丽特·撒切尔一针见血地批评了"政治正确"的观点。据她毕生
观察,英国的问题都出在欧洲大陆,而解决方案都来自英语国家。

她清楚原因。尽管她不够明智——或许她对那些指责她的人
应该措词更强硬一些,然而她确实知道盎格鲁圈例外论有其历史
根源。

1989 年,她和其他国家领导人一道受邀至巴黎参加法国大
革命 200 周年纪念活动。她从骨子里不想去。不仅仅因为法国大
革命导致了持续近四分之一个世纪的英法战争,更因为这场革命
的价值观——国家主义、暴力、奉行强制平等和反教权主义——
与她心中自由的真正基石格格不入。

法国总统弗朗索瓦·密特朗向来行事奔放,决定在巴黎 200
周年纪念庆典期间同时召开 G7 峰会,这样多少可以迫使英国首
相参加。她很不高兴,并在受一家法国报纸采访时表达了不满:

> 人权并不是从法国大革命开始才有的,它植根于犹太

教和基督教传统。我们1688年的和平革命使议会权力超越了王权，这不是法国式革命。（法国革命标榜）"自由、平等、博爱"，我想他们忘记了责任和义务，而且，博爱一直都是一句空话。

这番话也许不够外交辞令，但是背后的分析是准确的。盎格鲁圈例外论并不在于民主。民主是一个老调重弹的词儿。欧洲大陆的革命传统依靠多数人的统治，并不比威斯敏斯特议会传统做得更多。

区别更多在于，法治、物权和个人自由的实现方式。雅各宾派之后欧洲大陆对民主的追求将多数人统治置于个人自由之上，盎格鲁圈的民主则完全不同。

欧洲的激进主义和盎格鲁圈的激进主义同步发展，但基本各自独立。欧洲的激进主义很少跟平等派、宪章运动人士或者早期英语国家贸易联盟的活动家有关。他们的哲学灵感归根结底来自黑格尔和赫尔德的集体主义著作，尤其是卢梭所信奉的民众的"共意"可以剥夺公民私有权利的理念。这样的哲学相信权利是普遍的，由法律授予并受到政府保障，而非从习惯中继承。这和普通法中"自由个体凝聚成自由社会"的观念非常不同。

欧陆模式有一个明显的缺陷：他们把人权全部规定在宪章里，这样一来，相关原则就只能通过国家指定的法庭解释，最后守护自由的重任就落在了少数人手中。如果这少数人沦陷了，自由即无从谈起。在盎格鲁圈，对自由的争取是每一个人的事，而独裁或者革命几乎闻所未闻。就如小说家奥尔德斯·赫胥黎观察到的，自由从不是恩赐，而是争取来的。

稍微换一个说法：欧洲大陆的自由存在于理论中，而盎格鲁圈的自由存在于事实中。19世纪保守党首相本杰明·迪斯雷利（Benjamin Disraeli）说："比起他们纸上谈兵的自由主义，我更喜欢自己享受到的自由；比起人的权利，我更在乎英国人的权利。"

欧洲的激进主义传统从诞生之日起就是暴力性的。众所周知，法国大革命之后的专制统治就叫"恐怖"。这个名字并不是大革命的反对者们强加的；相反，是雅各宾派自己起的。1792年9月5日，革命者宣布了他们的政策："是时候让平等的闸刀悬在每个人头上了，是时候吓倒一切密谋者了。所以，立法者们，今天就执行'恐怖'吧！法律的利刃将收割一切罪行。"

英语国家的左翼政党一般性格温和，这真是吾国之幸。随便打量一下，你就可以看出，欧洲左派的主力军无一不是从暴力和革命中诞生的。用他们的行动派的话来说，革命只有"在最后一个国王被最后一个神父的肠子勒死的时候"才算彻底成功。

在美国，任何真正有影响力的社会主义运动都没有市场。按照欧洲的标准，美国两党都是中右党派。在盎格鲁圈的其他主要领地，左派往往脱胎于辉格党－自由主义的激进派别。

从成立起，盎格鲁圈工党宣扬的政策就是自立自强，他们组织的活动有英式铜管乐队、禁酒运动和员工图书馆等。威尔士煤矿工人摩根·菲利普（Morgan Phillips）在 1944 年到 1961 年间担任过英国工党总书记，他宣称工党"得益于卫理宗比得益于马克思更多"。

此言不虚。工党尽管总是带有几分"愤青"的情绪，另一个倾向却能有效地平衡这一势头：它致力于通过提供更多机会帮助广大穷人提升自己，而不是通过推翻现行体制来实现这一点。

这些年来，盎格鲁圈取得的最值得骄傲的成就之一，就是将权力从封闭的精英圈扩展到普通大众手中。这远大的志向引导着女性赋权、争取普选以及普及教育。这些变革在英语国家中相继展开，尽管时间上略有先后。比如，新西兰在 1893 年成为第一个将投票权赋予全体成年人的国家，而另外的盎格鲁圈国家迅速跟进。但是，主要的英语国家没有一个说他们需要颠覆整个体制来实现诉求的。1689 年和 1787 年的方案依然在生效；在英语中，"闹革命"这一类词听起来矫情、怪异，或者干脆就是孩子气。

所有这一切，提出了一个有趣的问题：为什么在英语国家社会中，爱国主义通常和政治权利联系在一起？毕竟，和其他任何文明模式相比，盎格鲁圈的发展程度遥遥领先。

应当承认，英语国家社会中的个人主义确实存在反社会主义的偏见：对税收、国家权力和任何形式的集体主义的抗拒始终存在。但是，我们也要看到天平的另一端：无论性别或种族，法律面前皆平等；世俗化；对少数群体的宽容；审查宽松；社会流动性高；重视教育。还有哪些地方可以把所有这些视为理所当然呢？

那么，问题又来了。为什么颂扬民族认同成了英语国家社会中保守主义者的追求？这并不是说爱国主义天生是中右翼的立场。在欧洲大陆传统中，不爱国才是右派哩。欧洲的民族主义者——那些相信国界线应该由民族或语言的边界来划分的人——多数都是激进分子。1848年欧洲革命基本上是左派发起的。当起义被镇压，旧的王权和教权秩序重新建立后，革命者纷纷逃往伦敦——他们知道伦敦会是他们的避难所。他们对英国的开放、包容和自由表示敬意；除了卡尔·马克思，因为他预言的革命没有发生，这位无产阶级革命家从未原谅这个帮他遮风挡雨的国家。

什么原因让众多英语国家的左翼分子如此不领情？为什么回忆历史时，他们无视普选权的扩大、对奴隶制的反抗以及对纳粹的胜利，却偏偏揪住英国然后是美国的帝国主义不放？

答案无关历史也无关政治，而在心理学。我们越了解大脑的工作方式，越能够发现人们的政治观点倾向于对直觉的理性化。我们潜意识中接纳那些符合我们偏见的数据，却自动过滤了那些不符合的。我们通常很容易指出别人的这种倾向，但几乎从来不会意识到自己也有这种毛病。

这一症状有一个典型例子，这就是对全球变暖的争论。乍一看，气候变化问题不至于导致评论者左右站队吧，毕竟科学建立在数据之上，又不像我们对税收、国防或家庭的态度。

问题在于人人都有假设，科学家也不例外。我们的祖先在更新世（Pleistocene）的非洲大草原上学会了从不断重复的现象中发现模式，以此来理解周围事物。这种倾向深深植入我们的基因中，可以解释认知失调的现象。当有新发现时，我们下意识地试图将其纳入自己已有的信仰体系；如果无法融入，我们首先质疑的是发现，而不是我们自己的信仰体系。有时候这个习惯可能导致错误，但是如果没有它，我们可能连存活都很困难。正如埃德蒙·柏克所说，如果我们试图摆脱偏见，所有努力对每一个新情况都从第一性原理开始思考，而忽略自身的经验和我们民族已经积累起来的智慧的话，那日子就没法过了。

如果你相信富有的国家因为剥削穷国而变得富有，这样的国家行为的好处大于危害，而人人都应该接受稍高一些的税收，那你就更可能相信要求政府干预、国际精英合作管理和全球财富再分配的论调。

另外，如果你从"个人比政府更可靠"出发，则集体主义一定是个明摆着的失败，而官僚们一定会想方设法扩张权力，那么你更有可能相信全球变暖只不过是左翼分子希望集权的最后一个借口。

每一方都坚信自己一本诚意，怀疑对方的动机——这正是让争吵醋意十足的原因。双方观点的支持者都认定各自依据的是真实有效的事实，而对方的批评一定出于欺骗或愚蠢。

双方在数据的解释上有分歧，都质疑对方的数据。别说如何应对气温的变化了，在地球是否在变热这一点上都没有达成一致。尽管我们都认为我们是在处理坚硬的、纯粹的、冷冰冰的统计数据，其实已经多多少少将我们自身有偏向性的世界观带入了这些数据中。

对多数自我定位为中左翼的人来说，坚持支持弱势群体这个观念是光荣而且崇高的理想。这样的理想当然不局限在左翼人士身上，但是左翼人士将其夸大到了排斥其他理想的地步。

乔纳森·海特（Jonathan Haidt）是心理学家，同时也是温和的左派。他试图解释为什么政治对话如此困难。在他2012年出版的《正义之心》（*The Righteous Mind*）中，海特说，无论左翼还是右翼，他们观察问题的视角从一开始起就已经注定了。两派都赞同对弱势群体的支持，但保守派会考虑其他因素的制约，比如尊重人的尊严；而对左翼分子来说，则不存在任何制约。

如果你能抓住这个神经学上的差异，就可以解释左翼分子所有表面上看来不一致和互相矛盾的地方了。它可以解释为什么有人认为移民和多元文化在西方民主国家是好事，但到了亚马逊雨林部落就变成了坏事；可以解释为什么有人呼吁性别平等却又同时要求限制女性岗位的配额；可以解释为什么以色列对英国作战就是正确的，而对巴勒斯坦作战则不义。

历史包含了一层层的受害者关系，历史叙事总是充满对底层受压迫民众的同情。同一群人可以同时是压迫者和受压迫者，这

取决于叙述的角度。比如，拉丁裔美国人的社会地位处在盎格鲁
人和美国原住民之间，当他们殖民墨西哥时，他们是坏人；但当
他们加入美国时，他们又成了好人。

　　当然，所有历史学家也都有其偏见。我的目的仅仅是想解释
为何盎格鲁－美利坚文化中的民族自豪感如此集中在政治谱系
这一端。答案很简单，因为盎格鲁圈的民众很少被视为弱势群体，
小国从与强大邻国的对抗中得到满足，所有党派可以共享这种自
豪感。在很多前殖民地国家，爱国主义被认为是左翼纲领的必需
品，而保守主义则代表哪怕不是合作，也至少肯定是文化上对前
殖民权力的臣服。在阿拉伯复兴党控制的国家，在桑蒂诺[1]影响
下的尼加拉瓜，在庇隆[2]主义的阿根廷，在玻利瓦尔[3]传统的委内
瑞拉，民族主义的信念将人民主权和国家权力、推翻卖国者的独
裁以及排除外国影响联系在一起。

　　全世界的反美和反英鼓吹者无一例外都使用了民族主义者
的语言，这是讲英语的进步人士通常惟一能够接受的一种民族主
义。乔治·奥威尔极力贬低"英格兰左翼的受虐心理"：他们随
时准备接受任何纲领——无论这样的纲领多么蹩脚，只要能反英

1　桑蒂诺（Augusto Cesar Sandino），尼加拉瓜反美游击队领导人，被视为民族英雄。
2　胡安·庇隆（Juan Perón），阿根廷政治家，曾三次出任阿根廷总统。他提出了介
　　于资本主义和社会主义之间的"第三条道路"，后被人称为"庇隆主义"。
3　玻利瓦尔（Simón Bolívar）是19世纪解放南美大陆、领导拉丁美洲独立战争的先驱，
　　先后带领军队从西班牙殖民统治中解放了南美洲多个国家，被称为"南美洲的解
　　放者""委内瑞拉国父"。

就够了。他提到了爱尔兰共和军和斯大林主义。要是他在现在来写这些话，无疑还会把美国左翼包括进来。

民族主义也是盎格鲁圈左派反对人士的利器，包括威尔士的民族主义者、拉丁美洲的反扬基主义者和魁北克的分裂主义者。他们把民族主义思想插入受害者等级序列之中，将自己视为弱势群体。与此相对，盎格鲁圈的进步人士却很少这样做。只有极少数的例子，比如华盛顿领着疲惫的部队经过冰封的福吉谷（Valley Forge），以及丘吉尔在伦敦暴雪中振臂高呼。这类故事广为流传，但是，这也绕不过过去三百年间盎格鲁圈总体上比其他文明技术更领先的事实。

恰是这一巨大成功使得颂扬盎格鲁圈文化的卓越有几分尴尬，因为这么做很可能被指摘自大或者排外。而在其他情况下，左翼分子本会直白大赞的事例，却罩上了他们假想中的文化帝国主义或殖民者的傲慢的阴影，比如纳皮尔对支持殉夫的印度教祭司的回答就是这样的例子。

奥威尔所说的受虐倾向，是盎格鲁圈的健康品质——同理心——的病变。我们常会觉得，我们这些英语民族的成员就应该包容，应该站在对方的角度看问题。不难发现，这个特点可以被无限放大。如果不算特别自我憎恶，我们不妨说它最后发展成了某种形式的文化相对主义。盎格鲁圈文明的独特成就就这样被低估了。

自从盎格鲁圈国家取得全球主导权之后，这个倾向就存在

了。在 1885 年的滑稽剧《天皇》（*The Mikado*）中，吉尔伯特
（Gilbert）和沙利文（Sullivan）这样调侃道：

> 傻瓜们一个劲儿叫好，
>
> 除了现在，所有时代都好；
>
> 除了自己的国家，外国的月亮都圆。

　　直到 20 世纪后半叶，文化相对主义还基本局限在大学校园
和学者的小圈子里。即使那些致力于发掘其他观点和发现自己文
明瑕疵的人，也不得不承认盎格鲁圈比斯大林治下的俄国或者埃
塞俄比亚王国更为自由、公平，也更加进步。

　　但是，观念终究会产生影响。学习了相对主义的学生们后来
占领了学校教席，他们的学生则接受了这种教条的灌输。现在，
在英语社会中，带着愧疚而不是自豪去学习自己的历史已经相当
普遍。当然不是说我们已经抛弃了道德判断，但是，当我们开始
用左派的"万能药"而非按照历史时期的标准来评判英语民族的
行为，这岂不是荒唐？！

　　一旦丢失了盎格鲁圈的自豪感，我们接下来很可能丢失的就
是实现这些成就的政治制度。

第九章

想想你们所属的民族

英国的上议员和下议员们，请想想你们所属的和受你们管辖的民族究竟是什么民族。这不是一个迟钝愚笨的民族，而是一个敏捷、颖慧、眼光犀利的民族。他们勇于创造，精于辩论，其程度绝不下于全人类的禀赋可能达到的高度。

——约翰·弥尔顿（John Milton），1644

兴亡寻常事，飘零几多载。然而，我们对宪法的信仰从不曾减弱，宪法也从未在我们的政治生活中失效。我们的原则一次又一次重被发现，并非因为它们写在发黄的羊皮纸上，只因自由的永恒真谛已深深地蚀刻进人的灵魂。

——马修·斯伯丁（Matthew Spalding），2009

2012 年 7 月，共和党总统候选人米特·罗姆尼（Mitt Romney）展开了为其助选的外交访问。他选择了被奥巴马团队忽视的三个传统盟友：以色列、波兰和英国。以色列和波兰之行相当成功，但对英国的造访却因此前一位助手发表的言论（该人申明不是他说的）而蒙上阴影。据称，那位助手说，美英两国一衣带水，因其共同的盎格鲁－撒克逊遗产而被捆绑在一起。

大西洋两岸的左翼人士都对这一评论大加挞伐，称这是一次"民族失言"，奥巴马在竞选演说中更直言这是"赤裸裸的冒犯"。——尽管，就像大多数宣称被冒犯的人那样，他们其实对此都心知肚明。毕竟，就算罗姆尼那个大大咧咧的职员也很清楚，盎格鲁－撒克逊人作为一个民族来说，在美国选民中只占很小比例，我们就此可说，他们形成了一个英国选区。看来，不只有我的国家充斥各种诸如叫"汉南"一类的非盎格鲁姓氏的人。就像我们在第一章里看到的，盎格鲁－撒克逊人同其他民族的联姻自始即有，并且"盎格鲁－撒克逊价值"也一直是在一个多种族环境中发展起来的。相信那些假装很受伤的人其实也很清楚，这里指的不是种族而是文化。

盎格鲁－撒克逊政治文化中有一种特别可贵的品质，那就是，它是在超越种族的观念上建立国家的。美国人一直以他们对外来者的强大的融合力而自豪。这不是没有道理的，数以百万计的人从各自国家被吸引到这片大陆，决心成为美国人。

"成为美国人"到底意味着什么呢？第一，接受写进美国宪法的价值观：言论自由，权力分立，宗教宽容，等等。第二，理解与前述价值密切相关的不成文宪法：公民参与，开放竞争，私人契约，性别平等。第三，说英语。追根溯源，这三项特征是从哪里来的？不是韩国，不是罗马尼亚，也不是厄瓜多尔——尽管来自这些国家的人们也可以像其他人一样接纳这些特征。我们所说的盎格鲁–撒克逊文明是一整套被打包在英语世界中的文化、社会和政治假设。

　　围绕这次对罗姆尼竞选活动的攻击，从反面反映出我们看待过去的看法近来有了改变（亲爱的读者，如果你正读到这里，我希望你能理解我在这里使用的"我们"，指的正是全体自由的英语民族）。盎格鲁–撒克逊价值不再被视为个人自由、普通法、代议制政府、反抗暴政、陪审团制度的代名词；相反，编辑们的评论都被塞进了现时的流行话语，透过这些话语，那些想要推行盎格鲁–撒克逊价值的人们发现他们自己落入了受害者阶层的一端。

　　我们在每一个盎格鲁圈核心国家，总能发现那些不待见盎格鲁文明遗产的人往往会拒绝承认盎格鲁圈是一个全球性联盟：在英国，有些人坚持认为英联邦是帝国的延续，英国将来的命运一定在欧洲。这样的观点，在盎格鲁圈其他国家，也能找到社会、政治和文化等方面的知音。比如，在澳大利亚，就有人认为澳洲与英国的亲密关系已经不合时代潮流了，澳大利亚作为亚洲国家才能拥抱未来。

这种情绪在学术界和媒体精英中相当有市场，民间倒少有人这么想。1999年，澳大利亚对是否要"抛弃"英王举行了公民投票。这次公投被普遍认为，与其说是废除君主立宪政体，不如说是要摆脱国家与盎格鲁文明世界的关系。发起共和运动的领导人大多是英格兰或者爱尔兰后裔，他们很难掩盖与那些从别的地方来澳的移民的矛盾；后者拥护维持现状，而不愿选择他们出生国或者他们自己的祖先留下的制度，因此议案未获通过。

互联网及在线媒体的繁荣暴露出反对盎格鲁文明的精英们的若干弱点，而这些精英们过去则在广播电视系统一统天下。加拿大总理史蒂芬·哈珀、澳大利亚总理托尼·阿博特（Tony Abbott）和新西兰总理约翰·基（John Key）认为他们三国的结盟理所当然，就像英美联盟一样。也许因为他们看过民意调查，他们明白，光纤网络正是改变大众观念的力量。

同情，或者更文艺一点的说法——同胞之谊，是人类在处理自身事务过程中的一种强大的力量，能感染很多对盎格鲁圈早期历史毫无认识的人。在最近一次聚会中，我刚巧坐在米哈伊尔·伊格纳季耶夫（Michael Ignatieff）旁边，这位加拿大自由党党魁在2011年[1]是总理史蒂芬·哈珀的对手。伊格纳季耶夫聪明，优雅，在学术及广播从业生涯中都取得了傲人成就，只可惜在从政以后没能延续这样的辉煌。我们谈了很多，他提出各种理由证明

1　2011年加拿大举行了联邦大选。

为什么盎格鲁圈如今已经衰落了。他说，加拿大见证了其英国传统如何被移民所消解。他还不忘提醒我，他自己的姓氏伊格纳季耶夫不就能提供这方面的线索吗？！我回答他说："没错啊，但是如果澳大利亚和印度尼西亚之间发生战争——即使你认为澳大利亚更有过错——你会站在哪一边呢？"他停了一会，然后说："还是你说得有道理。"

　　长期以来，似乎不借助"帝国主义"或者"宗主权"这一类概念，就没法推动盎格鲁圈的扩展。尤其在爱尔兰和印度，文化和政治发展的重点始终是想要和殖民之前的政权拉开距离。但是现在独立斗争几乎早已淡出人们的记忆。就算这些老制度一去不复返，我们也一样知道盎格鲁圈的议会制普通法模式的重要性。

　　互联网是盎格鲁圈的发明，现在已然成为英语语言最强大的工具。整个盎格鲁圈的人们通过它联结在一起，建立了独立于政府的文化、经济和社会联系。将"盎格鲁圈"推广为流行词的詹姆斯·贝内特相信，讲英语的民主政体最适合形成他所谓的"分散化的、有弹性的网络共和国"。在其中，网络成为一种独特的文化纽带。一个人数庞大的印第安流浪者社区借助于活跃在盎格鲁文化环境中的电影、音乐和其他文化活动得以形成。

　　后来担任爱尔兰内阁部长的丝蕾·德·瓦莱拉（Sile de Valera，埃蒙的孙女）在2000年宣称，在波士顿的爱尔兰人比在布鲁塞尔的爱尔兰人更有归属感，欧盟在统一成员国身份上走得太远了。她陈述了一个明显的事实：在盎格鲁文化圈内，存在一个爱尔兰人社区，它可以把散居在每一个核心区域的爱尔兰联系起来。然而，她同时也指出了文化传统上的一个重大转变，即，爱尔兰不再依靠欧盟来增强其对抗英国的独立性，而是自信地成为盎格鲁圈中平等的一员。

有着阿尔斯特清教徒血缘的后人也发现互联网极大地促进了他们在盎格鲁圈内的联系。阿帕拉契亚山区的乡民们为了纪念威廉三世在伯因河战役的胜利，每年 7 月 12 日都会举行盛大游行。最近十年间，我们看到了分散在北美、澳大利亚、大不列颠和爱尔兰的阿尔斯特后裔彼此间文化联系的飞速发展。

盎格鲁圈内核心成员国之间的关系正处于自第二次世界大战以来的最好阶段。加拿大、澳大利亚和新西兰将它们的外交和防务政策建立在首先与美国，其次与英国的紧密联系上。美国和爱尔兰自从结盟以来，彼此关系从未这么近过。印度加入了与美国的战略同盟，并且暗示它将与英语世界其他国家结盟，这好像突然之间变成了最自然不过的事情。在 2004 年大海啸之后，美国、澳大利亚和印度海军联合展开救援，这是他们继北约组织在近六十年前的联合行动之后都未曾采取过的。

在所有盎格鲁圈的核心政府中，只有一个有意识地站到了圈外，那就是美国政府。

这个局面是明摆着的：巴拉克·奥巴马不喜欢盎格鲁圈，尤其不喜欢英国。我们不妨来看看证据。总统先生收到戈登·布朗赠送的一只用皇家海军舰只"加内"（Gannet）号上的桅木制成的笔筒——"加内"号毕生在海上服役，在反对奴隶贸易的海上护航中立下了赫赫战功。结果，总统先生回赠了一套 DVD 影碟。

在与英国首相进行的第一次高峰会晤中，奥巴马先生圆滑地降低了两国同盟的地位。美国总统在评价国际关系最高等级时当然要谨慎，以免伤了与墨西哥、以色列或者其他一些友好国家的和气。但是，前美国领导人从来都毫无顾虑地称英国是"我们最亲密的盟友"。乔治·W. 布什就走得更远了，他把英国视为"我们最亲密的朋友和最牢固的同盟"，还在 2003 年巴格达解放日那天宣布，"对于我们美国，没有比英国更好的哥们儿了"。然而，在第 44 任总统的口中，英国仅仅是"我们的盟友之一"，他把英国政府彻底降到了巴林岛和洪都拉斯之列。

前阵子石油泄漏事故造成路易斯安那及墨西哥湾部分地区数百万元损失，奥巴马总统在各种场合攻击他假想中的"英国石油"公司（BP）。事实上，十年前就没有这个公司了。"英国石油"公司早已完成了和"美国石油公司"（Amoco）的合并，如今美国和英国对这家公司共同持股。

乔治·布什在和女王的会晤中，又一次出现了口误。为了打圆场，布什咧嘴一笑（这可没经过彩排），赶紧说："她看我的眼神就好像一个母亲看着一个孩子。"这真是颇能打动人心的一句话，仿佛在优雅地表白对英国遗产的感激。他的继任者呢？继任者献给女王陛下的是一个 iPod——里面录的是总统先生自己的讲话。

奥巴马总统第一次出访西非时，在讲话中谈到为争取独立而与英国发生的地区冲突（事实上，也算不上多大的冲突：大多数非洲殖民地未费一枪一弹就取得了自治）。然而，在参观了奴隶堡以后，他却对奴隶贸易基本上被皇家海军铲除这一事实闭口不言。

他的高冷已经超出了必要的礼节。本届政府现在近乎危险地想要压制庇隆统治下的阿根廷在福克兰群岛的立场。在一系列解决方案中，白宫想要迎合那些激进的反西方分子，比如委内瑞拉总统乌戈·查韦斯（Hugo Chavez）和尼加拉瓜总统丹尼尔·奥尔特加（Daniel Ortega）支持的阿根廷在谈判中提出的主权要求。国务院甚至着手准备用它的阿根廷名字马尔维纳斯来命名争议地区。

奥巴马当然有权利选择谁做朋友。这里面特别有意思的一点是，他不喜欢英国与他拒绝接受早期美国从英伦群岛继承来的价值和制度之间不无联系。奥巴马拒绝的，不仅是英美的特殊关系，更是这种关系得以建立的世界观。

奥巴马对英国的厌恶之情一般被解释为因为祖父曾遭到英国人虐待而耿耿于怀。奥巴马的祖父侯赛因·盎扬戈（Hussein Onyango）在 20 世纪 50 年代肯尼亚茅茅党（Mau Mau）人反对英国殖民统治的部落战争中被拘禁。但这个解释与奥巴马自己所写的有很大出入。

奥巴马从没见过他爷爷，但他后来了解到的家族史使他很受震撼。尽管盎扬戈被英国当局拘捕，但他还是保留了一个帝国主义者的立场，相信英国在肯尼亚的高层机构应有一席之地。盎扬戈常常提到，非洲人太懒了，根本不可能争取到独立。为此，年轻的奥巴马感到很震惊。"我想象他是他的民族的一分子，反对白人的规则。"他在自传《我父亲的梦想》(*Dreams from My Father*) 中写道，"奶奶告诉我的故事完全颠覆了我过去的印象，那些丑陋的字眼在我的脑海不断闪现：汤姆大叔，投敌者，顺从的黑奴"。

其实，总统的反英情绪并非来自他爷爷的经历，而是来自于他所崇拜的父亲——尽管距离可能远了点。巴拉克·奥巴马的父亲抛弃了奥巴马的母亲，对小巴里也几乎从来没管过（从他孩童时一直到青春期）。然而，有一回他到夏威夷旅行，这次旅行给10岁大的未来的总统烙下了深刻印迹。像很多小男生一样，巴里被告知了有关他消失的父亲的传奇故事；他向班里的同学暗示，他爸爸是一位了不起的酋长，而自己有一天也将会继位为部族首领。当老师要求巴里请爸爸来班上做演讲的时候，小奥巴马真是尴尬至极，为自己无伤大雅的小谎言就要被戳穿而坐立不安。不过，当潇洒的肯尼亚人身着非洲服饰踏进教室，然后开始侃侃而谈，小巴里的所有担忧都烟消云散了。这可真是奥巴马童年的决定性一刻啊！

　　　　他靠在赫福迪小姐（Miss Hefty）那厚重的橡木桌上，

描述地球上一条深深的峡谷，在那里，人类第一次出现。他讲了那些还奔跑在平原上的野生动物，那些仍然要求一个男孩去杀掉一头狮子来证明自己已经成年的部落。他讲了卢奥（Luo）部落的习俗，长者怎样获得崇高的威严，怎样在一棵大树下制定每个人都必须遵循的法规。他还讲了肯尼亚为了获取自由而进行的斗争，英国人怎样在那片土地上长久地驻扎而不愿离去，如何残暴地统治那里的人民，就像他们曾在美国土地上做过的那样；但是肯尼亚人，就像我们所有在教室里的人一样，渴望自由，并且通过努力和牺牲来争取自由，发展自我。

这种被压迫者反抗压迫者、被殖民者反抗殖民者、一无所有者反抗物质充足者的持续斗争观构成了老奥巴马世界观的主体。在《奥巴马的愤怒之源》（*The Roots of Obama's Rage*）一书中，迪内·杜泽（Dinesh D'Souza）无可辩驳地证明了奥巴马的国内国际政策深受他父亲20世纪50年代反殖民主义的影响。迪内·杜泽称：其他分析人士所犯的错误在于他们总是想把奥巴马放进美国种族主义叙事话语中；但是，为民权而战只是他经历中不那么重要的一个部分。事实上，奥巴马因其对最低工资、肯定性行动等黑人所关注议题的忽视，而惹恼了很多黑人政治团体。他的斗争重点远不在反对密西西比的种族隔离，而是非洲的独立派反对欧洲帝国主义。

举个例子，奥巴马的气候改变政策似乎既不能抑制全球温室效应，也无助于改善美国的形象。但是，这一政策产生的最大红利就在于将财富从富国重新分配给了穷国。迪内·杜泽特别指出，奥巴马的行政班底禁止开放美国的近海石油钻探，而将这一权限交给了巴西。奥巴马对于无核化问题的热情也同样说明了这一点。总统在论坛上呼吁各国消除核武器，却唯独不提伊朗和朝鲜，这实在有点让人费解。但问题不在于伊朗或者朝鲜，问题在于他尽力想使美国看上去不那么好战，不那么强势，或者换个说法，不那么帝国主义。

奥巴马不待见英国，也不待见英国遗赠给她的 13 个殖民地及继而建成共和国的那些财富：普通法，对个人自由和财产权的坚持与强调，不信任政府，必须由民选代表通过法律来决定征税。

对于一个反盎格鲁文化的头脑来说，这样的遗产并不值得欣喜。美国革命最吸引奥巴马的地方，不在于国父们宣扬的那套崇高的政治理念，而恰恰是在这阵风潮之后，他们被成功地塑造成了反殖民主义者。奥巴马在他第一任就职演说上就抛出了这一主题："在美国诞生之初，最寒冷的季节，一小拨爱国者围拢在冰封河谷边将熄的篝火周围。长官已经溃逃，敌人正在推进。鲜血染红了白雪……"他多次在访问发展中国家的行程中重复这一意象。2011 年，阿拉伯爆发革命，他把这些民主派人士比作波士顿茶党成员——要知道，这个词他可从来没用在美国国内的抗税运动身上。

　　继承保守主义遗产的早期独立派领袖观念可不是奥巴马所描绘的这种形象。然而,我还是想告诉你们,独立派是多么有意识地在捍卫一种仅通过英语表达出来的处理人类事务的政治哲学,而且,事实上这也是为什么他们称自己为独立派的原因。一旦接受了这样一个事实,就意味着要接受那些建立共和国的人的特殊之处。也就是说,承认美国不是一个简单的多元文化的混合体,它得自阿拉巴霍人[1]的东西不可能与得自亚当斯的相提并论;它是讲英语国家大家庭的一部分。

　　美国成为盎格鲁圈联盟的独立的成员已经一个世纪有余,虽然并没有和英国及其他英联邦成员国始终保持正式的结盟关系,但美国本能地知道自己站在哪一边。英语民族为反对现代世界的集权主义并肩战斗:法西斯、苏联以及伊斯兰原教旨主义。

　　就算盎格鲁圈国家没有在同一问题上采取正式的统一军事行动,也没有人怀疑他们同样的立场。英国政府在1898年美西战争中很有策略地支持美国,美国政府同样低调地在两年后的南非战争中投桃报李。盎格鲁圈核心国家在两次世界大战中,在朝鲜战争、伊拉克战争和阿富汗战争中都站在了一起。唯一一次内讧发生在1956年苏伊士危机中,英美翻脸,最后造成灾难性后果。艾森豪后来称他没有支持英国军方打击贾迈勒·阿卜杜-纳赛尔(Gamal Abdel Nasser)的行动是"最大的遗憾"。

1　　Arapaho,一支印第安部落。

　　阿根廷在 1982 年入侵福克兰群岛时，罗纳德·里根总统自然清楚谁是他的朋友。他建议国防部为英国提供一切所需物资。事实上他做到了最大限度的仁慈的中立，不表示出公开的敌意，为英国提供了情报和后勤支持。在查尔斯·摩尔（Charles Moore）为玛格丽特·撒切尔所写的传记中有这样的记载：里根总统明白盎格鲁圈国家在思想观念上本是一家，这一点远较对南美采取共同军事行动更为重要。后来的事实证明，的确足够幸运，加尔铁里[1] 军政府的倒台使阿根廷走向了民主，而不是独裁。

　　里根眼中的受到独裁威胁的讲英语民主政体，在奥巴马看来，似乎正是一个帝国主义残余。然而，如果福克兰群岛果真是一个帝国主义的残余，这又偏巧是一块讲英语的定居者固执地追求个人自由和议会主政的领地，那美国又是什么呢？建国者们有着坚定的信念，自认是英国自由的继承者和守护者。当他们看到这样的自由被一个遥远的君主专断地摧毁时，不惜一战以捍卫权利。独立派领袖们信守的自古相传的自由后来被写进了神圣新宪法中，这就是美国例外论的精髓，只可惜现任总统似乎并不承认它的存在。

　　巴拉克·奥巴马就任后归还了安放在白宫的温斯顿·丘吉尔半身像，此举实际上是在全盘否定过去所倡导的盎格鲁圈国家共

1　加尔铁里·卡斯特利（Leopoldo Fortunato Galtieri Castelli），阿根廷政治家、军事独裁者，1982 年他因马尔维纳斯群岛主权对英国宣战，战败后辞职下台。

有一个梦想、共担同一使命的理念。那时候，当其他人还在徘徊踟蹰，我们却坚守着我们的天职：为捍卫个人自由、议会至上和法治原则而战。

美国本届政府不只是反英，它还降低了自乔治·布什时代起建立的与印度的同盟，甚至在近海钻油权问题上差一点与加拿大大打出手。与此同时，奥巴马总统又和欧盟卿卿我我。他的第一任总统选战就是从欧洲之旅开始的，柏林一站可谓巅峰。在访问德国期间，他的一席讲话博得了欧盟领导人的满堂彩。他说，过去美国太自负了，没能好好向欧盟学习，将来，他会竭尽所能深化与欧盟的合作关系。

托马斯·杰斐逊写道："如果全欧洲最后变成了一个单一的君主制，那绝不符合我们的利益。"巴拉克·奥巴马对此当然不可能不知道，但他毫无心理负担地表示，欧洲超国家组织正是美国的利益所在。事实上，自从冷战结束以后，欧盟就很少掩饰它的反美情绪。它和中国联合开发了一套卫星系统，公开挑战美国的全球定位系统（GPS），雄心勃勃地要打破雅克·希拉克所说的美国"技术帝国主义"。它对古巴境内的反卡斯特罗势力不置可否，宣布美国制裁古巴是不合法的。它还向哈马斯组织输送资金，当然现在需要通过非政府组织的管道来实现这一点，以免与自身的反恐政策相违背。它在一系列重要国内问题上——比如能源价格、死刑和关塔那摩等——批评华府。

那为什么华盛顿还是要迎合布鲁塞尔呢？到底欧盟有什么

致命吸引力？估计很难避免以下答案：巴拉克·奥巴马希望美国在各方面都更像欧盟，高税率，重环保，半和平主义，再分配，中央集权化，财政赤字，等等。

　　这张清单上的关键词是中央集权化。当权力从民众转移到政府，从各州转移到中央，从民选代表转移到行政部门，其他的所有也随之而来。国家机器日益膨胀，越来越肆无忌惮，然而，也越来越低效。杰斐逊卓有远见的分析完全可以适用于解释欧洲和美国的关系：

　　　　我们的国家太大了，所以不能让所有事务都由一个政府来处理。那些公职人员隔着这么老远的距离，又不在选民们的眼皮底下，因此必然会因为各种各样的情况无法管理或者达到一个好政府所要求的各种具体事项。另外，基于同样的原因，他们也会趁选民无法查知，给代理人们腐败、浪费、中饱私囊等种种机会。

　　美国人何其有幸，美国宪法正是按照杰斐逊式的原则制定的；欧洲人何其不幸，他们不得不和前法国总统瓦勒里·季斯卡·德斯坦打交道，他曾荒唐地把起草《欧盟宪法条约》称作"我们的费城时刻"。当杰斐逊庄严地向他的国人承诺"生命、自由和追求幸福"时，《欧盟基本自由宪章》则在保证欧洲人的"罢工、免费医疗和适足住房权"。

当然，从短期来看，这些东西相当让人开心：公立大学，更短的工作时间，两小时午餐和休息，长假，更早退休年龄。难怪欧洲人会自夸他们的生活品质比扬基"砖工"们强多了。可麻烦在于，当人们更晚就业，更早退休，而且一门心思地在为政府工作的期间内少上班，那么，他们就挣不了几个钱。然后，他们的钱早晚得花光。欧洲就走到了这一步。

准确地说，对于普通欧洲人来说，钱已经花光了，他们正深陷经济危机。几十年劳工权利立法的效果是，欧盟的权利越来越多，而工人却越来越少。

然而，对欧盟官员以及日益膨胀的靠布鲁塞尔经费养着的咨询顾问、合同制人员、寻租者阶层来说，完全不存在钱荒的担忧。当各国政府忙于缩减国内财政开支时，他们省下的每一分钱都流向了欧盟，欧盟的财政预算以每年3%的速度递增。

在布鲁塞尔，也和在华盛顿一样，政治家都在谈论钱应该被用来"刺激经济"。从某种程度上，是这么回事。举个最近的例子，时任欧盟委员会（European Commission）主席巴罗佐和时任欧盟理事会（European Council）主席赫尔曼·范龙佩分别乘各自的专机飞抵俄罗斯参加同一个峰会，前后脚相差不到4个小时。调用两架喷气式专机可以双倍刺激经济，何乐而不为呢？欧盟可以有两个首脑，何乐而不为呢？两套平行系统可以产生双倍的规章制度，何乐而不为呢？

美国还没有走到欧洲今天的地步。因为建国者们的远见卓识和爱国忠诚，这个国家奠基于一个更好的起点上。但是，国家的走向却再明显不过：长期赤字，联邦政府沙皇主义，奥巴马医疗保健计划，支持超国家体制。美国正日复一日地欧洲化——我的意思是，更多管制，更急于辩护，更加僵化，以及更虚弱了。

美国人素以自力更生、乐观主义和志向远大为傲，但这些特征并不是密西西比河水或者土耳其烤肉的副产品，也不是美利坚民族基因中有什么特异功能。人总是对激励作出正反馈，文化是被体制所形塑的。如果税率、政府开支、债务不断攀升，如果美国人越来越依赖政府，那么，要不了多久，他们也得像法国人那样，为他们已有的权利而走上街头。

玛格丽特·撒切尔的政治教父基斯·约瑟夫爵士（Sir Keith Joseph）曾说过这样的话：如果你把责任交给人民，那么，他们就会负责任地行动。推动个人的，必将最终推动整个国家。

整整三十年，希腊都是欧盟经费开支的最大受惠国。每年，这个国家中最优秀的毕业生都会在就业问题上面对一个单项选择题，是为欧盟工作、为它的附属机构工作，还是要吃本国的行政饭？权力机关开出的工资、优厚的津贴、税收优惠等已经远远超出了他们现实中在任何一个私人部门可能享受到的待遇，这种情况下，谁想去创业或者做买卖？！

这样的结果在今天的希腊也明摆着了。就像个人很容易被各种额外的福利宠坏一样，一个选区也是如此。在被问到是否准备好为继续留在欧盟而必须忍受经费削减时，希腊选民的回答就像一个撒娇的孩子："我们要欧盟，但是我们不要削减经费！"

　　奥巴马有次被问到是否相信美国例外论，他说："我当然相信美国例外论，不过我也怀疑，希腊人也相信希腊例外论吧。"那时，我觉得总统先生做的类比真是有点奇怪，现在却不再如此了。

　　那么，我们说的"美国例外论"到底包含了哪些东西？盎格鲁文明的独特特征在美国都有哪些最纯粹、最自由的表现？要是我们来列一份清单，会发现它们看上去实在是没什么抓眼球的——言论自由、契约自由、集会自由、所有权、国会对行政的控制。就是这些。

　　然而，这些价值虽然都是老一套的陈词滥调，但确是实实在在的东西。盎格鲁圈中除了美国以外的所有国家现在都对言论自由采取了正式的限制——甚至即使在美国，言论的边界也在不断紧缩。从 20 世纪 90 年代初起，法律就开始陆陆续续对各种类型的观点实施惩罚，理由是这些观点有可能冒犯某些人，尤其是某些种族或宗教上的少数派。

　　最近一段时间，这些法律的实施引发了不少讼案。2007 年，马克·斯泰恩（Mark Steyn）在加拿大入狱，因为他写了一些诋毁穆斯林的文章。2011 年，一个澳大利亚时事评论员安德鲁·博尔特（Andrew Bolt）撰写了一篇文章，称要清理那些"职业"土著居民。他的意思是现在很多非土著民的后代为了种种个人好处"变成"了"澳大利亚土著民"。他因为这篇文章而被判有罪。

然而，没有谁说这篇文章造成了煽动，按照普通法，这一点才是犯罪标准；也没有谁认定它非法，因为它既没有攻击谁也没有什么错。英国从 1695 年起就废除了书报审查机制，然而，在 2013 年，一套国家监管制度正式恢复了。

这样的法律在全世界大部分地区没什么特别之处。大多数欧洲国家都宣布某些观点——比如否认大屠杀——是有罪的。2009 年，联合国人权理事会慎重地宣布（会上，沙特阿拉伯和俄罗斯坐在一起），其成员国通过了惩治"诋毁宗教"的法律。当然，人权理事会并没有提宗教迫害这层意思，因为这样做无疑将会使沙特阿拉伯相当尴尬。在整个冷战期间，大多数英语国家的言论市场都是非常自由的，直到它们不再受到苏联的威胁，盎格鲁圈国家才抛弃了他们一直为之奋斗的那些原则。

1989 年前，讲英语国家的人们习惯于互相打趣儿，说他们可不像铁幕后面那些倒霉鬼，因为说错了什么话就要被警察抓住衣领。然而，现在，他们也时不时地会因为引用《圣经》章句可能冒犯同性恋群体或者得罪圣战极端分子而被逮起来。2009 年英国大选期间就出了一件荒唐的事，有人因对候选人拉票不胜其烦，在自家窗玻璃上写下"让他们滚！"然后警察就找上门了，因为他们选择性地把这句话理解为是在攻击移民。

我希望我能说这样的事件毕竟少见，但事实是它们正变得越来越普遍。我选区里有一位钢琴家最近被警方调查了，因为他在一对华人夫妇的听证会上，在大家用餐时间演奏"功夫熊猫"。

这些突然加诸于言论自由之上的限制可以看作自冷战结束以后另一种发展趋势的结果，或者说，它们是压倒民选的立法机关的那些国内尤其是国际人权宪章的产物。

此外，我还想提醒大家注意盎格鲁圈和欧洲关于"公民权利和自由"的不同理解：在盎格鲁圈内，公民权利是先辈们在历史上某一时刻明确赢得的、作为一项历经世代流传下来的确定不移的权利；而欧洲对于公民权利的观念，则认为它是政府授予的。如果说各类欧洲和国际人权条约的内容不容置疑，那么，这些条约的优先地位就可能伤害盎格鲁圈内的国家主权和议会式民主政体，用杰斐逊的话来说，"自由不掌握在人民自己手中，就绝不可能是安全的"。

约翰·方特（John Fonte）在他的权威论著《主权还是屈服》（*Sovereignty or Submission*）中写道，超国家主义突然兴起，然后迅速变成不可争议的事实。在过去二十年的时间段中，国际法关注的重点从跨国境问题，比如外交人员的身份地位和海权等，转移到国境线内的问题，比如劳工法、少数人权利等。

方特看到了非政府组织工作路线的细微之处，这些个非政府组织不能通过国内议会达到目的时，就会转而寻求国际性大会。比如说，联合国德班（Durban）反种族主义大会就是在一些左翼压力集团的动议下召开的，后者公开要求联合国实施那些被投票箱否决的政策。

如果你反对这种国际管辖论，则可能招来麻烦：你似乎正在变成那些不招人待见的人，似乎和奥马尔·巴希尔（Omar al-Bashir）、拉多万·卡拉季奇（Radovan Karadzic）、斯洛博丹·米洛舍维奇（Slobodan Milosevic）之流为伍。如果这些武夫在本国不能受到审判，那么按照国际舆论，他们就该在别的地方受到公正的审判。然而，我们几乎不用想就明白，这样做是在削弱国际秩序的传统基础。

国际管辖权曾经是一个相当成功的概念。自从 1648 年《威斯特伐利亚条约》（Treaty of Westphalia）生效以后，刑事惩罚就被广泛地理解为犯罪发生地所在国家的内政。然而，琴弦崩坏，噪音就随之而来！西方自由主义者如果说"既然卡拉季奇不在塞尔维亚受审，那我们就该把他带到海牙来"，那么伊朗法官立马会针锋相对地回应，"西方国家那些通奸偷情的家伙可以逍遥法外，我们是不是该把他们递解到他们该受惩罚的地方去？！"

国际管辖权切断了立法者和法律之间的联系。因为这样一来，法律不是由向选民负责的议员们通过的，而是被国际法学家们创造出来的。换句话说，我们正在转向这样一种现代理念，即，法律制定者应该向他们自己的良知而不是对那些将受此约束的人负责。

后果会怎样呢？就像罗伯特·波克（Robert Bork）在《强制的美德：法官的全球规则》（*Coercing Virtue: The Worldwide Rule of Judges*）中所预言的，那些被投票箱否决的计划、方案就有可能得到推行。法院很可能对人权条约作出超出任何一个正常人合理理解范围的有倾向性的、扩大化的解释。

随便举个例子，一个偷渡到英国的非法移民拒绝遵守将他驱逐出境的命令，理由是他没有得到在他输入国内的同等的健康保险。这个纠纷就挑战了《欧洲人权公约》第三条"禁止酷刑"的规定。[1] 我举的是一个代表了日益普遍化趋势的比较极端的例子，但它反映出法官很愿意在他们所认为的法律应该是什么而不是法律本身是什么的基础上进行裁判。

国际法律师们不用经过什么有实际意义的审查，就可以在他们觉得不便的时候轻松地改变他们自己的规则——他们必须要在庞大的预算中趟出一条路来。约翰·劳兰德（John Laughland）对米洛舍维奇审判进行了一系列研究，他发现，前南问题国际刑事法庭承认他们采用了谣言证据，不停修补程序规则，并且，当被告人在法庭上滔滔不绝地自我辩护时，他们不得不外聘特别顾问来对付。还没等到长达八年、耗资 2 亿美元的"世纪诉讼"作出最后判决，法官和被告人都已撒手人寰了。

那么，这里就有一个纯粹的建立新秩序的假设了。向一个国家的首脑发指示，就像国际刑事法庭在 2009 年签发的对苏丹总统的逮捕令，这等于宣布了一场无人愿意应战的战争。要将总统巴希尔带到法庭受审的唯一途径，只能是占领他的国家，把权力

---

1 《欧洲人权公约》第三条规定禁止酷刑以及不人道或侮辱的待遇。欧洲人权法院在解释这一条时认为，任何成员国皆应被禁止将任何人驱逐或遣返至可能使其遭受酷刑或不人道或侮辱之待遇的国家。

移交给占领军，这也是同盟国之所以能对纽伦堡审判享有管辖权的基础。做不到这一点，那所谓的国际传唤就只能是宣示性地做做样子：发出指令的人自我感觉良好，但实际的效果恐怕只会使独裁者藏得更深。

还是让我们言归正传吧。一方面，独裁者无视国际规则；另一方面，民主政体，或者更准确地说，民主政体中的法官则不会。西方国家的法院不断地想通过国际条约来挑战本国选举式政府的决定。比方说，四位英国内政大臣试图遣返一伙阿富汗劫机者，他们在伦敦斯坦斯特德机场差点搞成了一桩劫机。然而，尽管这起犯罪行动如此严重，尽管他们声称要逃离的塔利班政权已经被推翻了，但是，最后，这伙劫机犯还是被法院授权留在了英国境内。

国际管辖权的政治化似乎永远来自同一个方向，那就是签发的逮捕令只会针对阿里尔·沙龙[1]，不会针对亚西尔·阿拉法特[2]。皮诺切克[3]被捕了，但是卡斯特罗照样还能参加国际峰会。唐纳德·拉姆斯菲尔德在欧洲被起诉，但萨达姆·侯赛因却没有。

2010 年，以色列温和派政治家齐皮·利夫尼（Tzipi Livni），因为一纸错误逮捕令，不能到英国参加会议。英国政府修改了相关法案，如此，总检察长有权驳回政治敏感人物的逮捕令。

1　Ariel Sharon，以色列前国防部长、前总理。

2　Yasser Arafat，巴勒斯坦政治家、军事家、前总统。

3　Augusto José Ramón Pinochet Ugarte，智利政治家、军人、前总统。

如果这一切发生在别的国家，恐怕即使再温和的人也会愤怒。试想一下，罗伯特·穆加贝[1]宣布，他的官员可以自行决定哪一位到访的外国领导人应该到津巴布韦法院受审，这会引起什么样的反应。

类似的荒唐事总是不可避免地紧随国家主权的概念而来，国家主权观念从1648年到20世纪90年代一直盛行不衰。那么，管辖权的国际化又是从什么时候起得到承认的呢？或者说，它是什么时候被列上议事日程的呢？再次援引波克法官的话："我们所做的，就是一场政变。悄悄的，缓慢的，但毫无疑问，是一场政变。"

立法机关的地盘节节失守，不仅相对于积极的司法部门，对活跃的行政常设机构也是如此。盎格鲁圈国家的行政机构和组织大量繁殖：在英国，它们被称为"半官方机构"，也就是准自治、非政府组织；在美国，它们的领导人获得了一个足以精确概括其专断特质的名字——联邦沙皇。

在每一个讲英语的民主国家中，各种顶着首字母缩写名牌的行政机构已经发展到它们的前代完全不可想象的程度。如果平等派能穿越到我们今天的时代，当他们看到英国的权力现如今都掌握在儿童援助中心、健康与安全管理委员会、食品标准局和其他各种行政部门手中，一定会感慨他们的努力都白费了。平等派

1　Robert Mugabe，津巴布韦前总统。

在他们那个年代发起的斗争就是为了控制他们所说的"王室的官吏"。如今这些官吏全都回来了，摇身变成了各种代理人，只不过不在皇室（然而，在英国和那些自治领，也还保留了很多类似名义上的机构），而在从摇篮到坟墓的各种管理机构中。

国家随着权力的不断集权化而生长起来。我们已经知道权力的分散化一直是盎格鲁圈政治机构的独有特征。从 17 世纪至今，当欧洲国家不断地消除本地特殊主义并将权力集中到王室时，盎格鲁圈则将法律的统一实施和决策权的分散化整合在一起，这是除了瑞士外其他任何地方都无法比拟的。当其他国家日益将权力集中到王室咨询机构的手中，盎格鲁圈依然保持着一套由选拔出的人才、治安法官和郡长来维持的自治系统和负责任的本地政府。很多美国人相信，这套机制是早期扬基人发明的，但事实上，正如大卫·哈克特·费舍尔（David Hackett Fischer）在《阿尔比恩的种子》（*Albion's Seed*）一书中所写，这些职位，连同它们所寄身的文化，都是从老英格兰尤其是东英格兰带到新英格兰的。

按托克维尔的看法，英国体制中的本地主义在北美被不断放大。杰斐逊担心政府与政府之间距离过远会"给公职代理人们腐败、浪费、中饱私囊等种种机会"，这实际上几乎是道出了每一个美国人的心声，而且不得不承认，他们是对的。

有这样一条政治铁律：小政府总是比大政府更有效率。如果作出的决定远离那些将要影响到的人，那么，浪费、重复建设、以权谋私等就会变得更加常见。

联邦制是盎格鲁圈国家最常采用的结构形式。澳大利亚、加拿大、南非、加勒比部分地区、印度、马来西亚和美国都实行联邦制，除了特别小的英语国家——只有新西兰和英国采取单一制。

然而，在所有的联邦制国家，权力都平稳地从外围转移到中心。这一切的发生不是没有原因的。联邦宪法由最高法院解释，而最高法院的法官们通常是由联邦政府任命的，因此，法官们通常也会有一个全国性视野。实际上，惟一一个延缓过集权化过程，因此能更多保留联邦性质的盎格鲁圈国家是1982年以前的加拿大。直到1982年为止，英国枢密院仍是加拿大最高当局，而它一直把渥太华当作省来对待，始终没有太大兴趣强化对加的权力。

与此同时，州或者省的行政当局为了绕开本地议会的反对意见，常常会在决策过程中求助于联邦，结果发现，一旦"上交"了权力，就很难再拿回来。

这种权力集中化的现象在紧急情况下也时有发生，在很多偶然情况下被转移到中央政府的权力，即使在危机过后，也很难再完璧归赵。

战争是盎格鲁圈国家产生大政府的最大推手。相对于其他盎格鲁圈国家来说，英国人自由的缩减应该追溯至第二次世界大战。战争使英国国力耗竭，其程度远胜过圈内其他国家。这不是

1945 年创造福利国家的工党政府，这是农神萨图努斯在吞食他自己的孩子。真正的"抓权"是从 1940 年开始的。出于战争需要，大量劳动力和资产被征用，政府管辖逐渐扩及医疗服务、教育和社会治安等领域，一切似乎变得再自然不过。哈耶克几乎同步记录下这一变化过程，他的《通往奴役之路》在温斯顿·丘吉尔尚在唐宁街的时候就出版了。

丘吉尔之所以能当选首相，因为他是最能接受工党的保守派政治家。总体上，战争期间的两党合作包含了大量交易：丘吉尔被允许可动用国内一切资源维持战争；与此同时，工党则放手执行国内政策。

在那个供应券、强制招募、征用和各种史无前例的开支横飞的年代，创造出了一套社会民主分配制度。这套制度一经产生就存在了四十年，很大部分直到今天依然有效。在那个只要质疑官方就会被认为不爱国的年代，国家教育系统、国民医疗保健体制、福利国家等所有这些体制都被催生出来。那时，但凡有任何针对国家官僚体系的抱怨，都会被反问这样的问题："难道你不想想我们现在正在打仗吗？"

尽管英国的海外盟友受到的冲击不像它们的母国这么严重，但在两次世界大战期间也同样经历了政府权力的飞速膨胀。

比如，在加拿大，直接征税直到第一次世界大战之前都是各省的特权。1916 年，联邦政府开始直接征收企业税；1917 年，征收收入税；并且，联邦政府从 1941 年开始对大多数省实行直接征税。澳大利亚从 1915 年开始第一次引入联邦收入所得税，中央政府在 1942 年强化了所有收入税的控制。在一战期间，税收在 GDP 中所占的比例翻了一番，从 5% 增长到 10%；在二战期间，这个数字又翻了一番，从 11% 涨到 22%。

美国的情况也一样，集权化的后果就是政府权力暴涨。当然，造成这一局面的主要推手不是战争，而是罗斯福政府从 1933 年开始大量攫取权力。著名经济学家米尔顿·弗里德曼在其晚年回顾他一生中所经历的变动时说：

> 从美国建立一直到 1929 年，联邦和州各级的政府开支除了在战时期间，从未曾超过国民收入的 12%，其中，联邦政府的支出通常不超过政府支出的 3%。然而，在 1933 年以后，政府支出没有低于过国民支出的 20%，现在已经超过了 40%。

当然，这种情况是在 2008 年财政危机以前，彼时联邦政府相当阔气。

这样的税收标准如果放在盎格鲁圈国家先辈们身上，恐怕早就引发革命了。1900 年，一个典型的英国家庭只有 8.5% 的收入用于负担政府，这个指数从中世纪征收什一税以来几乎没有变过。在美国，这一指数同期维持在 6.5% 左右。

现在，在英国，这一比例已经升至 46%，而美国是 36%。

税是最大宗的家庭开支，远比工薪家庭在房贷、私家车以及各类
账单上的费用都高。

当然，不是说这些统计数字就能说明全部问题。税率已经接
近临界点，但是开支依然持续增长。为了弥补两者之间的差异，
西方国家正在向莎士比亚笔下的"你还未出生的孩子"借债。美
国人人均年收入是 7 万美金，从表面上看，美国早就进入"富裕
社会"的阶段了。和人均收入相对应的，美国人人均承担的公共
债务是 13.5 万美元，远高于人均私人债务。仅是支付政府债务
的年利息，就得让每个美国公民每年花掉 1.1 万美元。

从某种意义上，这些指数都是我们了解现在面临的危机所必
须知道的。盎格鲁圈培育出了一种独特的政治文化，在这种政治
文化氛围中，个人大于国家，制度是为要求政府负责而存在的。

这样的制度如今已不再运行。国家机器疯长，超出了民主审
查的范围；各类代理和执行机构大量繁殖，不受民选代表的监督。
就像阿西莫夫的机器人那样，它们完全懂得如何不受人类干预自
动运行。

在政治实践中，是执行机构的成员而非代表纳税人的立法机
关的成员在编制预算，而这些人往往在年年攀升的巨额开支中植
入了他们的直接利益。盎格鲁圈的政治模式正日益变得和其他人
看到的模式越来越像：像明代的，像莫卧儿的或者奥斯曼土耳其
的，或者像印加王朝的、像加洛林王朝的以及其他什么王朝的随
意征用国民财产的模式；它们的举动也像 19 世纪法国哲学家弗

里德里克·巴斯夏（Frédéric Bastiat）所称的"合法的抢劫"。

这种模式在盎格鲁圈内被突破，特别是在1689年后，随之带来了以后年代的极度繁荣：垄断和行会被竞争性企业取代，自由贸易和开放竞争等现代观念获得了生机。尼古拉斯·巴伯（Nicholas Barbon）在1690年写道：

> 禁止贸易是衰亡的起因；各种舶来品都是通过本地人的交易带来的。由此，禁止外国商品交易只会阻碍本地的制造业和出口业。制造商和贸易商是因好产品而存在的，如果没有交易，就必然失业。那些由贸易而产生的利润也因此化为乌有。相应地，想要通过这些出口而获利的本国股票也会全线下挫，土地租金必然随之跌落。

低关税导致专门化、比较优势和史无前例的财富增长；契约安全带来良好的信用；大众舆论为税率设置了上限；个人自由激励了企业文化；社会流动性得到了回报。在经过了数千年的经济持平后，我们的民族终于起飞了。然而，我们只需要看看我们周围，就可以知道如今我们走得离那些曾使我们起飞的原则有多远了。

结语

盎格鲁圈的曙光？

　　我们从公元之初薄雾冥冥的日耳曼丛林一路走来，已经走过了漫长的征途。我们看到，英语民族的历史就是人民如何将他们的意志加诸他们的统治者的历史。我们注意到，条顿民族的原始部落大会是如何演变为英格兰拓殖者的本地集会，又如何成为盎格鲁－撒克逊人的贤人会议，再经过残酷的斗争，最终发展为现今遍及盎格鲁圈的议会组织的前身的。

　　我们也见证了普通法所发挥的英勇的作用：这一套属于人民而不是国家的精巧的、非同寻常的系统，成功地解决了民事纠纷，实现了刑事公正。我们看到普通法创造了使英语民族获得自由的种种特征，从陪审制度到人身保护令，不一而足。由普通法所点燃的价值观，帮助推翻了斯图亚特王朝的独裁，帮助北美人建立了共和国。它所扮演的角色，正像一个反对奴隶制和独裁的抗体。

我们找到了这样一种深植于神学观中的理念，即，每一个个体必须对自己负责，不受神父或教士的干预。这样的理念贯穿于整个政治理论。我们看到，这一理念的孢子游离于它们的宗教根系之外，是风把它们带到了更远的土地，然后在全盎格鲁圈生根发芽，结出个体责任学说的果实。

我们也喜见造化的偶然催生了宪法性自由的胜利。因为大不列颠是一个岛国，盎格鲁圈覆盖的区域是一个超大型的群岛，因此，没有永久性常规军存在的必要，税率相对很低，政府也相对较弱。盎格鲁圈国家的政权需要募集任何资源，都得经过民选代表的普遍同意。

最后，我们看到，建立在个人而非家庭，尤其是建立在长子特权基础上的英国财产法滋养了一种个人主义文化。这种文化最后发展为了我们所知的资本主义：一套个人自由地依照法律和通过私人契约出售自身劳务的体系。事实上，我们已经抓住了盎格鲁圈秘密的要害，那就是亨利·梅因爵士所说的，从身份到契约的运动。这是一个自由经济和自由社会的最终保证。

说了这么多，我们在面对我们的后代挥霍这些遗产的时候，怎样才不会心存不安？

在盎格鲁圈中，对这些遗产抛弃得最多的要数英国了。当英国向欧盟交出主权的同时，也就相应地放弃了它的民族性中的若干元素。法律由欧盟委员会的委员们通过，他们是被任命而非选举产生的。从讲英语的偏远内地到数量正在减少的欧洲关税同盟，贸易无处不受到人为的指导。无论在国内还是在布鲁塞尔，权力从议会转移到了常设机构。随着欧盟提出财政征收权的要求，征税与代表之间的联系被切断了。国家日益膨胀到前人无可想象的规模。甚至就连普通法，这个盎格鲁圈自由最初的和最后的堡垒，也正面临坍塌。

丹宁勋爵，英国当代最伟大的法学家，上议院高等法官及卷宗主事官，在20世纪70年代曾把欧盟法比作一波正向英国河口打来的大浪。到1990年，在他辉煌一生将临终点之时，男爵修正了这个比喻。他说："我们的法院不能再适用我们的国内法了，必须要适用共同体法。欧洲法不再是涌向英国河口的波浪，它现在更像冲垮我们海墙的大潮，正流进我们的每一户人家——这一切真是让人无可奈何。"

法律的实施不断推动英国的大陆化进程，这是明摆着的。而在盎格鲁圈其他地方，这一进程则没那么明显，其推手更多的来自文化而非法律。一方面，在打退极端主义分子在整个20世纪的持续挑战之后，对盎格鲁圈模式优越性的自信普遍减退；另一方面，文化相对主义又在不断为强硬政策输送养料。一旦你把英美例外论当成沙文主义拒之门外时，你很快也会拒绝例外论得以建立的种种机制：绝对产权，言论自由，议会制政府，个人自治。逐渐地，你的国家也开始变得和别人的国家没有两样：税率不断上升；立法机关失去相对于行政和司法机关的原有的地位；外国法和国际条约至上；契约自由的观念衰落，雇佣什么人有什么条件预先被规定；行政权扩张；历史被遗忘。

当上述变化一点一点发生，权力被转移还有任何疑问吗？过去的以大西洋为中心的世界地图再也反映不出地缘政治的现实。经济重心正在快速移动。1950 年，它徘徊在大西洋，远离冰岛。1980 年，重心移向挪威。今天，它正穿过俄罗斯的冻土层快速东移。10 年以内，它将越过哈萨克斯坦的东北前线。

这一变化的部分原因在于亚洲国家的民主化。中国和俄罗斯已经走出了各自的 20 世纪 80 年代，印度也实行了经济开放政策。

然而，与此同时，英语国家却正走向相反的方向，朝着大明王朝－莫卧儿－奥斯曼帝国的道路速奔：大一统，中央集权，高税率，以及国家控制。毫无疑问，他们正在丧失他们的卓越。

在这一过程中，没有任何事情是必然的。这是我们自己的选择，不是命运之惘然。布鲁图斯是对的："如果我们受制于人，过错不在我们的星座，而在于我们自身。"

那么，如何才能弥补这一切？在讨论了这么久的盎格鲁圈例外论的本质和其敌人的种种特征以后，答案听上去或许过于简单，但依然可以用心感受到：我们应当记得我们是谁。

盎格鲁文明世界建立在共同的价值和制度之上，而非各国政府之间形式上的联系。一定程度上，这样一些联系指的不是任何超国家组织或者国家权力的扩张，毋宁说，这样的联系形成的是一个盎格鲁圈的自由贸易区。

美国和加拿大最近形成了一个单一的市场，澳大利亚和新西兰也是如此。美国和澳大利亚在 2005 年签署了自由贸易协议，在我写作此书时新西兰也正加入谈判。新加坡的 18 个自由贸易协议涉及的伙伴国家就包括美国、澳大利亚、新西兰。印度起步较晚——从后殖民时期才开始，但自由化进程很快。英国和爱尔兰面临的主要问题，是他们作为欧盟成员国不能签订独立的经济协议，不得不受布鲁塞尔保护主义的干预。

如果这两个国家脱离欧盟，那么一个盎格鲁自由贸易圈就得以在商品、服务和资金顺畅流通的基础上建立起来，并且，对劳工自由流动的限制即使不会完全解除，起码也可大为放宽。

有一个颇为中肯的建议，认为英联邦应当是实现经济整合的最合适的工具。英联邦曾经有过辉煌的成长期；但目前的麻烦在于，这个联邦包括了某些完全背离盎格鲁圈价值的独裁政权，同时，又没能纳入两个关键性成员国：美国和爱尔兰。

我们这个时代之初即有的重要关系现在扩展为了盎格鲁圈核心国家和印度的关系。印度当不结盟运动的领头羊推行反西方外交政策的时代已经一去不复返了，这个国家现在是美国和英国重要的军事同盟国，尽管奥巴马政府和印度的关系不如他的前任那么亲热。

这是保证盎格鲁圈能取得根本性胜利的军事上的原因。1946年，在密苏里的富尔顿（Fulton）小镇，温斯顿·丘吉尔发表了一个演说，其中谈到"从波罗的海的斯德丁到亚得里亚海的的里雅斯特，一幅横贯欧洲大陆的铁幕已经落下"一句，至今常被记起。首相明确提到他的主要目的：

> 我要讲一讲此行要谈的关键问题。没有我所称之为各
> 英语民族同胞手足一样的联合，有效地防止战争和继续发
> 展世界组织都是办不到的。这种联合就是英联邦与帝国要
> 和美利坚合众国建立特殊的关系。

这并非修辞上的虚饰。丘吉尔很清楚，自由的幸存必须靠盎
格鲁圈的军事胜利为保障。在 20 世纪的三大冲突中，丘吉尔扮
演了英勇的角色。他在第一场冲突中战斗，在第二场冲突中激励
同胞，后来又定义了第三场冲突。他清楚地知道他想要什么，那
就是永久的、正式的军事同盟。事实上，应该是一个超越任何现
有主权国家之间的联盟：

> 女士们，先生们，现在不是泛泛空谈的时候，我要明
> 确地谈谈。兄弟般的联合不仅要求我们两个庞大的、有血
> 缘关系的社会制度之间存在着日益增长的友谊和相互谅
> 解，而且要求双方军事顾问继续保持密切的联系，以便共
> 同研究潜在的危险，武器的异同，训练的教材，以及在军
> 事院校互换军官和学员的问题。它还应包括联合使用两国
> 在世界各地掌握的所有海空基地，使现有的设施继续用于
> 共同安全的目的。这很可能会使得美国海军和空军的机动

性翻倍，也将极大地增强英国皇家军队的力量。如果能等
到世界变得理性的那一天，这样的联合无疑会节省大量财
政支出。我们已经成功地共同开发过许多小岛，在不远的
未来，可能会有更多的岛屿交由我们共同照管。

丘吉尔想要实现的，不只是一个盎格鲁－美利坚联盟。他明
白，盎格鲁圈远比这两个核心国家大得多。

美国已经和加拿大自治领签订了永久防卫协议，加拿
大是英联邦和帝国最忠诚的成员。这个协议比其他很多已
经达成的正式联盟还要有效。这一原则应该均等地及于整
个英联邦。如此，也惟有如此，我们才能保全我们自己，
才能为我们所珍视的崇高而纯粹的事业共同奋斗，而这些
事业对任何人来说都不是坏事。

他在演讲的结尾提出了一个今天几乎已被遗忘的愿望："最
终或许还将会出现——我认为这终将到来——两国共同公民身
份的原则，不过我们对这一点倒不妨顺势而为，这一势头我们
很多人都早已清楚看到了。"

如果这位伟人来到我们今天的时代，他会怎么想？他所呼吁
的共同防卫的基础设施在他两届任职期间已经建立起来，并且保
留到今天。五大盎格鲁圈核心成员国在军事技术领域（包括核技

术）保持着密切的合作，其所发挥的效力是地球上任何单一国家不可比拟的。他们一起联合实施了一个代号为"梯队"（Echelon）的全球窃听计划，共享获取的各类情报。这一计划的构想，源自1947年的 UKUSA 条约。我们不难想象，这个计划值得那个深沉的胸膛中发出一声好不惊讶的赞许。

然而，在这位老领袖意料之外的，也许是印度。印度现已成为继美国之后的英国的第二大投资国，印度经济正在稳步赶超英国。同时，它也是核武国，在建设法治民主的基础上取得了多方面的成就。

一旦这位老领袖不再觉得大惊小怪，他就会很快得出结论：印度也是盎格鲁圈经济和观念结构中的一部分。他会承认印度达到了他所认为的文明的基本标准，也就是有一套和平移交政府权力的机制，一个独立于统治者意志的法律体系，以及一系列保护个人自由的财产权观念。

印度也不该是惟一的让人惊诧的国度。他该四处转转，探头看看，新加坡已经从一块充满蚊蝇瘴气的沼泽地变成了一个新兴的城市国家。他也会对保留了权杖、马鬃假发和蓝紫色护照的加勒比国家的民主化进程表示赞许，尤其会为南非的发展感到欣慰——尽管与那些南非布尔人狱卒设想的不同，但南非如今也同样是英联邦的民主国家了。

不过，有件事情也许会让他郁闷。那就是，他不得不去解释那存在于英语民族历史上的自信为什么一点一点地在丧失。事实上，他也想知道为什么他们现在这么急于抛弃那些曾经化解了法西斯主义并缔造了昔日辉煌的遗产。然而，他终究还是一个乐观主义者，即使在所有可能性都耗尽以后，他还会抛出一些俏皮话，说自己在做正确的事。

因为我们没有绝望。我们拥有有创造力的、能自嘲的、奋发进取的人民。我们需要做的，就是赶快回到那曾经创造出我们的模式中。埃德蒙·柏克在评价1775年美国革命时所用的词——"已做必要修正"，同样适用于今天的盎格鲁圈。英国人的权利曾创造出了过去的一切，英国人的权利也将创造出它能创造的一切。

几乎就在埃德蒙·柏克发表那场著名演说的同时，在盎格鲁圈的另一端，一位年轻的波士顿医生约瑟夫·沃伦（Joseph Warren，就是他派保罗·内维尔去报信）正在召集他的同胞为捍卫同样的原则而战。他说过的话流传过数个世纪："你正在决定那些数百万尚未出生的人的幸福和自由。行动吧！像一个真正的人。"

此时此刻，当你读到这段文字，你也是这一优良传统的继承人。这一传统给了我们自由、财富和民主，让我们的民族屹立于繁荣富强的山巅。行动吧！你是一个真正的人。

译　后

2013 年，范新君把这本书的样书交到我手上，希望向中国读者引入一种英国人如何认识自身历史和当今世界的"他人视角"。在身处全球化体系的今天，我们欲作出任何正确判断，必要条件是先得知道自身在世界中的位置。然而，我们往外看的同时，外部世界何尝不在自视内观？昔日的大英帝国、当今世界最古老的现代国家英国就从未放弃过审视他们自己的过往和独特经验。本书作者丹尼尔·汉南用"盎格鲁圈"描述了一种比大陆欧洲更成功、更具张力的放大了的"英国模式"。

按照某种观点，现代世界是"西方奇迹"的产物；而在作者眼中，这种"西方奇迹"更准确地说应该是"盎格鲁－撒克逊奇迹"，或者干脆就是"英格兰奇迹"。从远古丛林到现代都市，从弱肉强食到生产创获，从中世纪到现代化，从身份到契约（或者未尝不是相反的过程），讲英语的盎格鲁－撒克逊民族步步艰难但最终成功地创造出了现代世界。

在作者看来，首先是英国，继而扩展至全体继承盎格鲁－撒克逊政治文化传统的国家集团，先先后后迈过现代性门槛，彻底改变了全球面貌。而这一漫长复杂过程的驱动力，很大程度来自盎格鲁－撒克逊人对自由的信仰与坚守。

当大多数人把盎格鲁－撒克逊式自由追溯到《大宪章》的时候，汉南将这种自由的源头推进到了 10 世纪以前的英格兰甚至更早，他揭示了为什么自由从一开始便是在英伦岛上得以繁衍而不是在欧洲大陆上开花。

"所有国家都是依照它们在孕育之时就被植入的 DNA 生长起来的"，而对于英美国家来说，个人自由就是这样的 DNA。保卫个人自由的价值观念以及在由此基础上形成的各种机制被视为英美民族的独特性，甚至是将英美两国和世界其他地区区别开来的"例外"之处。

这种种"例外"如何得以制度化？汉南简要总结说，在英国革命中，议会派逼迫国王签订了一个又一个契约，"这些规则的制定者们真诚地相信：他们不是在创制新法律，而毋宁说是肯定英语民族久已有之的自由。所有这些自由 ——普通法、《大宪章》、可以追溯至史前时期的代议制政府的传统 ——现在终于具有了正式的、宪法性的力量"。而在美国初肇，"国父们始终以保守主义者自居，从不认为他们是革新派。在他们眼里，他们所做的一切都是在捍卫他们作为英国人自始就有的自由的遗产。他们没有创造新的权利，而是在重申自光荣革命以来，历经第一次盎格鲁圈内战、西蒙·蒙特福特运动，甚至前溯至《大宪章》的盎格鲁－撒克逊式自由的习惯权利"。费城制宪，为这个国家奠定了托克维尔所称的优势"起点"。而这样的"起点"在社会发展进程中起到的作用究竟有多大？作者也承认，"他们这样一种历史观经常被说成近乎于不切实际的幻觉。但是，诺曼征服前的英格兰，其特殊性是完全真实的。事实上，英语民族正因他们的政治结构而显得与众不同。然而，从某种意义上，最重要的还是，这些东西被相信是真的"。

　　在书中，作者以极具个性的风格和极能抓人的文字，讲述了"我们如何发明自由以及为什么这很重要"。几乎每一章都在历史细节中重新审视了盎格鲁－撒克逊民族成长的节点，道出了他的看法并且推翻了许多既已被接受的假设。

　　作者丹尼尔·汉南的祖先是英国人，他本人生在秘鲁，长在秘鲁，在英国受教育，成年后定居英国并在英国开始其政治生涯，后两度当选欧洲议会议员。他个人的全球经历正是极具独特性的盎格鲁圈遗产的体现与证明。这份丰富的遗产包含了代表制民主、财产权保障、法律神圣以及个人权利的不可剥夺。作者认为，这些遗产深植于英语民族的文化传统，正是对这些遗产的继承和发扬，塑造了现代世界，并成就了盎格鲁圈的辉煌。然而，这份遗产如今正日益被抛弃，遭到践踏，作为老式的、强硬的保守主义者和欧洲怀疑论者（希望英国退出欧盟的人），汉南呼吁他的同胞重新拾起盎格鲁－撒克逊先祖的遗产，并把它完整地传给下一代。

汉南见解之敏锐，一如其观点的激进，必然会引发读者的高度争议。汉南"创造"的"盎格鲁圈"，在多大合理性上成立？有多少"圈"外人接受、认可这一提法？即便是"圈"内，这一概念的受欢迎程度又如何？事实上，该书自2013年在英国首印，旋即在美国出版，不到两年时间迅速再版，一直高居"亚马逊"社科类畅销书的榜单，并且在大西洋两岸引发持续热议。在美国，支持该书观点的读者呼吁"大家都来读读这本书，莫忘了那些失落的遗产和我们正在冒的风险"，甚至要求"2016年的领导人好好看看这本书"，而反对一方则称作者只不过是"和奥巴马过不去，跟那些共和党的傻子没有两样！"一本畅销书能引发两大派别的对攻，恰好反映出书中所述盎格鲁圈内长期存在的托利党－辉格党的分化传统。作为重量级的疑欧派代表，作者毫不掩饰地宣称，英国将自己与一个政治文化迥异、僵硬的欧洲联系在一起是个"灾难性的"错误。相反，英国应该寄希望于与英语国家继续合作，最重要的是保持英美"特殊关系"，这是维持盎格鲁圈的重要基础。

而在作者所持的"泛大不列颠"的视野之下，"美国人就是英国人自己的后代"，他甚至认为"美国独立战争这个名字本身就存在相当的误导性"，它毋宁被称为"盎格鲁圈第二次内战"，是发生在英美兄弟之间的"表亲战争"，"应该被理解且定性为托利党和辉格党之间的分歧，在穷尽了所有和平解决努力之后，通过武力获得的解决方案"。面对英国对美国一往情深的"特殊关系论"和"大西洋主义"，奥巴马政府却移情别恋，"与欧盟卿卿我我"，这对于欧洲怀疑论者而言，不仅是一个挫折，简直是一种侮辱。所以，汉南毫不掩饰地说，"奥巴马是近两百年来对英国最不友好的总统"。

就在本书面世的前前后后，撒切尔夫人逝世，"棱镜门"事件败露，英国王室又添新丁，苏格兰公投，英国在是否退出欧盟的问题上立场摇摆，美国总统选战在即，印度地位不断提升……如何看待这些事件？汉南在讲述盎格鲁圈的故事时已经给出了他的部分答案。很多人都说，英国现在是在"享受它的衰落"。一般来讲，当帝国强大时，总是肮脏和残忍，出人意料的是当它们江河日下时反倒表现出一种生趣。英国失去了"日不落帝国"的光环，却赢得了新生，它的语言、艺术、体育甚至生活方式和品味都成为受人欢迎的英国形象的重要元素。而这一本书所代表的，也正是英国在国际舞台上重新寻找自身位置的一种努力与自觉。

在本书的翻译过程中，美国埃默里大学博士生邹路遥翻译了第七章、第八章的内容并参与了全书的校订工作。他如期发回的稿件给了我极大惊喜与鼓舞。路遥从事的研究并非社会科学领域，但他译文之淳朴、干净、富于旋律感，难掩译者轻松跨越所谓专业壁垒的才华与真挚。在后期校审阶段，范新君某天于繁重工作之余，突然来电说他已在两周内完成了本书一校。队友的高效作业常常让我这个把译事当"刺绣活儿"干的慢速工作者感到绝望，同时又觉如此幸运，因我所收获的，绝不只是一本书。

　　最好的翻译，当是透明的。尽管译者并不同意作者在书中的所有看法，但尽力呈现一个完整准确的"他者"观点。仁者见仁，智者见智。在中国这艘巨轮驶向世界的航程中，我们怎样看待自身和他者？相信读者诸君自有慧眼。

徐爽

2015 年春·蓟门桥

一頁 folio

始于一页，抵达世界

Humanities · History · Literature · Arts

出品人　范新　柳漾

特约编辑　周杨

版权总监　吴攀君

印制总监　刘玲玲

装帧设计　COMPUS · 汐和

内文制作　燕红

Folio (Beijing) Culture & Media Co., Ltd.
Bldg. 16-B, Jingyuan Art Center,
Chaoyang, Beijing, China 100124

一頁 folio
微信公众号

官方微博：@一頁 folio ┃ 官方豆瓣：一頁 folio ┃ 联系我们：rights@foliobook.com.cn

图书在版编目(CIP)数据

发明自由 / (英) 丹尼尔·汉南 (Daniel Hannan)
著; 徐爽译. -- 北京: 九州出版社, 2019.11
ISBN 978-7-5108-8497-9

Ⅰ. ①发… Ⅱ. ①丹… ②徐… Ⅲ. ①世界史 Ⅳ.
① K1

中国版本图书馆 CIP 数据核字 (2019) 第 273430 号

著作权合同登记号　图字: 01-2019-6705

发明自由

作　　者　　〔英〕丹尼尔·汉南（Daniel Hannan）著; 徐爽 译
出版发行　　九州出版社
地　　址　　北京市西城区阜外大街甲35号（100037）
发行电话　　（010）68992190/3/5/6
网　　址　　www.jiuzhoupress.com
电子信箱　　jiuzhou@jiuzhoupress.com
印　　刷　　北京华联印刷有限公司印刷
开　　本　　880mm×1230mm 1/32
印　　张　　14
字　　数　　285千
版　　次　　2020年3月第1版
印　　次　　2020年3月第1次印刷
书　　号　　ISBN 978-7-5108-8497-9
定　　价　　68.00元